Filosofia do Direito

O GEN | Grupo Editorial Nacional – maior plataforma editorial brasileira no segmento científico, técnico e profissional – publica conteúdos nas áreas de concursos, ciências jurídicas, humanas, exatas, da saúde e sociais aplicadas, além de prover serviços direcionados à educação continuada.

As editoras que integram o GEN, das mais respeitadas no mercado editorial, construíram catálogos inigualáveis, com obras decisivas para a formação acadêmica e o aperfeiçoamento de várias gerações de profissionais e estudantes, tendo se tornado sinônimo de qualidade e seriedade.

A missão do GEN e dos núcleos de conteúdo que o compõem é prover a melhor informação científica e distribuí-la de maneira flexível e conveniente, a preços justos, gerando benefícios e servindo a autores, docentes, livreiros, funcionários, colaboradores e acionistas.

Nosso comportamento ético incondicional e nossa responsabilidade social e ambiental são reforçados pela natureza educacional de nossa atividade e dão sustentabilidade ao crescimento contínuo e à rentabilidade do grupo.

Leandro Garcia Algarte **Assunção**

COORDENAÇÃO
Renee do Ó **Souza**

Filosofia do Direito

2ª EDIÇÃO REVISTA, ATUALIZADA E REFORMULADA

- O autor deste livro e a editora empenharam seus melhores esforços para assegurar que as informações e os procedimentos apresentados no texto estejam em acordo com os padrões aceitos à época da publicação, e todos os dados foram atualizados pelo autor até a data de fechamento do livro. Entretanto, tendo em conta a evolução das ciências, as atualizações legislativas, as mudanças regulamentares governamentais e o constante fluxo de novas informações sobre os temas que constam do livro, recomendamos enfaticamente que os leitores consultem sempre outras fontes fidedignas, de modo a se certificarem de que as informações contidas no texto estão corretas e de que não houve alterações nas recomendações ou na legislação regulamentadora.

- Fechamento desta edição: *14.03.2022*

- O Autor e a editora se empenharam para citar adequadamente e dar o devido crédito a todos os detentores de direitos autorais de qualquer material utilizado neste livro, dispondo-se a possíveis acertos posteriores caso, inadvertida e involuntariamente, a identificação de algum deles tenha sido omitida.

- **Atendimento ao cliente: (11) 5080-0751 | faleconosco@grupogen.com.br**

- Direitos exclusivos para a língua portuguesa
  Copyright © 2022 by
  Editora Forense Ltda.
  Uma editora integrante do GEN | Grupo Editorial Nacional
  Travessa do Ouvidor, 11 – Térreo e 6º andar
  Rio de Janeiro – RJ – 20040-040
  www.grupogen.com.br

- Reservados todos os direitos. É proibida a duplicação ou reprodução deste volume, no todo ou em parte, em quaisquer formas ou por quaisquer meios (eletrônico, mecânico, gravação, fotocópia, distribuição pela Internet ou outros), sem permissão, por escrito, da Editora Forense Ltda.

- Esta obra passou a ser publicada pela Editora Método | Grupo GEN a partir da 2ª edição.

- Capa: Bruno Sales Zorzetto

- **CIP – BRASIL. CATALOGAÇÃO NA PUBLICAÇÃO.**
  SINDICATO NACIONAL DOS EDITORES DE LIVROS, RJ.

A873f
2. ed.

Assunção, Leandro Garcia Algarte
Filosofia do direito / Leandro Garcia Algarte Assunção; coordenação Renee do Ó Souza. –
2. ed. – Rio de Janeiro: Método, 2022.
312 p.; 21 cm. (Método essencial)

Inclui bibliografia
ISBN 978-65-5964-512-1

1. Direito – filosofia. 2. Serviço público – Brasil – Concursos. I. Souza, Renee do Ó. II. Título. III. Série.

22-76385 CDU: 340.12

Gabriela Faray Ferreira Lopes – Bibliotecária – CRB-7/6643

Sumário

Uma breve nota introdutória: apresentação geral do trabalho 1

Capítulo 1
Definições filosóficas sobre o conceito de direito 11

Capítulo 2
Norma jurídica: conceito, alcance, interpretação e aplicação 59

2.1 Introdução: normas jurídicas e outras normas sociais 59
2.2 Norma jurídica: sua conceituação básica e seus elementos fundamentais 61
   2.2.1 Normas e linguagem prescritiva 65
   2.2.2 Tipos de normas jurídicas 92
2.3 O direito como sistema ou ordenamento jurídico 103
2.4 Diferença entre regra e princípio 114
2.5 Critérios de interpretação e aplicação das normas jurídicas: escolas históricas e sistemas hermenêuticos. Conceito de hermenêutica jurídica. Sintaxe, Semântica e Pragmática. Critérios. Formas de aplicação. Interpretação constitucional 119
   2.5.1 Noções introdutórias. Problemas acerca do significado das orações 119
   2.5.2 Os grandes sistemas hermenêuticos 124
   2.5.3 Métodos de interpretação jurídica 131

vi Filosofia do Direito

Capítulo 3

Direito e moral 139

3.1 Existe relação entre direito e moral? 139

3.2 Como se estabelece a relação entre direito e moral? 149

Capítulo 4

Jusnaturalismo, positivismo jurídico e pós-positivismo
jurídico 161

4.1 Jusnaturalismo 163

4.1.1 Contextualização histórica e características fundamentais 163

4.1.2 A ascensão do positivismo jurídico 169

4.1.3 O jusnaturalismo contemporâneo de Leo Strauss, John Finnis e Lon L. Fuller 171

4.2 Positivismo jurídico 175

4.2.1 O positivismo jurídico e o estudo acadêmico no Brasil ... 175

4.2.2 Contextualização histórica e características fundamentais 177

4.2.3 As teses centrais do positivismo jurídico 190

4.3 O chamado pós-positivismo 205

4.3.1 Esclarecimentos iniciais 205

4.3.2 O antipositivismo no Brasil 208

4.3.3 As críticas antipositivistas mais importantes 212

Capítulo 5

Teorias contemporâneas da Justiça 229

5.1 Introdução 229

5.2 Liberalismo Igualitário 233

5.3 Libertarismo (Liberalismo não Igualitário) 236

5.4 Republicanismo 240

5.5 Comunitarismo 244

5.6 Marxismo 247

5.7 A teoria da justiça de John Rawls 250

Capítulo 6

A Resolução nº 423/2021 do Conselho Nacional de Justiça (CNJ) e a Filosofia do Direito: preocupações com a formação humanística dos futuros magistrados brasileiros 261

6.1 Função judicial. Consequencialismo, pragmatismo e antifundacionalismo 264

6.2 Consequencialismo e utilitarismo 269

6.3 Racionalismo e empirismo 274

6.4 Análise econômica do direito: conceitos fundamentais, racionalidade econômica, eficiência processual, e métodos adequados de resolução de conflitos e acesso à justiça. Demandas frívolas e de valor esperado negativo 277

6.5 Precedentes, estabilidade da jurisprudência e segurança jurídica. A coisa julgada em um sistema de precedentes ... 280

Apontamentos finais 287

Referências 291

Uma breve nota introdutória: apresentação geral do trabalho

A gente publica para não passar a vida corrigindo o que escreve. A verdade é que se publica para se libertar do livro e pensar em outro. Quanto a mim, reli muito pouco do que escrevi. Ainda que de vez em quando me releiam passagens do que escrevi e às vezes elas me agradam. E digo: de onde tirei isso tudo? Na certa deve ser plágio, porque é bom.

Jorge Luis Borges

A tarefa (prazerosa) de escrever este livro trouxe consigo, desde a primeira reflexão sobre sua construção, a necessidade de posicionamento sobre uma questão fundamental: **quais são os temas que interessam à filosofia do direito e quais são os temas que interessam à teoria do direito?** Uma variante derivativa dessa pergunta pode ser assim expressada: **Em que medida as discussões jurídicas dependem das jusfilosóficas para serem compreendidas em sua verdadeira complexidade?**

Essa questão se reveste de decisiva importância para a própria estruturação do trabalho e a seleção dos temas. Tratá-la com seriedade é tarefa que exige razoável compromisso metodológico e epistêmico. Com efeito,

Em nossa opinião, não é fácil estabelecer uma clara linha de demarcação entre a teoria e a filosofia jurídica. Isso é demonstrado pela leitura de muitas obras não dogmáticas que tratam dos mesmos temas com abordagens metódicas parecidas, classificando-os ora na filosofia, ora na teoria do direito. Mesmo assim, é aconselhável tentar manter a diferenciação entre as disciplinas, considerando que a teoria do direito dedica-se ao estudo do direito positivo, enquanto a filosofia do direito utiliza os ordenamentos jurídicos tão somente como parâmetro de comparação e como fonte de ilustração para tratar de temas, tais como poder, coação, verdade e justiça e para refletir sobre o sentido ontológico e social do ato interpretativo (DIMIOULIS, 2006).

Também Michel Troper (2008) afirma:

O uso da expressão "filosofia do direito" disseminou-se a partir do século XIX, com os **Princípios da filosofia do direito**, de Hegel (1821), porém a reflexão sobre o direito é tão antiga quanto o próprio direito. Hoje, os livros apresentados sob esse título são de extrema diversidade, não apenas em relação aos pontos de vista doutrinários, mas também em relação ao conteúdo. Não existe acordo sobre uma definição do direito ou da filosofia do direito, nem sobre se ela é ramo da filosofia ou parte da ciência jurídica, sobre as questões que deveria tratar, suas funções ou a própria expressão "filosofia do direito", a qual alguns preferem denominar "teoria geral do direito" – *general jurisprudence*. (...). A expressão "teoria geral do direito" surgiu no final do século XIX sob a influência do positivismo e do empirismo e como reação à filosofia do direito praticada até então. Os defensores da teoria geral do direito criticavam a filosofia do direito clássica por seu caráter puramente especulativo. As questões clássicas tratadas – "O que é direito?" ou "Existem critérios de justiça?" – pareciam lhes dar ensejo a considerações de ordem metafísica, quando, na verdade, pretendiam fundar uma ciência. Enquanto a filosofia do direito tinha como objeto o direito ideal, a teoria do direito queria tratar apenas do direito em si, o positivo. Além disso, existiam laços entre a filosofia do direito e as doutrinas do jusnaturalismo, de um lado, e a teoria geral do direito e positivismo jurídico, de outro. (...). A teoria do direito teria como interesse exclusivo descrever e analisar o direito em si, graças ao emprego de um método científico, e aspiraria ser isenta de qualquer julgamento de valor. Ela não substituiria a filosofia do direito, a qual perduraria, mas em um nível maior de abstração. Essa distinção é razoável, mas não corresponde ao emprego efetivo das expressões "filosofia do direito" e "teoria geral do direito". Na prática, é impossível estabelecer correlação entre o título de uma obra e as questões por ela abordadas, o nível de abstração em que se posiciona, o método que emprega ou a corrente doutrinária a que pertence. (Grifos do original.)

Não é nada simples determinar em um trabalho desta natureza quais assuntos, de fato, interessam ao estudo de Filosofia do Direito e que, ao mesmo tempo, sejam capazes de despertar a atenção de estudantes e profissionais a respeito de discussões, digamos, mais abstratas e densas.

Como primeiro passo, procuramos aqui nos valer de uma aproximação e um contraste entre a teoria do direito e a Filosofia do Direito justamente para atender ao propósito anteriormente explicado, por meio de um recorte inicial de temas relevantes tanto para o estudo direcionado como para a atividade prática profissional cotidiana.

Diante, então, dessa dificuldade conceitual e metodológica, também se considerou importante uma breve análise das principais obras de Filosofia do Direito produzidas no Brasil (fala-se aqui em especial de Miguel Reale, Rizzatto Nunes e João Maurício Adeodato), além, é claro, da delimitação das temáticas exigidas nos principais concursos públicos da área jurídica a respeito desta disciplina (Ministério Público, Magistratura, OAB etc.), sempre com o foco de se produzir uma síntese jurídica de qualidade capaz de auxiliar profissionais do Direito a resolver problemas de ordem prática em sua atividade cotidiana, bem como auxiliar interessados em realizar concursos públicos a se preparar adequadamente para a tarefa, de forma segura, abrangente e objetiva.

Some-se a isso o material produzido nos cursos que ministramos nos últimos anos na Fundação Escola do Ministério Público do Estado do Paraná-FEMPAR (Filosofia do Direito) e no curso de Graduação da Faculdade de Direito do Centro Universitário Curitiba-UNICURITIBA (Filosofia Moral e Hermenêutica Jurídica), material esse também importante para o processo de definição da apresentação deste trabalho. A experiência como docente nos últimos anos também se revelou interessante no momento de estruturar o material e decidir quais assuntos não poderiam ficar de fora da abordagem aqui desenvolvida.

Também serviu como inspiração o brilhante trabalho desenvolvido por uma nova geração de juristas brasileiros da teoria do direito preocupados com o impacto da Filosofia no Direito e com o exame das temáticas mais relevantes da ciência jurídica por meio de lentes jusfilosóficas (por exemplo: Bruno Torrano, André Coelho, Noel Struchiner, Leonardo Gomes Penteado Rosa, Gilberto Morbach, dentre vários outros).

Com tudo isso em conta, fez-se a seguinte opção metodológica, baseada nos temas selecionados para compor esta obra, a seguir discriminados pelos capítulos respectivos:

■ Capítulo 1: Definições filosóficas sobre o conceito de Direito.

Uma seleção das opiniões de diversos pensadores e filósofos de relevância universal acerca do que é o direito, do que ele se compõe, quais suas características inafastáveis e qual o propósito de sua própria existência. Refletir sobre o que é o direito tendo como base as ideias e conclusões a respeito de alguns dos maiores pensadores que a humanidade já produziu é, sem dúvida, um ponto de partida valioso não somente para conhecer o pensamento desses autores, mas especialmente para entendermos a grande dificuldade de se produzir uma definição mínima do que o direito é e o que ele significa em impacto na vida de cada um de nós, integrantes de uma mesma **comunidade política**.

■ Capítulo 2: Norma jurídica: conceito, alcance, interpretação e aplicação.

Especular sobre o conceito de direito, em nossa visão, passa necessariamente por entender o que são normas jurídicas, o que as caracteriza decisivamente e o que as diferencia de outras normas sociais. Por conta disso, o Capítulo 2 restou destinado ao estudo de **normas** e, em especial, das **normas jurídicas**, bem como do seu conjunto sistemático – **sistemas ou ordenamentos jurídicos**. Não há vida humana em sociedade que não seja regulada por normas. E não se pode falar em Filosofia do Direito sem estabelecer *a priori* o reconhecimento deste fator. Também foram objeto de preocupação os critérios de interpretação e aplicação das normas jurídicas, bem como da evolução histórica dos métodos de interpretação até a atualidade.

6   Filosofia do Direito

■ Capítulo 3: Direito e moral.

Considera-se como premissa fundamental estabelecida no Capítulo 3, de forma preliminar, entender as eventuais distinções existentes entre direito e moral, de acordo com o que escreve a doutrina especializada na matéria. Mas, ainda mais importante do que isso é compreender se existe algum tipo de contato, relação ou conexão entre direito e moral enquanto uma ordem sistêmica de normas, bem como também qual a concepção de moralidade estabelecida na Era Moderna, qual a influência da moral no direito e do direito na moral, e, por fim, quais as principais críticas dirigidas às teses da conexão e da separabilidade entre direito e moral. Imprescindível aqui construir uma aproximação mais rigorosa entre dois ramos filosóficos: em primeiro lugar, por evidente, a Filosofia do Direito; em segundo lugar, a **Filosofia Moral**, campo do pensar filosófico focado em desvendar o que, de fato, é a moralidade, e o que ela demanda e exige de nós enquanto seres racionais e de inafastável convivência em sociedade.

■ Capítulo 4: Jusnaturalismo, positivismo jurídico e pós-positivismo.

Outro tema de relevância transcendental – quer se fale em teoria do direito, ou filosofia do direito – relaciona-se à discussão a respeito do conceito de direito de acordo com as principais correntes jusfilosóficas que marcaram a Ciência Jurídica. Neste capítulo será abordado, então, o que significam **jusnaturalismo, positivismo jurídico e pós-positivismo jurídico**, sua delimitação histórica, além da explicação acerca de suas premissas centrais, características mais importantes, a visão de mundo e do fenômeno jurídico que sustentam, os principais autores relacionados a cada uma de tais posturas, e as contribuições teóricas mais relevantes para o desenvolvimento da

Ciência do Direito. Mais que isso, é por meio desta lente que se pretende aprofundar a questão a respeito da relação entre o direito e a moral iniciada no Capítulo 3, bem assim também chamar a atenção para o fato de que as discussões sobre a relação entre direito e moral implicam também um aprofundamento teórico sobre assuntos, tais como a precisão e a objetividade no direito, a indeterminação do direito e o reconhecimento de desacordos teóricos que, ainda assim, são capazes de manter o direito como um sistema caracterizado pela integridade e pela coerência. Tudo isso sem contar o impacto que tais discussões têm provocado na atualidade sobre assuntos como "democracia, legitimidade, bioética, justiça e interpretação" (MACEDO JUNIOR, 2013). Boa parte desses assuntos são abordados direta ou indiretamente nesta obra.

▪ Capítulo 5: Teorias contemporâneas da Justiça.

Assunto dos mais relevantes para a Filosofia do Direito, o debate sobre a relação entre "direito" e "justiça", do ponto de vista normativo, ganhou novo impulso com a publicação de *Uma Teoria da Justiça*, de John Rawls, em 1971. A obra de Rawls foi tomada no Capítulo 5 como marco teórico por meio do qual se procurou apresentar e explicar Teorias da Justiça contemporâneas que enfrentem a referida relação. Serão tratadas no presente trabalho as seguintes linhas teóricas: a) Liberalismo Igualitário; b) Libertarismo (Liberalismo não Igualitário); c) Republicanismo; d) Comunitarismo; e) Marxismo; f) além, é claro, da própria teoria da justiça de John Rawls. A intenção é apresentar de maneira didática os principais aspectos das aludidas teorias da justiça e vinculá-las ao debate contemporâneo a respeito do fim visado pela influência da moralidade no direito, pelo papel do direito na implementação de normas, políticas e decisões que atendam a um padrão mínimo de justiça, e do entendimento de valores imprescindíveis para a discussão, em especial os valores "liberdade", "igualdade", "busca do bem comum", "utilidade", "respeito a direitos fundamentais" – como se relacionam, se é que se relacionam, e que tipo de prioridades restam estabelecidas pela escolha de cada valor, é exatamente a preocupação que o capítulo procurará enfrentar, de forma sintética e objetiva.

- Capítulo 6: A Resolução n° 423/2021, do Conselho Nacional de Justiça (CNJ), e a Filosofia do Direito: preocupações com a formação humanística dos futuros magistrados brasileiros.

O objetivo da coleção "Método Essencial" é produzir obras jurídicas que contenham uma síntese qualificada e didaticamente exposta a respeito dos temas mais importantes das principais disciplinas jurídicas, de maneira a permitir um estudo qualificado dos pontos mais importantes de tais temas e disciplinas. Portanto, não é o propósito aqui ingressar em um debate mais denso dos pontos divergentes e das polêmicas acerca do que se apresentará. Também não está entre os objetivos do trabalho apresentar minha posição ou alguma contribuição em relação às divergências, muito embora em alguma medida isso possa acontecer, sempre como forma de tornar mais fácil o entendimento do ponto apresentado.

Para a excelência do trabalho, de acordo com o objetivo anteriormente apresentado, buscou-se se valer da melhor doutrina para cada um dos temas selecionados de maneira a garantir com segurança que a apresentação aqui realizada é, de fato, calcada em pensadores relevantes e obras destacadas. Foram inúmeras obras consultadas e citadas, todas elas devidamente discriminadas nas referências bibliográficas. Alguns autores são particularmente importantes para o resultado final deste trabalho, dentre os quais é obrigatório citar os seguintes: Adrian Sgarbi, Carlos Santiago Nino, Georg Henrik von

Wright, Dimitri Dimioulis, H. L. A. Hart, Lon Fuller, Joseph Raz, Michel Miaille, Tércio Sampaio Ferraz Junior, Ronald Dworkin, Roberto Gargarella, Will Kymlicka, Ronaldo Porto Macedo Junior, Riccardo Guastini, Bernard Willians, António Manuel Hespanha, Richard Posner, Manuel Atienza e Kenneth E. Himma. Todos os autores mencionados – em verdade, todas as obras indicadas nas referências bibliográficas – são de leitura obrigatória a todos que por alguma razão pretendem se aprofundar no estudo e na pesquisa de alguma das temáticas aqui tratadas. O que torna este trabalho significativo é justamente o seu formato de compilação das ideias de autores tão profundos e complexos, com o intuito de servir realmente como um guia introdutório no contato com tais temáticas. Esse também é o motivo para a inserção de um considerável número de remissivas e citações ao longo deste trabalho, de forma a trazer, ainda que incidentalmente, informações complementares mais complexas que a estrutura básica permite para a apresentação do texto principal.

Por fim, agradeço especialmente à Editora Método, pela oportunidade e compreensão quanto ao desenvolvimento deste trabalho, bem como ao colega de Ministério Público e amigo Renee do Ó Souza, pelo convite e confiança. Deixo, ainda, um especial agradecimento para minha esposa Tanize e para minha filha Laura, por todo o suporte dado para a elaboração deste trabalho e pelos incríveis momentos que compartilhamos diariamente.

Boa leitura!

1

Definições filosóficas sobre o conceito de direito

H. L. A. Hart, na abertura de sua obra seminal *O Conceito de Direito*, à semelhança de Kant (2011) e o problema da moralidade ("Neste mundo, e até também fora dele, nada é possível pensar que possa ser considerado bom sem limitação, a não ser uma só coisa: uma boa vontade"), procurou de pronto estabelecer a questão fundamental por meio da qual ele desenvolveria todo o seu raciocínio: o problema metodológico da definição do que é Direito. E sua percepção a respeito não poderia ser mais nítida: Hart (2012) diz que é mesmo paradoxal que pessoas leigas em discussões de natureza jurídica, a própria maioria da população, indiquem com alguma segurança exemplos do que venha a ser o direito e mesmo mencionem características importantes para sua identificação, enquanto juristas e estudiosos vorazes do tema não consigam produzir um consenso teórico mínimo à pergunta "o que é o Direito?". É realmente algo a causar enorme **perplexidade**, para usar expressão do próprio Hart.

A busca de uma definição precisa do fenômeno "direito" e dos contornos mais evidentes acerca de sua compreensão tem exigido a atenção de diversos pensadores e filósofos ao longo da história. Como aponta Dimioulis (2016), o direito integra o conjunto de conceitos controvertidos justamente porque sua definição está diretamente vinculada a ideias filosóficas e políticas que detêm explícita carga valorativa das quais é muito difícil alcançar algum tipo de consenso, mesmo teórico.

Em primeiro lugar, é necessário apontar que se trata de conceito de conteúdo polissêmico. A referência de seu sentido pode indicar, dentro do "guarda-chuva semântico" de uma única palavra (direito), significações tão distintas quanto:

a) Direito como relação com o "justo", com o correto, com o moralmente aceitável, com a ideia de conferir a cada um aquilo que lhe pertence – trata-se da noção de direito enquanto justiça, e o debate acerca das correspondentes **teorias da justiça** (tema que será tratado no último capítulo).

b) Direito em correspondência com a existência de regras (normas) capazes de regular a vida de um grupo social de modo a assegurar uma convivência minimamente aceitável entre seus integrantes, a partir do reconhecimento da existência de uma autoridade soberana detentora de legitimidade capaz de conferir a essa convivência um grau mínimo de segurança e previsibilidade, exatamente por meio de comandos dirigidos a seres humanos para que façam algo ou que deixem de fazer algo – ainda, nas palavras de Sgarbi (2013), regras que sirvam de contenções ao nosso agir. A correspondência entre direito e o conceito de norma jurídica também será objeto de atenção neste livro, mais precisamente em seu Capítulo 2.

c) Direito como sistema ordenado de comandos postos enquanto ordem concreta, conceitualmente identificável pelas características de bilateralidade atributiva, externalida-

Definições filosóficas sobre o conceito de direito   13

de e coercibilidade, campo de estudo teórico em que se alocam algumas das mais importantes discussões a respeito da teoria do direito (em especial, o debate entre jusnaturalismo, positivismo jurídico e pós-positivismo jurídico).

d) Direito enquanto ideia correspondente ao exercício de uma faculdade com vistas à satisfação de uma pretensão de atendimento de um interesse, vale dizer, a satisfação subjetiva de um interesse compreendido enquanto relação de reciprocidade entre um sujeito e um determinado objeto capaz de atender a uma certa necessidade daquele – é a noção de "direito subjetivo".

O alcance de uma compreensão mínima a respeito do vocábulo "direito" não se restringiu, na história da filosofia, apenas a uma definição semântica de sua própria expressão. Também sua relevância para a preservação de valores asseguradores de uma convivência social minimamente harmônica foi e tem sido **ponto focal** (expressão utilizada por Ronald Dworkin) nos debates teóricos acerca do seu real espectro.

Nesse sentido, pretende-se apresentar em uma síntese muito breve algumas das compreensões a respeito do direito mais relevantes para a construção de uma autêntica e autônoma teoria do direito, que possibilitaram a formação de um campo científico de estudos voltado ao seu conhecimento e aperfeiçoamento.

A referência primeira não poderia ser outra: Platão e *A República*.

a) Platão (428 a.C.-348 a.C.): em sua obra *A República*, Platão desenvolve um diálogo político em que o debate acerca do fenômeno jurídico presente na vida social perpassa toda a obra. Sob a forma de uma narrativa indireta em que Sócrates é a personagem central, Platão procura defender a tese utópica

14 Filosofia do Direito

da **cidade ideal** a ter como critério definidor o valor justiça. Em verdade, o debate a respeito de "o que é justiça?" permeia toda *A República* e é o fio condutor do comportamento de Sócrates e seus interlocutores ao longo dessa narrativa indireta. O fato de Platão ter escolhido Sócrates para figurar como personagem central de seus *Diálogos* – especialmente em *A República* e *Fédon* – relaciona-se com razões de duas ordens. A primeira delas diz respeito ao fato de Sócrates ter sido mestre e principal referência intelectual de Platão, e sua presença nos *Diálogos* certamente se explica pelo apreço intelectual que Platão nutria por seu mestre. Uma segunda razão para tal escolha deve-se à questão de Platão não ter jamais aceitado o fato de Atenas (cujos cidadãos se consideravam seres humanos mais evoluídos por viverem uma existência que, segundo eles, era **virtuosa**) ter condenado à morte aquele que era seu filho mais ilustre e intelectualmente mais brilhante.

Ao ser confrontado por Gláucon com o argumento da injustiça – traduzido pela ideia de que "a tendência do humano não é ser justo, mas agir de acordo com nossa própria conveniência" (PLATÃO, 2014) – e com o argumento de que, tanto para os deuses como também para os humanos, o que realmente importa é ser injusto, mas parecer justo, Sócrates então apresenta a famosa defesa de que a resposta definitiva à questão de "o que é justiça?" somente pode ser alcançada em um "plano maior", a passar necessariamente pela análise da própria cidade. Melhor dizendo, nesse diálogo com Gláucon, Sócrates declara que é preciso, em primeiro lugar, ler as letras em tamanho maior para, "depois, examinar se as menores coincidem com elas" (PLATÃO, 2014). O que Sócrates (leia-se, Platão) em verdade está sugerindo é que não se pode pensar em uma definição minimamente objetiva a respeito do **valor justiça** que não seja pela compreensão do que seja a "cidade". A justiça, então, seria a harmonia entre as partes da cidade, com cada uma delas cumprindo seu papel respectivo e determinado de acordo com a função (em Platão, visa descrever a aptidão que cada integrante da cidade possui para exercer aquilo que é capaz ou predeterminado a fazer) que lhe seja correlata.

– Ah! Disse eu. Foi a custo que chegamos ao termo de nosso percurso, mas já estamos razoavelmente de acordo neste ponto, isto é, que na cidade há as mesmas partes que há na alma de cada um e são iguais a elas em número. – É isso. (…). – E afirmaremos, creio eu, Gláucon, que o homem também é justo da mesma forma pela qual a cidade é justa. – Não pode deixar de ser assim. – Mas não estamos esquecidos de que a cidade é justa pelo fato de que cada um das três ordens que a constituem cumpre sua função. (…). – Ah! Eis que nosso sonho já está completo e perfeito… Aquele que, como afirmávamos logo que iniciamos a fundação de nossa cidade, nos fazia suspeitar que um deus podia fazer-nos chegar ao princípio e a um certo modelo de justiça. – Sem dúvida. (…). – Na verdade, ao que se vê, a justiça era algo assim, mas em referência não às ações exteriores do homem, e sim à ação que se dá em seu íntimo, verdadeiramente em referência a ele próprio e ao que é seu. Não permite que cada uma das partes que há nele faça o que não lhe compete, nem que os três princípios de sua alma interfiram uns nas funções dos outros, mas, ao contrário, manda que ele disponha bem o que é dele, mantenha o comando sobre si mesmo, estabeleça ordem, venha a ser amigo de si mesmo e ponha em harmonia as três partes de sua alma como se nada mais fossem que os termos da escala musical, o mais agudo, o mais grave e o médio e todos os termos intermediários que possam existir, e, ligando todos esses elementos, de múltiplo que ele era, torne-se uno, temperante e plano de harmonia. Assim, em tudo o que fizer, seja a respeito da aquisição de bens ou do cuidado com o corpo, seja a respeito da política ou dos contratos particulares, considere, como ação bela e justa, a que preserva esse estado de alma e como sabedoria, a ciência que preside essa ação e com ela colabora, mas, como ação injusta, a que sempre o destrói e, como ignorância, a opinião que preside essa ação. – É um tudo verdade o que dizes, Sócrates, disse ele. – Bem! Disse eu. Se afirmássemos que encontramos o homem justo, a cidade justa e o que é justiça no homem e na cidade, de forma alguma, creio, nos teriam como mentirosos. – Por Zeus! Não nos teriam... – Ah! Vamos afirmar isso? – Afirmemos! (PLATÃO, 2014).

A correlação entre direito e justiça resta patente: apenas uma sociedade harmônica entre suas partes, a contar com indivíduos que igualmente conseguem manter em harmonia suas diferentes partes, e, por fim, governada por um rei filósofo, teria a capacidade de se desenvolver de forma justa e, portanto, a partir dos postulados do direito que, nessa perspectiva, é a deliberação por meio de regras definidas a partir do que é justiça enquanto relação harmônica de fragmentos componentes de um todo único.

b) Tomás de Aquino (1225-1274): tendo vivido no Século XIII, sem dúvida alguma foi um verdadeiro gênio metafísico e um dos maiores pensadores de todos os tempos. Sua contribuição filosófica, em especial na perspectiva da Filosofia Moral, continua a inspirar gerações, sobretudo de conservadores cristãos, mas é considerado referência intelectual inclusive para quem não concorda com sua visão de mundo. Compartilhamos o pensamento de Bertrand Russel (2015):

Tomás de Aquino (n. 1225, m. 1274) é considerado o maior dos filósofos escolásticos. Nas instituições católicas tradicionais que possuem a filosofia como disciplina, seu sistema tem de ser lecionado como o único correto; essa tem sido a regra desde uma ordem emitida por Leão XIII, em 1879. Santo Tomás, portanto, não possui apenas interesse histórico: trata-se também de uma influência viva, tal qual Platão, Aristóteles, Kant e Hegel – e em grau maior do que os últimos dois.

Radicaliza a ideia de Santo Agostinho, no sentido de que a filosofia deve servir à fé e à contemplação. Assim, é preciso integrá-la a tudo o que está contido na doutrina sacra em relação a Deus, ao homem e ao mundo. Assim, a teologia é a ciência suprema, e o alcance de Deus, o objetivo último. A filosofia é tão somente um instrumento que auxilia no desenvolvimento da fé para o alcance de Deus. Tomás de Aquino recebe forte influência aristotélica, e sua construção teórica constitui uma brilhante tentativa de conciliar a filosofia aristotélica com a teologia cristã (NINO, 2010), ou seja, por meio do entendimento de que é a partir do mundo dos sentidos que se produz conhecimento, Tomás de Aquino procura demonstrar conceitualmente a existência de Deus, e dedica suas principais obras, a *Suma Teológica*, a *Suma contra os Gentios* e os *Comentários ao Ética a Nicômaco de Aristóteles*, para tal finalidade. O grande mérito do pensamento de Tomás de Aquino está exatamente em aliar o pensamento racional aristotélico com a fé cristã. Por meio da observação do mundo através dos sentidos, e determinando a razão para o alcance daquilo que é divino, torna-se possível então atingir o **conhecimento**, que para os padrões tomistas é a revelação da existência de Deus (o deus cristão). Este é um ponto muito importante, inclusive em termos de história da humanidade: a ideia de que o mundo corresponde a um **cosmos** ordenado e finito, onde cada ente possui uma finalidade e um propósito dentro da grande máquina cósmica que era o universo, constituía-se em um dos grandes legados dos filósofos gregos – fala-se de Platão, Aristóteles e dos estoicos –, onde Tomás de Aquino encontrou fundamento importante para o desenvolvimento de sua tese central, procurando apenas acrescentar a figura do Deus cristão a essa ordem em que tudo se volta a um propósito definido previamente (RACHELS; RACHELS, 2014):

> Parece óbvio que artefatos como facas ou carroças têm propósitos, porque nós temos o seu propósito em mente quando nós os fazemos. Porém, e os objetos naturais, que não fazemos? Têm eles também um propósito? Aristóteles pensou que sim. Um dos seus exemplos foi o de que temos dentes e, portanto, podemos mastigar. Tais exemplos biológicos são absolutamente persuasivos – olhos são para ver, o coração é para bombear o sangue e assim por diante. Contudo, a tese de Aristóteles não se limitou aos seres orgânicos. De acordo com ele, **tudo** na natureza tem um propósito. Ele pensou, também, para dar um tipo diferente de exemplo, que a chuva cai e, portanto, as plantas podem crescer. Mesmo que possa ser estranho para um leitor moderno, Aristóteles foi absolutamente sério sobre isso. Ele considerou outras alternativas, por exemplo, que a chuva cai "por necessidade" e que isso ajuda as plantas somente "por acidente", mas as rejeitou. Seu julgamento maduro foi o de que as plantas e os animais são o que eles são e que a chuva cai como cai "porque é melhor assim". (Grifos nossos.)

Para a teoria normativa da moralidade denominada **Ética Tomista**, assim, a valoração ética se dá no sentido de o sujeito, durante sua passagem terrena, viver para demonstrar a existência de Deus e para buscar provas concretas da existência desse Deus no plano terreno – uma vida de contemplação para o divino. Evidentemente, sua compreensão a respeito da moralidade tem um impacto decisivo em sua formulação do conceito de direito.

A **lei natural**, ou o **direito natural**, segundo Tomás de Aquino, é a parcela da lei eterna emanada de Deus e capaz de ser conhecida e compreendida racionalmente pelos seres humanos. Corresponde ao conjunto de prescrições divinas de moralidade e de justiça que regulam e determinam como os seres humanos devem constituir sua própria convivência, prescrições essas reveladas nos escritos sagrados e que são repassados e interpretados pelos representantes de Deus para tanto constituídos. A **lei natural** (GONZAGA, 2017) é aquela parcela da ordem imposta pela vontade de Deus, cognoscível pela razão humana.

Michel Villey (2009), a esse respeito, assinala o seguinte:

> É por isso que, em se tratando de homem, o conhecimento de sua natureza tem um interesse prático: tendo sido postulado que o bem, para o homem, é seguir sua natureza, o estudo da natureza humana resulta na constituição de uma moral. É a moral natural da Antiguidade, que são Tomás encontrou codificada em Aristóteles, mas, mais ainda nas doutrinas dos estoicos, e sobretudo no *De officiis* de Cícero que é uma de suas fontes principais. Pois Cícero escrutinara a natureza humana, comparando-a metodicamente com a natureza animal, estudara as "inclinações" e os fins naturais do homem, extraindo desse estudo uma moral. Moral substancial e carregada de deveres precisos – catálogo de deveres para com a *polis*,

20 Filosofia do Direito

> a família, o pai, os filhos, os amigos, o estrangeiro, si mesmo (porque o homem é de natureza sociável, familiar, racional etc.); regulação da vida sexual etc. (Grifos nossos.)

Além da **lei eterna** e da **lei natural**, Tomás de Aquino reconhece, é claro, a existência do direito posto, da **lei positivada** (*jus positivum*). As leis humanas positivadas têm o crucial papel de regulamentar a vivência prática de um dado agrupamento de pessoas, politicamente reunido e reconhecido; sua necessidade decorre da própria natureza humana, de ser vivo sociável e, "naturalmente", voltado à convivência social em uma ordem política. O direito posto irá emanar daquele que, dentro do grupo humano político, detém autoridade para expedir as regras positivas e torná-las de observância e cumprimento obrigatórios. Em verdade, sustenta Tomás, toda lei humana posta deriva do alcance cognoscível da lei natural que, como visto, é a parte da lei eterna capaz de apreensão pela razão humana. Desse modo, a lei humana positivada é, ao mesmo tempo, decorrência da razão e da vontade humanas, vale dizer, é o resultado concreto da capacidade racional humana de identificar e compreender um conjunto amplo e geral de princípios estabelecidos na lei eterna e emanados do Deus cristão e também da vontade humana em converter tais mandamentos em regras concretas de vida e vivência (VILLEY, 2009).

Aqui está o ponto decisivo da relação entre a lei natural e a lei positivada sob a ótica de Tomás. Para ele, a lei humana positiva deve ser **justa**, isto é, voltada à persecução do bem comum e sempre em estrita observância àquilo que a lei natural prescreve. Desse modo, a lei humana somente terá a sua observância exigida se for justa, vale dizer, se cumprir a realização do justo – e justo, aqui, quer significar um inafastável respeito ao conjunto de princípios gerais do direito natural alcançáveis pela razão humana e que determinam as bases da moralidade e da própria justiça. Em resumo: "a lei humana para ser lei deve ser compatível com os preceitos de direito natural, e deve ser deduzível desse direito ou se limitar a completá-lo, estabelecido os detalhes que ele deixa indeterminados" (NINO, 2010).

O estudo acerca da contribuição de Tomás de Aquino para a Ciência do Direito será retomado logo mais à frente, quando tratarmos das principais correntes jusfilosóficas que a rigor definiram a própria Filosofia do Direito, em especial na Era Moderna.

c) Thomas Hobbes (1588-1679): principal secularista de seu tempo, responsável primeiro da defesa da tese de que o direito tem sua origem e extrai seu poder vinculante a partir da existência de uma entidade soberana dotada de autoridade política legítima. Mais que definir o direito como um "sistema de leis", Hobbes sustenta que a característica definidora do direito decorre da constatação de que as leis civis são aquelas que os homens são obrigados a observar não porque integram este ou aquele Estado, mas porque são membros de um Estado. Andréa Faggion (2018), por exemplo, cita Hobbes como o filósofo que praticamente inaugura o pensamento político moderno ao vislumbrar a condição civil do ser humano como a "instauração de um parâmetro público para resolvermos diferenças de opinião irreconciliáveis por si mesmas". Logo, direito e Estado devem manter uma relação de dependência direta alimentada pela posição de autoridade deste último que, em última análise, equaciona os problemas concretos da vida em sociedade e entrega algum tipo de solução a eles – ainda que sob a forma de um comando dotado de coerção.

Hobbes (2012) afirma que "os homens não têm nenhum prazer na companhia uns dos outros (mas, pelo contrário, um enorme desprazer), quando não existe um poder capaz de inspirar respeito a todos". Em função disso, diz Hobbes, em razão de a convivência humana se estabelecer sem um poder comum capaz de impor respeito a todos, os homens estão na condição insuportável de guerra de todos contra todos. Em consequência disso, sem esse poder central não há lugar para se estabelecer algum tipo de desenvolvimento econômico ou político, inviabilizando com isso a própria noção de sociedade tomada na perspectiva de assegurar o mínimo de segurança possível para que os homens não mantenham de forma perene em suas mentes os constantes medo e receio de uma morte violenta e que pode chegar a qualquer momento.

O "direito natural", para Hobbes, caracteriza-se justamente pela liberdade que cada homem possui de usar seu próprio poder e tomar suas próprias decisões como quiser e sem qualquer preocupação ou limitação para a preservação de seus próprios interesses ou de sua própria vida, deste modo podendo assim fazer tudo aquilo que seu julgamento interior conceber ser o justo a ser feito.

E, sendo assim:

> A lei natural (*lex naturalis*) é a norma ou regra geral estabelecida pela razão que proíbe o ser humano de agir de forma a destruir sua vida ou privar-se dos meios necessários a sua preservação. Em vista da confusão entre *jus* e *lex*, direito e lei, feita pelos que têm tratado desse assunto, é preciso fazer distinção entre esses enunciados. Assim, o direito é a liberdade de agir ou omitir, enquanto a lei obriga a agir ou omitir. Portanto, entre a lei e o direito há a mesma diferença que existe entre a obrigação e a liberdade, que são incompatíveis quando dizem respeito à mesma matéria. Uma vez que a condição humana (como vimos no capítulo anterior) é a da guerra de uns contra os outros, cada qual governado por sua própria razão, e

não havendo algo de que o homem possa lançar mão para ajudá-lo a preservar a própria vida contra os inimigos, todos têm direito a tudo, inclusive ao corpo alheio. Assim, perdurando esse direito de cada um sobre todas as coisas, ninguém poderá estar seguro (por mais sábio e forte que seja) de que viverá durante todo o tempo que normalmente a Natureza nos permite viver (HOBBES, 2012).

É definitivamente preciso, portanto, que as sociedades modernas abandonem sua convivência em "estado de natureza", e passem – em nome da segurança que todos os homens devem ter de viver de forma minimamente tranquila sem o risco de morte a espreitar em qualquer canto ou lugar – a estabelecer tal convivência de acordo com um "estado civil", a significar o reconhecimento de um poder central ("o Estado civil") dotado de autoridade legítima e com o monopólio da coerção por meio do uso da violência oficial para reprimir aqueles que contra esse poder se insurgissem e impor sua vontade definitiva, justamente para afastar os temores inerentes à convivência estabelecida em um "estado de natureza". Como precisamente assinala Dimioulis (2006), ao contrário de toda a tradição filosófica medieval, Hobbes – a despeito de admitir a existência de um "direito natural" – assevera explicitamente que o aludido direito natural é completamente incapaz de garantir a segurança individual e a paz social e, por consequência, de regular de modo mínimo a convivência de um dado grupo social.

O que Hobbes propõe então em sua obra-prima é uma espécie de **pacto** entre os integrantes de uma dada sociedade, de modo a definitivamente se promover a passagem do estado de natureza para o estado civil em termos de compartilhamento de vivência humana em um mesmo ambiente. Nessa hipótese, os indivíduos integrantes de um determinado grupo social concordariam em renunciar a parcela de sua autonomia subjetiva e de sua liberdade em favor da constituição do poder central de um Estado civil que, por meio do monopólio oficial da coerção, tornar-se-ia responsável pela segurança daqueles que convivem sob suas determinações, por assegurar que as pretensões individuais pudessem, de fato, se converter em concretude e, por fim, por estabelecer um conjunto de prescrições voltadas às aludidas finalidades.

> Entendemos por liberdade, conforme o significado da própria palavra, a ausência de empecilhos externos, que podem, muitas vezes, tirar parte do poder de cada um de agir como quiser, mas não impedir que cada pessoa use o poder restante de acordo com seu julgamento e razão (HOBBES, 2012).

A causa justificadora, portanto, do surgimento do "Estado civil" relaciona-se ao interesse primário dos indivíduos de garantir sua própria preservação e de alcançar uma vida mais satisfatória em termos materiais, em nome do que justamente optam por estabelecer sobre si mesmos uma restrição forte que, em última análise, permite o aparecimento do "Estado civil" detentor de força suficiente para ver respeitadas suas imposições e deliberações.

Para isso, é indispensável que este conjunto de indivíduos, a fim de que possam "nutrir-se e viver satisfeitos (...) de maneira que seria como se cada homem dissesse a todo homem: autorizo e cedo meu direito de governar-me a este homem, ou a esta assembleia de homens, com a condição de cederes teu direito a ele, autorizando todas as suas ações da mesma maneira" (HOBBES, 2012), devem reconhecer e conferir todo o poder e força a um homem ou a uma assembleia de homens – em resumo, a uma força soberana dominante – capaz de reduzir todas as suas vontades, por meio de uma pluralidade de decisões por meio do voto, a uma **única vontade**. É aqui que Direito e Estado estabelecem uma definitiva inter-relação. Aquele que detém tal poder é denominado soberano, e este é, a rigor, um poder soberano; todos além dele são, assim, seus súditos.

Por conta da incapacidade das leis naturais em assegurar o mínimo de segurança aos indivíduos, as leis civis ocupariam o lugar central na regulamentação normativa do poder central decorrente e seriam a expressão do próprio direito, ante sua característica decisiva se puderem ser impostas coercitivamente pelos detentores do poder soberano. Leis naturais, segundo Hobbes, dependeriam da boa vontade dos indivíduos para que fossem observadas. Já as leis civis dependeriam, exclusivamente, da imposição de sua coercibilidade derivada diretamente do poder soberano atribuído por convenção geral de todos os indivíduos como viabilização do próprio Estado.

A concepção de direito em Hobbes, dessa forma, encontra-se atrelada à constituição de um Estado representado pelo detentor (um único indivíduo ou um conjunto de indivíduos) do poder soberano central, com autoridade legítima para impor suas prescrições traduzidas em regras ou "leis civis" por meio do uso da coação e da força, bem como atrelada também à ideia de que, por decorrer de uma convenção social, o direito é fenômeno objetivamente verificável no âmbito do mundo exterior e reconhecido como um fato da autoridade voltado a garantir a paz social por meio, também, da certeza produzida por um direito derivado do poder soberano central do Estado (MACEDO JUNIOR, 2013).

Mas não é apenas isso: é com Hobbes (precursor do pensamento juspositivista moderno) que, pela primeira vez, o Direito encontra sua justificação filosófica em uma base laica, independente de qualquer influência religiosa ou metafísica, a se permitir reconhecer o direito metodologicamente como tendo um "estatuto teórico próprio" (MACEDO JUNIOR, 2013). Mais precisamente, isso significa dizer que o direito pode ser identificado a partir de sua fonte, uma **fonte social**, produzido pela autoridade detentora do poder soberano e, portanto, passível de determinação de forma objetiva – vale dizer, independentemente da posição de um observador externo a seu respeito e da correção ou justiça de seu conteúdo. É isso que Hobbes sustenta argumentativamente quando assevera que o direito (ou a "lei civil") é constituído por aquelas regras que o Estado impõe a todos os súditos, oralmente ou por escrito, ou mesmo por qualquer outro sinal suficiente de sua vontade, empregando tais regras para diferenciar o que é certo do que é errado, uma vez que as regras produzidas pelo Estado e que dão conformação ao que é o direito são regras do justo e do injusto – ou seja, para Hobbes (2012), não há nada que seja reputado injusto sem ser contrário a alguma regra dessa natureza.

Assim, conclui Hobbes (2012) que

> a lei natural e a lei civil contêm-se uma na outra, e sua extensão é idêntica. Assim, as leis naturais, que consistem na equidade, na justiça, na gratidão e em outras virtudes morais destas dependentes, na condição de mera natureza, não são propriamente leis, mas qualidades que predispõe os homens para a paz e a obediência. As leis existem desde o momento em que o Estado é constituído, não antes. Por conseguinte, tratam-se de ordens do Estado e, portanto, de leis civis, pois é o poder soberano que obriga os homens a obedecê-las. Nas dissensões entre particulares, para estabelecer o que é equidade, o que é justiça e o que é virtude moral, e torná-las obrigatórias, são necessárias as ordenações do poder soberano e punições a quem as infringir. Essas ordenações fazem parte da lei civil;

Definições filosóficas sobre o conceito de direito 27

portanto, a lei natural, em todos os Estados do mundo. Reciprocamente, a lei civil faz parte dos ditames da natureza, porque a justiça, isto é, o cumprimento dos pactos, é dar a cada um o que é seu, o que é um ditame da lei natural. Cada súdito de um Estado estipulou sua obediência à lei civil (seja uma pessoa com outra, como quando se reúnem para constituir uma representação comum ou com seu representante, seja uma por uma, quando, subjugadas pela espada, prometem obediência em troca da garantia da vida); por conseguinte, a obediência à lei civil também faz parte da lei natural. A lei civil e a lei natural não são de diferentes espécies, mas diferentes partes da lei, sendo a lei escrita a lei civil e a não escrita, a natural. O direito natural, isto é, a liberdade natural do homem, pode ser limitado e restringido pela lei civil; portanto, a finalidade das leis não é outra senão essa restrição, sem a qual não será possível haver paz. A lei foi criada, então, para limitar a liberdade natural dos indivíduos, de maneira a impedi-los de causar dano uns aos outros e levá-los, ao contrário, a se ajudar mutuamente e se unir no combate ao inimigo comum.

Ademais, a interpretação das regras do direito não estava entregue a qualquer pessoa, mas apenas àqueles que o soberano nomear para a função.

d) Jean-Jacques Rousseau (1712-1801): quando se parte em busca da compreensão de direito na obra de Jean-Jacques Rousseau, duas referências teóricas mostram-se importantes de se ter em mente. A primeira relaciona-se com o fato de que Rousseau compartilha a premissa central de Hobbes: para garantir sua própria sobrevivência (e, segundo Rousseau, também por conta do avanço das técnicas industriais e de produção das sociedades), os homens se aproximam e firmam um tipo de pacto denominado "contrato social", por meio do qual se preservariam a continuidade da evolução humana e as liberdades individuais. Todavia, se o pacto na perspectiva de Hobbes tinha como propósito constituir o Estado e conferir-lhe autoridade para arbitrar a vida dos súditos submetidos à vontade do soberano, para Rousseau este mecanismo voltava-se à possibilidade de o **povo** expressar sua vontade e, com isso, reduzir ou eliminar as desigualdades existentes entre os homens.

É aqui que Rousseau apresenta sua ideia de **vontade geral** – elemento essencial para estabelecer os contornos da compreensão acerca do direito para o pensador de Genebra.

Para Rousseau, essa vontade do povo pode ser determinada por intermédio da vontade geral, que, segundo ele, se consubstancia nas leis. De plano, cumpre destacar que, para Rousseau, a instituição da sociedade política passa pela ideia justamente da configuração de um pacto social entre os cidadãos (enquanto partícipes da autoridade soberana) ou súditos (enquanto submetidos à lei do Estado), que por seu turno dá origem à vontade geral do povo soberano.

De acordo com Rousseau – e esta talvez seja a diferença crucial entre ele e Hobbes –, a vontade geral, em termos de definição de preferências, deve ser compreendida como uma força universal e compulsiva para mover e dispor cada parte do grupo social da maneira mais conveniente a todos os seus cidadãos/súditos, os quais, ainda que coagidos pelo Estado para o cumprimento das ordens extraídas da vontade geral, seriam ao final beneficiados por conta da produção de um bem comum, que a todos favoreceria sem que, todavia, ao contrário de Hobbes, fosse necessário ao indivíduo alienar parte de sua liberdade (GOYARD-FABRE, 2003).

Ainda segundo Goyard-Fabre (2003),

Rousseau define o Governo como um corpo "que recebe o nome de Príncipe" e cujos membros chamam-se de "magistrados ou reis, ou seja, governadores. O Governo, com efeito, é a potência que age pela potência que quer; em outras palavras, os "homens do poder", que formam o corpo governamental, são apenas os "ministros" ou "oficiais" do soberano; portanto o governo não tem por si mesmo "poder" e se limita a executar a vontade geral do povo. (...). Na pessoa do "magistrado" (governante), explica Rousseau, é preciso distinguir três tipos de vontades: a vontade própria do indivíduo, a vontade do corpo comum a todos os magistrados e a vontade geral do povo soberano. Uma vez clara essa visão analítica, é importante, prossegue ele, não confundir o **nível ideal** da legislação perfeita tal como ela deve ser, e a **realidade política** – o que ele chama de "ordem natural" – que traz a marca das imperfeições humanas. Portanto, numa **democracia perfeita ou ideal**, as vontades particulares devem ser "nulas", ao passo que a vontade de corpo, própria ao governo, deve ser "subordinada" à vontade geral soberana que, sempre dominante, se revela a "regra única de todas as outras". Em contrapartida, na **democracia real**, triunfa o individualismo natural: as vontades particulares, sempre as mais fortes, predominam sobre a vontade geral e sobre a vontade de corpo. Nesse tipo de governo, cada membro é "acima de tudo ele mesmo", antes de ser magistrado e cidadão. (Grifos nossos.)

Rousseau (1999b), destarte, defenderá que, objetivamente, é a **lei** o resultado concreto da expressão da vontade geral, definindo-a como resultado da universalidade da vontade e do objeto, denominando ainda como **república** "todo o Estado regido por leis, sob qualquer forma de administração que possa conhecer". A questão da representatividade política não passou despercebida por Rousseau, sendo ferrenho opositor da possibilidade de delegar o poder emanado do pacto social (ao que chama de **soberania**), assinalando inclusive que o soberano, ser coletivo por meio do qual se dá o exercício da vontade geral, não pode ser representado a não ser por si mesmo.

A aproximação entre os conceitos de **bem comum** e **vontade geral** é inegável. Mesmo a partir de Rousseau, é possível concluir que do exercício da vontade geral de forma legítima pelo poder soberano outro resultado não se alcança senão o próprio bem comum, mesmo que, no extremo, se pense tal realidade a partir da sociedade complexa de nossos dias.

Esse debate acaba por se estabelecer no âmago de uma questão que afeta a vontade geral em si: nesta ótica, o bem comum poderia ser teoricamente compreendido como aquele que atende ao interesse da maioria que delibera e expressa a vontade geral em um regime democrático, ou deveria o bem comum também abarcar e respeitar minorias que não corresponderiam aos anseios de uma vontade geral dentro da democracia? Paulo Bonavides (2011), comentando sobre a realidade brasileira, assinala que a representação majoritária produz a tendência de ignorar, afastar ou mesmo eliminar do processo político decisório de divisão de bens e oportunidades, toda e qualquer minoria econômica ou política, visando estabelecer uma homogeneidade superficial ou mesmo imposta ao corpo social tomado em sua universalidade, que, a despeito de escondê-las, não as anula ou as integra. Adverte, ainda, que essa tendência, em especial no Brasil, acaba por produzir desequilíbrios materiais gravíssimos, a impedir o surgimento e a solidificação de uma verdadeira democracia social. De outra parte, deixando a esfera da (eventual) representação política, e partindo para o âmbito das decisões políticas e sociais feitas pelo cidadão no

Definições filosóficas sobre o conceito de direito 31

cotidiano social, configurando, portanto, perspectiva diversa mais ligada à práxis cotidiana, John Rawls, ao abordar a questão do bem comum sob a ótica da sua obra *Teoria da justiça*, sustenta que o desejo de todos em alcançar o bem comum e, de outra parte, agir da forma justa, acaba por exigir que todos os demais também o façam, e este poderia ser um marco fundamental para a construção do bem comum a partir do instrumento da vontade geral.

Em síntese, o direito, a lei civil produzida pelo Estado enquanto derivação do contrato social, e representativa, portanto, da vontade geral do povo reunido sob a forma de sociedade civil ("Estado" e "Sociedade Civil" como faces da mesma ordem jurídico-política formada justamente pelo acordo de vontades constituidor do contrato social), não poderia ser pensada como voltada a garantir que a vontade do soberano fosse atendida em qualquer circunstância, mas como uma expressão da vontade geral a ter como objetivo assegurar a liberdade dos indivíduos que compõem um povo, e principalmente assegurar o atendimento da **vontade geral** que expressaria, sobretudo, que a desigualdade natural entre os seres humanos fosse enfrentada. O direito, expressão da vontade geral e construído democraticamente, teria como compromisso reduzir as desigualdades inerentes à espécie humana (a ter a propriedade privada como expressão máxima dessas desigualdades) com vistas ao progresso mais justo desse corpo social (ROUSSEAU, 1999a).

Ainda segundo Rousseau (1999b),

> As leis não são, propriamente, mais do que as condições da associação civil. O povo, submetido às leis, deve ser o seu autor. Só àqueles que se associam cabe regulamentar as condições da sociedade. Mas, como as regulamentarão? Será por um comum acordo, por uma inspiração sú-

bita? O corpo político dispõe de um órgão para enunciar suas vontades? Quem lhe dará a previsão necessária para constituir e publicar antecipadamente os atos relativos a tais vontades? Ou como as manifestaria em caso de urgência? Como uma multidão cega, que frequentemente não sabe o que deseja porque raramente sabe o que lhe convém, cumpriria por si mesma empresa tão grande e tão difícil quanto um sistema de legislação? O povo, por si, quer sempre o bem, mas por si nem sempre o encontra. A vontade geral é sempre certa, mas o julgamento que a orienta nem sempre é esclarecido. É preciso fazê-la ver os objetos tais como são, algumas vezes tais como eles devem parecer-lhe, mostrar-lhe o caminho certo que procura, defendê-la da sedução das vontades particulares, aproximar a seus olhos os lugares e os tempos, pôr em balanço a tentação das vantagens presentes e sensíveis com o perigo dos males distantes e ocultos. Os particulares discernem o bem que rejeitam; o público quer o bem que não discerne. Todos necessitam, igualmente, de guias. A uns é preciso obrigar a conformar a vontade à razão, e ao outro, ensinar a conhecer o que quer. Então, das luzes públicas resulta a união do entendimento e da vontade no corpo social, daí o perfeito concurso das partes e, enfim, a maior força do todo. Eis donde nasce a necessidade de um Legislador.

Retrato da vontade geral do povo e o enfrentamento às desigualdades inerentes à humanidade: eis a gênese e o fim último do direito, na compreensão de Jean-Jacques Rousseau.

e) Immanuel Kant (1724-1804): alcançar adequadamente a compreensão de Immanuel Kant acerca do que é direito exige entender sua teoria da moralidade e, também, seu papel decisivo ao simbolizar, no âmbito da Filosofia Moral, a revo-

Definições filosóficas sobre o conceito de direito   33

lução cultural que teve lugar entre os Séculos XV e XVI e que não apenas serviu como início da Ciência Moderna – identificado nas figuras histórias de Galileu Galilei (1564-1642), Isaac Newton (1643-1727) e Nicolau Copérnico (1473-1543) –, mas que permitiu à humanidade modificar a visão que tinha de si, a noção a respeito do mundo e, por consequência, o entendimento estabelecido acerca do que era a moralidade.

Desde o mundo helênico do Século V a.c. até os filósofos cristãos da Idade Média, a compreensão central do sentido da vida humana consistia em uma busca da felicidade ou beatitude a partir de algo já preestabelecido, já imbuído, já em nós destinado: para a Ética Aristotélica (eudaimônica, das virtudes), isso se daria com o desenvolvimento pleno de nossas potencialidades em nós inseridas e latentes, na sua conversão concreta em **virtude**, entendida esta como o traço do caráter que procuramos desenvolver pela ação habitual e que tem a capacidade de nos tornar boas pessoas do ponto de vista moral, a permitir então ao sujeito o alcance da vida em felicidade, bem supremo para os gregos – felicidade vislumbrada na perspectiva aristotélica como a fruição de um estado de bem-estar pelo indivíduo por conta do alcance de uma vida virtuosa construída ao longo de toda a sua existência a partir do desenvolvimento pleno dos talentos e das potências individuais e ínsitas deste indivíduo (o "desabrochar de suas virtudes").

Notadamente, **viver bem** é viver uma vida caracterizada pelo uso excelente das nossas faculdades racionais com vistas ao pleno desenvolvimento de nossos talentos e nossas potências, e essa excelência do viver caracteriza-se pela aplicação bem-sucedida de regras gerais de vida virtuosa a situações particulares que exigem de cada sujeito deliberação moral para o enfrentamento de dilemas ou posições de difícil escolha.

Por seu turno, para a Ética da Filosofia Cristã, baseada nos fundamentos da doutrina religiosa da cristandade erigida especialmente nas ideias de Tomás de Aquino, antes e acima de qualquer coisa os seres humanos nasciam com o propósito de buscar a Deus (o Deus da tradição cristã), de se aproximar dele, de fazer de sua vida terrena uma busca incessante pela prova de sua existência neste plano de realidade concreta e pela demonstração empírica dessa existência durante todo o tempo da passagem da vida terrena. Desse modo, também para a tradição filosófica cristã nascíamos imbuídos de um propósito, qual seja, a aproximação de Deus e a busca da demonstração concreta de sua existência neste plano terreno ao longo de toda nossa existência.

Nomeadamente, dessarte, é possível denotar que desde 500 anos antes de Cristo até meados do Século XV – um período temporal aproximado de 2000 anos –, a compreensão corrente para a humanidade (ao menos sob a perspectiva helênico-europeia, e naquilo que influenciou) era de que todo ser humano vinha à Terra com uma "missão" predefinida e predeterminada, com um **propósito**, seja viver a vida em busca da plena felicidade pelo alcance de uma vida virtuosa (em decorrência do pleno desenvolvimento de seus talentos e aptidões pessoais com o objetivo de nos tornarmos virtuosos, seres de fato detentores de virtudes), seja buscar a beatitude ao se aproximar de Deus a partir da demonstração concreta da existência dele em nossa passagem terrena. Haveria, repita-se, um propósito para a vida de cada sujeito, mas também para tudo o que existisse na natureza. Como lembram Rachels e Rachels (2014), Aristóteles sustentava a ideia de que a chuva existe em razão das plantas, as plantas existem em razão dos animais, e os animais existem, por consequência, para servir aos seres humanos. Tudo tinha um propósito e servia a alguma finalidade, posto que todas as coisas possuíam um papel específico, predeterminado e irremediavelmente destinado dentro de uma visão cósmica de universo ordenado.

A passagem do Século XV para o Século XVI converteu-se em um período de enorme (e rara) transformação da própria humanidade. Entender esse período histórico – que ficou conhecido como "Renascimento" – é fundamental para se entender como a noção de moralidade foi radicalmente transformada a partir desse período. Entre os eventos que essencialmente mudaram a maneira como a humanidade se via e compreendia o mundo, um deles merece atenção especial. Tal "evento" relaciona-se, em verdade, com o surgimento de figuras públicas importantes, em especial Isaac Newton, Galileu Galilei, Charles Darwin e Nicolau Copérnico, responsáveis por formulações teóricas mais importantes da história da humanidade, e que vão inaugurar aquilo que ficou conhecido como "Ciência Moderna", ponto de partida da própria Era Moderna (ou Idade Moderna).

Com efeito, a partir sobremaneira de tais reflexões teóricas, a noção de que vivíamos em um mundo preordenado, definido e estabelecido de acordo com seus propósitos de justificação e que respondia a uma finalidade já determinada, entra em crise com a ciência moderna. Conforme explicitam Rachels e Rachels (2013), o mundo tal como descrito por Galileu, Newton e Darwin não tem necessidade de fatos sobre o certo e o errado, e as explicações a respeito dos fenômenos naturais não fazem (e não precisam fazer) qualquer referência a valores ou finalidades. A rigor, o que acontece simplesmente acontece, em decorrência das leis da causa e do efeito. Logo, de acordo com esse novo modo de pensar inaugurado nesse momento histórico, a chuva não tem qualquer propósito e não cai para ajudar as plantas a crescer. Em verdade, a seleção natural produz um arranjo ordenado que parece ter sido desenhado, mas em realidade isso não ocorre (RACHELS; RACHELS, 2014). Uma dessas formulações científicas modernas – de absoluto destaque, diga-se – é a chamada **teoria heliocêntrica**, concebida por Nicolau Copérnico. A combinação desse e de outros fatores históricos relevantes da época constituiu força suficiente para fraturar a compreensão de **cosmos** grego, de mundo cósmico, que se acreditava, até então, rompendo com o entendimento compartilhado de que havia um todo cósmico onde tudo teria seu lugar adequado, e onde cada sujeito teria uma função específica na grande engrenagem do Universo – com um destino predeterminado, com um papel traçado para aquilo.

Com a Modernidade, muda-se a própria visão de mundo e de si mesma que a humanidade tinha até a passagem do Século XV para o Século XVI. A partir desse ponto histórico, não faz mais sentido pensar em um mundo ordenado, em um todo cósmico harmonicamente organizado garantido pela definição prévia de propósitos justificadores de toda a existência. Rompe-se então um paradigma de 2000 anos, e isso é uma verdadeira "revolução" em termos de pensamento humano.

A ciência moderna acaba com a ilusão grego-cristã antiga de cosmos e mundo ordenado, e também passa a colocar em xeque a regra de que a vida boa é aquela combinação "virtude + conhecimento". Surge a compreensão de que não há um plano preestabelecido para qualquer ser humano, que defina nossa passagem por aqui. Questões existenciais sobre qual o sentido da vida e os motivos justificadores do nosso existir atingem em cheio a humanidade. Nessa medida, se não há uma finalidade predefinida justificadora da nossa própria existência e justificadora de nossa passagem pela Terra – seja pela eudaimonia e virtudes, seja pela redenção pelo Deus cristão em uma vida eterna ao seu lado, a moralidade então passa a ser considerada não um fenômeno justificado por influências metafísicas, mas um fenômeno puramente humano – "como o produto das necessidades, interesses e desejos humanos" –, e nada mais do que isso. Não existe uma lei natural ou uma lei divina: a lei deve ser produzida exclusivamente pela racionalidade humana para regular nossa convivência em grupo, já que somos seres sociais por excelência (RACHELS; RACHELS, 2014).

É aqui que a contribuição de Immanuel Kant para a Filosofia Moral (e, em certa medida, para a Filosofia do Direito) ostenta importância transcendental – com o implementar de sua **Revolução Copernicana.**

De acordo com Ronaldo Porto Macedo Junior (2008),

> Conforme afirmei, o que conduziu Kant à ideia crítica não foi a rejeição das conclusões metafísicas, e sim a consciência da incerteza dessas conclusões. Kant nos revela nos **Prolegômenos**: "Confesso francamente: foi a advertência de David Hume que, há muitos anos, interrompeu o meu sono dogmático e deu às minhas investidas no campo da filosofia especulativa uma orientação inteiramente diversa.
>
> (...)
>
> É possível denominar o método kantiano de reflexivo na medida em que é refletindo sobre os conhecimentos racionais que possuímos que chegamos ao conhecimento do funcionamento da própria razão. Neste sentido, a reflexão nada mais é do que o movimento pelo qual o sujeito, a partir de suas operações mentais, volta-se a si mesmo. Para Kant, o terreno movediço da incerteza já teria sido superado em algumas áreas do conhecimento. As disciplinas nas quais não haveria controvérsia seriam basicamente a física e a matemática. A tarefa crítica visa responder a duas questões: I – Como se explica a existência

de conhecimentos racionais e certos na matemática e na física? II – É possível haver tais conhecimentos na metafísica? Para responder positivamente a tais perguntas seria necessário imitar, na metafísica, o procedimento seguido nas ciências, e assim, verificar se ele seria proveitoso para a filosofia. Cabe mudar o método tradicional da metafísica. (...). O realismo entende que a realidade nos é dada, quer pela ordem sensível (empiristas), quer pela ordem inteligível (racionalistas), e que o nosso conhecimento deve amoldar-se à realidade. Conhecer, neste caso, é uma atividade passiva. O idealismo transcendental kantiano, ao contrário, supõe que o espírito intervém ativamente na elaboração do conhecimento e o que é real é, para nós, resultado de uma construção. O objeto de conhecimento é, em parte, obra nossa. Para Kant, só conhecemos *a priori* das coisas o que nós mesmos nelas pomos". Eis aí o sentido de revolução copernicana de Kant. Admitir que o sujeito que conhece participa ativamente da constituição do objeto de conhecimento.

O impacto da contribuição revolucionária de Copérnico para a física e as ciências naturais e racionais foi trasladado por Kant para as ciências humanas e, em especial, para a Filosofia.

Na Era Moderna (com contribuição decisiva e imprescindível de Kant), a moralidade deixa de estar voltada a um propósito metafísico definidor da existência humana e que confere sentido à vida humana, passando ao centro de sua definição o conceito de **dever**.

Para Kant, a moralidade era, antes de mais nada, uma questão de **liberdade**. Já na abertura de sua obra *Fundamentação da Metafísica dos Costumes* (1785), Kant (2011) assevera que "[n]este mundo, e até também fora dele, nada é possível pensar que possa ser considerado como bom sem limitação a não ser

Definições filosóficas sobre o conceito de direito 39

uma só coisa: uma boa vontade". Kant com isso quer dizer que uma pessoa que age com **boa vontade** caracteriza-se sobretudo por estabelecer um compromisso firme com o agir moral. Apenas uma boa vontade seria incondicionalmente valiosa.

Segundo Kant, os seres humanos diferenciam-se do restante do mundo natural por serem dotados de **racionalidade**. Tal constatação exige, portanto, que nossas escolhas de ordem moral sejam determinadas pela razão, e não pelo simples atendimento de **inclinações**, pela mera satisfação de desejos e interesses pessoais.

> Ora, se num ser dotado de razão e vontade a verdadeira finalidade da natureza fosse a sua **conservação**, o seu **bem-estar**, numa palavra, a sua **felicidade**, muito mal teria ela tomado as suas disposições ao escolher a razão da criatura para executora destas suas intenções. Pois todas as acções que esse ser tem de realizar nesse propósito, bem como toda a regra de seu comportamento, lhe seriam indicadas com muito maior exactidão pelo instinto, e aquela finalidade obteria por meio dele muito maior segurança do que pela razão; e se, ainda por cima, essa razão tivesse sido atribuída à criatura como um favor, ela só lhe poderia ter servido para se entregar a considerações sobre a feliz disposição da sua natureza, para a admirar, alegrar-se com ela e mostrar-se por ela agradecida à Causa benfazeja, mas não para submeter à sua direcção fraca e enganadora a sua faculdade de desejar (...) (KANT, 2011 – grifos nossos).

O fato de sermos dotados de racionalidade e de ser esta a base fundamental para nossas escolhas morais confere à humanidade uma proteção especial distinta de tudo o mais que há no mundo natural – a essa proteção deu-se o nome de **dig-**

nidade. Seres humanos dotados de racionalidade e portadores de dignidade fazem escolhas e tomam decisões de ordem moral lastreados em uma liberdade determinada pela razão, algo muito diferente do que se compreendia a partir do livre-arbítrio cristão. Essa liberdade determinada pela razão Kant chamou de **autonomia moral do sujeito.** A própria definição de moralidade volta-se agora para essa autonomia moral do indivíduo, fundada na racionalidade do sujeito que condiciona o objeto e fundamenta a vontade que determina o próprio agir humano.

Todavia, não basta apenas agir com autonomia moral e em atenção à vontade. Para que se reconheça valor moral na ação concretamente realizada, é preciso uma **boa vontade.** E boa vontade, para Kant, é realizar uma ação concreta em respeito à lei interna que o sujeito impõe a si de somente agir por dever de observância e obediência à tal lei interna, que o obriga a balizar suas ações concretas por princípios ou máximas incondicionadas **(necessidade)** e capazes de alcançar um patamar de **universalidade.** Essa é a expressão central do **imperativo categórico,** pedra de toque da teoria moral kantiana, consagrada em sua forma original nos seguintes termos: "Age de maneira tal que o princípio ou máxima que te levou a agir possa se converter em uma lei universal".

A compreensão de Kant a respeito do fenômeno jurídico a rigor se estabelece a partir de como, em sua obra, relacionam-se Direito e Moral. Kant apresenta analiticamente o seu conceito de Direito da seguinte forma: "O direito é o conjunto das condições sob as quais o arbítrio de um pode ser unido ao arbítrio de outro segundo uma lei universal da liberdade" (TERRA, 1995). Por seu turno, Kant também explicita uma **lei universal do direito,** vazada nos seguintes termos: "Age exteriormente de tal maneira que o livre uso do teu arbítrio possa coexistir com a liberdade de cada um, segundo uma lei universal". O pa-

Definições filosóficas sobre o conceito de direito 41

drão de universalidade é mantido para o direito, assim como faz para a moralidade. Parece haver em Kant uma diferença ontológica de natureza entre o direito e a moral: o direito seria caracterizado pela exterioridade entre as relações sociais (de "arbítrio de cada um"), ao passo que a moral dependeria necessariamente de uma lei interna que o próprio sujeito impõe a si no sentido de observância de um dever fundamental. Destarte, consoante corretamente aponta Ronaldo Porto Macedo Junior (2008), os elementos básicos do direito em Kant são a relação mútua dos arbítrios e a universalidade da lei. Nessa medida, o direito de acordo com Kant é o conjunto de regras estabelecidas pelo Estado para assegurar e proteger a liberdade de todos os indivíduos, tendo como objetivo regular a expressão concreta da liberdade de cada um dos componentes do grupo social a fim de que a convivência social, para existir realmente, tenha a liberdade como regra geral (DIMIOULIS, 2016).

Kant, a partir de um conteúdo marcadamente ético expressado por meio de **imperativos categóricos**, sustenta a possibilidade de uma coerção recíproca universal em caso de violação do direito, consoante a liberdade de cada um diante de leis tidas também como universais de caráter moral. A partir dessa perspectiva, por exemplo, a pena criminal seria então um fim em si mesma, quer dizer, não significaria qualquer outra finalidade além da própria retribuição ao mal praticado e da efetiva realização da justiça (KANT, 2004).

Em termos retributivos em caso de violação do direito, caso fosse a pena considerada uma simples via para alcançar um fim ou um bem para o próprio indivíduo ou para a sociedade, então o próprio sujeito estaria sendo instrumentalizado para o alcance de determinado fim, algo que é peremptoriamente negado por Kant, que considera o ser humano sempre um fim último em si, jamais um meio para o alcance de qual-

42 Filosofia do Direito

quer finalidade e, então, insuscetível de qualquer instrumenta-lização. Para Kant, o castigo àquele que viola a regra justifica-se unicamente pela própria razão de haver violado a regra, sem qualquer discussão sobre o fim útil da pena para o agente que delinquiu ou para a sociedade que se considera vilipendiada.

f) **Jeremy Bentham (1748-1832):** escritor com trabalhos importantíssimos nas áreas de Filosofia do Direito e Filosofia Moral, é um dos principais expoentes da filosofia britânica do Século XVIII. Sua obra teórica mais importante, que abarca justamente temas das duas áreas anteriormente mencionadas, é *Introduction to the Principals of Morals and Legislation*, de 1789. Trata-se do principal responsável pela teoria normativa da moralidade denominada "utilitarismo", com enorme relevância para os estudos da Filosofia Moral mesmo na atualidade. *Grosso modo*, para Bentham, as ações humanas devem ser avaliadas do ponto de vista moral a partir do resultado concreto que produzem, ou seja, é o resultado ou a consequência de ações concretamente realizadas que indicam sua correção moral ou injustiça. Nesse sentido, uma boa consequência indicativa de uma ação adequada do ponto de vista moral é aquela capaz de fazer sobrepor o prazer à dor. É aquela que, nas palavras do próprio Bentham, é capaz de maximizar a felicidade individual. Como a proposta utilitarista está comprometida com a solução de problemas gerais, coletivos, e não apenas como problemas individualizados, partindo-se do individual para o coletivo, Bentham sustenta que o que realmente importa é maximizar a felicidade da comunidade em geral, vale dizer, proporcionar a maximização da maior felicidade para o maior número de pessoas; o fim último da proposta, então, é garantir o bem-estar do maior número possível de pessoas.

Mas seu pensar não se restringiu ao estudo a respeito da moralidade. Suas reflexões acerca do que é o direito também são extremamente relevantes. Jeremy Bentham é considerado, ao lado de Thomas Hobbes e John Austin, um dos primeiros teóricos do positivismo jurídico.

Para Bentham, em seu "positivismo jurídico clássico" (assim como para Austin, conforme se verá oportunamente), o direito é fundamentalmente formado por ordens e comandos produzidos por um soberano detentor do poder de impor a observância de tais ordens e comandos a seus súditos vinculado à ideia de aplicação de punição em caso de descumprimento ou inobservância. Não havendo espaço para desacordos teóricos sobre o que os súditos poderiam ou não poderiam fazer, para Bentham a função precípua do direito consiste em assegurar a paz por meio da certeza produzida pelo direito (MACEDO JUNIOR, 2013), visto que o direito teria sua origem na incontestável figura da autoridade soberana e, logo, não seria passível de discussão a respeito de seu acerto ou, pode-se dizer, "correção moral".

Além disso, Bentham também insistia fortemente na ideia de que é imprescindível distinguir com o máximo de clareza entre o direito como ele é e o direito como ele deveria ser. Tal distinção atenderia a dois fins específicos: de um lado, evitaria o risco de que a autoridade e a legitimidade do direito acabassem enfraquecidas em infinitos debates sobre aquilo que o direito deveria ser; de outro, de que o direito pudesse se colocar no lugar da moralidade como balizador último do comportamento humano, ficando assim imune de críticas e de eventuais resistências legítimas. A base de seu pensamento a respeito da distinção entre o que o direito é e o que o direito deveria ser – ou, em outras palavras, a concepção de **separação entre Direito e Moral** – estava lastreada em duas premissas: em primeiro lugar, o reconhecimento de que a simples circunstância de uma norma jurídica violar um determinado princípio (ou conjunto de princípios) de ordem moral não conduzia imediatamente ao reconhecimento de que deixaria de ser uma norma jurídica; em segundo lugar, a simples circunstância de uma norma social qualquer ser moralmente desejável não implicaria automaticamente que ela fosse também uma norma jurídica (HART, 2010).

São esses os fundamentos do pensamento de Bentham acerca de sua concepção de direito, que a rigor se tornaram os fundamentos básicos do positivismo jurídico clássico e influenciaram todas as posições juspositivistas desde então. Ao lado de Hobbes e Austin, Bentham ocupa um lugar de destaque entre os grandes filósofos do direito da Era Moderna.

g) Georg Wilhelm Friedrich Hegel (1770-1831): assim como elaborou uma "Filosofia da História", G. W. F. Hegel também se comprometeu com a discussão filosófica acerca do que realmente significa o Direito. Para tanto, escreveu os *Princípios da Filosofia do Direito*, produto de um de seus cursos como catedrático, tendo expressado que entre os motivos que o levaram a produzir essa obra estava a intenção de produzir um texto que servisse como fio condutor para suas posições a respeito da Filosofia do Direito.

Hegel é, sem dúvida, uma das grandes figuras intelectuais do movimento conhecido na filosofia como idealismo alemão, e sua posição sobre o sentido/significado da história marcou o pensamento filosófico que se seguiu, influenciando importantes filósofos ao longo dos Séculos XIX e XX.

Para ele, a história universal representa a marcha gradual da evolução do princípio cujo conteúdo é a consciência da liberdade. Em outras palavras, a história universal da humanidade não é outra coisa senão a história do progresso da consciência da liberdade (HEGEL, 1995). Em termos de debate cien-

Definições filosóficas sobre o conceito de direito   45

tífico acerca de como se define a moralidade na Era Moderna a partir do Século XVI, o hegelianismo se coloca como a crítica mais severa e contundente (mais até que a apresentada pelos teóricos do utilitarismo) às teses fundamentais da teoria moral kantiana. Com efeito, segundo Kant, o único tipo de ação moralmente correta era aquele que seguia a fórmula do imperativo categórico, sem interferência de qualquer tipo de inclinações, sejam inatas à própria natureza humana, sejam socialmente condicionadas. Mas, para Hegel (1995),

> Deve-se levar em consideração que as narrativas histórias aparecem simultaneamente às ações e aos acontecimentos históricos, pois há um fundamento comum interno que os cria juntos.
>
> (...)
>
> Uma sociedade que se fixa e se eleva à condição de Estado exige, no lugar de ordens subjetivas – que são suficientes para as necessidades do momento –, imperativos, leis e decisões abrangentes e universalmente válidas, produzindo tanto uma exposição quanto interesse em compreender ações e acontecimentos em si determinados e duráveis em seus resultados.

Para a correção moral do agir, Kant falava em uma lei interna, universal (universalizante), abstrata e absoluta, a ser seguida pelo sujeito justamente para balizar seus comportamentos concretos. Hegel compartilhava parcialmente dessa visão e admitia o caráter universalizante da moralidade.

Todavia, Hegel rejeitava a posição excessivamente abstrata de Kant na definição dos critérios de correção moral. Para ele, é impossível determinar pressupostos e critérios definidores de justiça sem compreender que o sujeito é determinado e protagonista de um processo histórico de vida, a partir do qual é imprescindível considerar as circunstâncias concretas específicas que compõem o próprio sujeito e influenciam em suas ações concretas. Para Hegel, há uma lacuna teórica na tese central da teoria moral kantiana, na medida em que a deontologia principiológica de Kant não leva em consideração o "processo de formação da consciência em sua interação com o real, seja o mundo natural, seja a sociedade" (MARCONDES; STRUCHINER, 2015). Por conta disso, o sujeito moral kantiano é, em suma, um sujeito "abstrato, formal e a-histórico". Uma das objeções mais destacadas de Hegel à teoria moral kantiana consiste em demonstrar como Kant e toda a linhagem de Filosofia Moral Moderna por ele influenciada desconsideram o processo histórico-dialético (materialismo) na constituição da subjetividade.

O direito, então, para Hegel, não pode ser compreendido senão a partir da história. E mais: sua fonte de produção e validade é o Estado – sua autoridade legal é o ponto de partida para o reconhecimento do direito –, que possui um elemento de positivação em razão tanto do "estágio de desenvolvimento histórico de um povo" quanto da "interconexão de todas as relações naturalmente necessárias" (HEGEL, 1997). E, ainda,

> De acordo com essa definição, a liberdade da vontade é o livre-arbítrio onde se reúnem os dois aspectos seguintes: a reflexão livre, que vai se separando de tudo, e a subordinação ao conteúdo e à matéria dados interior ou exteriormente. Porque, ao mesmo tempo, este conteúdo, necessário em si e enquanto fim, se define como simples possibilidade para a reflexão, o livre-arbítrio é a contingência na vontade (HEGEL, 1997).

Muito embora reconheça a existência de um "direito natural", Hegel assinala que o Estado é a fonte de produção do direito, e seu objetivo primordial consiste em assegurar o desenvolvimento da liberdade humana – o direito como um sistema garantidor do **império da liberdade realizada**, para valer-se aqui das palavras do próprio Hegel.

h) **Hans Kelsen (1881-1973)**: inaugura-se, agora, uma análise mais pormenorizada de teóricos do direito contemporâneos que apresentaram ao mundo visões particularmente importantes a respeito do que é o direito e que ajudaram a refletir sobre como devemos compreender o fenômeno jurídico e seus desdobramentos. O primeiro dessa linhagem a ser comentado aqui é o jurista austríaco Hans Kelsen (1881-1973), indubitavelmente um dos maiores juristas de todos os tempos e uma das grandes referências teóricas no campo do direito do Século XX. Autor de obras de enorme importância, tais como *Teoria Pura do Direito, Teoria Geral do Direito e do Estado, O Problema da Justiça*, entre muitas outras. Kelsen, além de ser um dos maiores expoentes do positivismo jurídico contemporâneo (a temática do positivismo jurídico será abordada no Capítulo 4), é responsável por algumas das ideias mais influentes acerca do desenvolvimento da teoria do direito, das quais três destacam-se de maneira mais proeminente – e compõem a sua "teoria pura do direito". "Hans Kelsen procurou colmatar esta 'impureza' da teoria do direito, salvaguardando a autonomia deste e impedindo que, em última instância, a discussão jurídica se transformasse numa discussão não jurídica" (HESPANHA, 2012).

A primeira de tais ideias diz respeito aos argumentos elaborados por Kelsen relativamente a uma das teses centrais do positivismo jurídico contemporâneo: a separação entre Direito e Moral (ponto tratado no Capítulo II da *Teoria Pura do Direito*) – a conhecida **tese da separabilidade**. De acordo com Kelsen, não se pode distinguir Direito e Moral a partir da identificação da produção ou da aplicação das suas normas. A Moral é positiva, assim como o Direito – possível de se estabelecer uma comparação entre ordem social moral e ordem social jurídica primitiva. Segundo Kelsen, a autêntica distinção entre Direito e Moral não se encontra naquilo que as duas ordens prescrevem ou proíbem, mas em **como** elas prescrevem ou proíbem uma determinada conduta humana, figurando o Direito como **ordem de coação** – ordem normativa que procura obter uma determinada conduta humana ligando à conduta oposta um ato de coerção, e coação como característica central da ordem jurídica, algo que não existe na ordem moral (KELSEN, 2009). A diferenciação ontológica entre o Direito e a Moral não quer significar, diz Kelsen, que não haja nenhum tipo de relação entre os dois campos.

A partir da rejeição à ideia de um sistema moral ou de valores morais absolutos, Kelsen admite – e afirma – que o Direito pode ser moral (justo), mas não tem necessariamente de o ser (a posição de negação a uma moral absoluta é sustentada no item nº 5 do Capítulo II da *Teoria Pura do Direito*). Dessa forma, a exigência de uma separação entre Direito e Moral (Direito e Justiça), a rigor, significa que a validade de uma ordem jurídica positiva é independente dessa Moral absoluta, da moral por excelência.

> A pretensão de distinguir Direito e Moral, Direito e Justiça, sob o pressuposto de uma teoria relativa dos valores, apenas significa que, quando uma ordem jurídica é valorada como moral ou imoral, justa ou injusta, isso traduz a relação entre a ordem jurídica e um dos vários sistemas de Moral, e não a relação entre aquela e "a" Moral. Desta forma, é enunciado um juízo de valor relativo e não um juízo de valor absoluto (KELSEN, 2009).

O debate, dessarte, a respeito do que é justo ou do que não é justo não é preocupação a ser considerada no âmbito da ciência jurídica; na verdade, o relativismo axiológico, contemplado na noção de que não existe somente um único sistema de valores morais alcançado epistemologicamente, é um dos pilares filosóficos da teoria pura do direito de Hans Kelsen (COELHO, 2001).

A segunda das ideias kelsenianas de obrigatória abordagem aqui é a tese por ele criada para conferir fundamento de validade ao direito posto, a conhecida **norma hipotética fundamental**. De acordo com Kelsen, qualquer sistema jurídico encontra seu fundamento de validade a partir do reconhecimento de uma norma que lhe é **externa**, **não prescrita por nenhuma autoridade**, e que é **pressuposta**. Conforme explica Fábio Ulhoa Coelho (2001), ao se questionar a respeito do fundamento de validade de uma Constituição (a norma jurídica que confere validade a todas as demais normas jurídicas postas), deve-se "forçosamente **pressupor** a existência de uma norma fundamental, que imponha a observância da mesma Constituição e das normas jurídicas por ela fundamentadas". Em razão disso, conclui, "a norma fundamental não é positiva, mas hipotética e prescreve a obediência aos editores da primeira constituição histórica" (COELHO, 2001). A **Grundnorm**, portanto, é a fonte comum de validade de todas as normas pertencentes a uma mesma ordem normativa, que confere unidade a essa pluralidade de normas ao mesmo tempo em que funciona, como já mencionado, como fundamento de validade de todas as normas que integram essa ordem normativa (KELSEN, 2009).

Por fim, tomando-se o ponto da compreensão do fundamento de validade das normas integrantes de um ordenamento jurídico, a partir do qual Kelsen sustenta a ideia de uma "estrutura escalonada da ordem jurídica" (correspondente à figura da "pirâ-

50 Filosofia do Direito

mide normativa"), Kelsen defende a tese de que a ciência jurídica deve se caracterizar pela **pureza** (daí sua "teoria pura do direito"). Segundo ele, uma verdadeira teoria do direito é uma teoria do direito positivo, das regras postas inseridas em uma dada ordem normativa a partir de fontes detentoras de autoridade legítima reconhecidamente capazes de produzir esse tipo específico de normas. A ciência jurídica, portanto, deve se preocupar exclusivamente com as normas válidas integrantes de um ordenamento normativo sem tomar como referência o produto de outras disciplinas do conhecimento humano, como a antropologia, a sociologia, a ética e a ciência política. O objeto de uma teoria do direito, para Kelsen, é o conjunto de normas jurídicas válidas – é com isso que o jurista deve se ocupar exclusivamente.

> Como teoria, quer única e exclusivamente conhecer o seu próprio objeto. Procura responder a questão: o que é e como é o Direito? Mas já não lhe importa a questão de saber como deve ser o Direito, ou como deve ele ser feito. É ciência jurídica e não política do Direito.
>
> Quando a si própria se designa como "pura" teoria do Direito, isto significa que ela se propõe garantir um conhecimento apenas dirigido ao Direito e excluir deste conhecimento tudo quanto não pertença ao seu objeto, tudo quanto não se possa, rigorosamente, determinar como Direito. Quer isto dizer que ela pretende libertar a ciência jurídica de todos os elementos que lhe são estranhos. Esse é o seu princípio metodológico fundamental (KELSEN, 2009).

Assim, como juspositivista, para Kelsen, o que deve ocupar o foco de atenção do cientista do direito (jurista) são as normas dotadas de validade jurídica e que compõem uma ordem normativa, definida a partir de uma norma fundamen-

Definições filosóficas sobre o conceito de direito   51

tal que lhe confere unidade. A referência à forma como Hans Kelsen compreende o conceito de norma jurídica remete à sua clara intenção de definir o direito como algo a ser investigado dentro da perspectiva do **ser**, e não do dever-ser, vale dizer, norma jurídica importa como mecanismo de interpretação na medida em que está **positivada** (direito positivo).

i) Herbert Lionel Adolphus Hart (1907-1992): H. L. A. Hart, talvez o maior teórico do direito do século passado, professor titular da cadeira de teoria de direito da Universidade de Oxford, teve papel decisivo em uma forma de compreender o direito pensada a partir da relação do direito com o uso da linguagem. Essa viragem metodológica desenvolvida por Hart ao pensar o conceito de direito com base nos postulados da filosofia analítica da linguagem significou, antes de mais nada, a capacidade agora de estabelecer descrições jurídicas que sejam, ao mesmo tempo, objetivas e dependentes da perspectiva dos sujeitos de acordo com a linguagem (MACEDO JUNIOR, 2013). Como assevera Ronaldo Porto Macedo Junior, a releitura de temas clássicos da teoria do direito tomando-se como prisma uma abordagem por meio da filosofia analítica da linguagem acabará por se constituir, ao final, no próprio programa de estudos para o direito que Hart (2010) desenvolverá como catedrático da Universidade de Oxford.

Rejeitando a postura defendida por John Austin e Jeremy Bentham, Hart, em seu *O Conceito de Direito*, delineia sua compreensão a respeito do direito sustentando, fundamentalmente, que corresponde a um **conjunto de regras primárias e secundárias**. As regras primárias são, para Hart, normas de comportamento dotadas de autoridade e capazes de determinar que o indivíduo realize determinada conduta, sob pena de que contra ele seja imposta uma correspondente sanção – é o que se poderia denominar "regras de obrigação". Já regras secundárias não são regras determinantes de comportamentos obrigatórios, mas, sim, regras estruturantes que só se manifestam presentes em sistemas jurídicos evoluídos e complexos. Mas regras secundárias são mais que isso: são regras que determinam estruturalmente como as regras primárias podem ser determinadas (criadas, eliminadas ou alteradas), bem como determinam também a possibilidade de que a respectiva violação seja determinada de forma inequívoca. Segundo Hart, as regras secundárias são de três espécies: regra de reconhecimento (*rule of recognition*), regras de alteração (*rules of chance*) e regras de julgamento (*rules of adjudication*) (HART, 2012). Com efeito:

> Para Hart, essa solução oferecida por Kelsen não é convincente, uma vez que, ao lado de estar fundada no extremo artificialismo contido no próprio conceito de **sanção** (cujo sentido habitual é o de imposição de um mal), que fica desfigurado quando utilizado para definir o conceito de **nulidade**, a solução distorce fortemente a função social que diferenciados tipos de normas cumprem numa dada sociedade. Normas que conferem poderes (***Power confering rules***) cumprem uma função distinta daquela desempenhada por normas primárias dotadas de sanção e que têm como função precípua regular e induzir comportamentos. Para Hart, "as regras que conferem poderes particulares para serem compreendidas, hão de ser vistas na perspectiva daqueles que os exercem" (MACEDO JUNIOR, 2013 – grifos nossos).

Esta breve introdução a respeito do pensamento de H. L. A. Hart quis somente indicar de modo muito singelo alguns dos aspectos mais destacados de sua contribuição para a Teoria e a Filosofia do Direito. Com efeito, os comentários mais relevantes a respeito de sua obra surgirão de modo mais detalhado nos Capítulos 3 e 4, quando se abordará o problema da relação entre Direito e Moral, e também se procurará estabelecer o detalhamento a respeito das correntes teóricas denominadas jusnaturalismo, positivismo jurídico e pós-positivismo jurídico (neoconstitucionalismo). Por ora, portanto, essas referências preliminares mostram-se suficientes apenas para realçar a importância de H. L. A. Hart para o desenvolvimento da ciência jurídica no Século XX.

j) Ronald Dworkin (1931-2013): sem dúvida um dos maiores jusfilósofos e teóricos do direito do Século XX (senão de todos os tempos), os trabalhos de Ronald Dworkin a respeito de temas de teoria do direito, filosofia do direito, filosofia moral e política definitivamente transformaram o debate público e demandaram de seus rivais teóricos um enorme aprofundamento filosófico para respondê-lo e contrapô-lo à altura. Ronaldo Porto Macedo Junior (2013) chega a dizer que os trabalhos de Ronald Dworkin, em específico no campo da filosofia do direito e teoria do direito, tornaram mais rigorosa a natureza metodológica do debate teórico-jurídico e passaram a exigir uma verdadeira "parafernália filosófica" ainda mais complexa.

Ronald Dworkin (2005; 2014) foi um ferrenho crítico do positivismo jurídico – sobretudo do conceito de direito como um "conjunto de normas" –, e sustentou sua compreensão a respeito do que é direito a partir não da ideia de agrupamento de normas, mas da noção de práticas interpretativas capazes de revelar conceitualmente o que de fato é o direito. Critica assim a analogia positivista do direito com o jogo de xadrez, e, por meio de ideias tais como as de que a cultura da interpretação artística é uma interpretação criativa e construtiva, da possibilidade de se transformar a interpretação construtiva em um instrumento de estudo do direito enquanto prática so-

54 Filosofia do Direito

cial, e da semelhança entre direito e literatura, apresenta outra analogia: a prática social da cortesia, a funcionar como um jogo interpretativo decorrente do contexto e dependente do aperfeiçoamento hermenêutico dos termos envolvidos na disputa.

Por seu turno, foi responsável por lançar ataques incisivos às teses centrais do positivismo jurídico, em especial em face da tese das fontes sociais e da tese da convencionalidade.

Em relação à primeira, Dworkin procura negar uma das bases do positivismo jurídico enquanto teoria do direito, qual seja, a de que o fundamento de validade das normas jurídicas encontra-se em uma questão de fato (regra de reconhecimento, norma hipotética fundamental etc.) e o reconhecimento de que a validade de uma norma jurídica depende unicamente do respeito aos critérios normativos de validade estabelecidos pelo direito positivo, independentemente da observância de critérios morais (ou extrajurídicos) ou de métodos de avaliação crítica materiais. De acordo com essa posição do juspositivismo – a ter em H. L. A. Hart seu representante mais proeminente e alvo preferencial dos ataques teóricos de Dworkin –, o direito de uma dada comunidade política é formado por um conjunto de padrões (regras ou normas) reconhecidos como detentores de validade exclusivamente em razão de sua origem em uma autoridade normativa (MACEDO JUNIOR, 2013). Sendo assim, para Dworkin, o positivismo jurídico descreve o direito como um conjunto de regras, e apenas padrões dotados de validade jurídica previamente determinados pelo direito positivo. Todavia, isso implica deixar de fora outros padrões que, embora não passem por esse processo normativo de atribuição de validade jurídica, são cotidianamente utilizados por tribunais para a solução de casos concretos. É com Dworkin que se coloca a necessidade de se compreender os **princípios** (*standards* extrajurídicos) como espécie de normas jurídicas, o que levou o positivismo jurídico a buscar reformular a tese das fontes sociais para manter sua posição teórica adaptando-a ao reconhecimento do acerto da crítica apresentada por Dworkin.

O revigorar da importância dos princípios como padrão argumentativo para a justificação de decisões judiciais e de qualquer outra forma de aplicação do direito, em especial a partir do processo de sua constitucionalização verificado após a segunda metade do Século XX, deve-se em grande medida a Ronald Dworkin. Mas há outras contribuições, igualmente importantes.

Dworkin também nega a tese juspositivista de que o direito se estrutura a partir de uma regra de reconhecimento (na versão hartiana do positivismo jurídico), criticando a ideia de que o direito depende de uma convenção social fundante para existir – a tese positivista da convencionalidade. Para Dworkin, o fundamento do direito não está nessa convenção social fundante, mas na compreensão de que o direito é uma prática interpretativa que depende de como se constituem as interações argumentativas que, em última análise, são necessárias para sua própria constituição e concepção teórica.

É da combinação dessas críticas (e de outras) que Dworkin apresentará sua posição teórica por meio de uma "teoria interpretativa do direito", decorrente de práticas sociais argumentativas e interpretativas para que o direito seja corretamente compreendido. As contribuições de Ronald Dworkin serão mais bem explicadas no Capítulo 4, com o estudo das teorias antipositivistas.

Todavia, em síntese, é possível assinalar desde logo que Ronald Dworkin compreende o direito como uma "prática social normativa" (MACEDO JUNIOR, 2013), representada pela figura explicativa da **cortesia**.

56 Filosofia do Direito

k) John M. Finnis (1940-): integrante e um dos principais representantes do movimento teórico que recebeu na Filosofia do Direito a denominação de "jusnaturalismo contemporâneo". Foi aluno de H. L. A. Hart em Oxford, onde cursou seu doutoramento. Natural da Austrália, foi professor de Filosofia do Direito da própria Universidade de Oxford, e atualmente leciona na Notre Dame Law School (EUA).

O interesse por suas obras cresceu no Brasil de maneira expressiva a partir da publicação da tradução em terras brasileiras de seu livro mais famoso: *Lei Natural e Direitos Naturais*, publicado originalmente em 1980 e traduzido por publicação da Editora Unisinos, em 2007. Esta será, inclusive, a obra de Finnis que se tomará como referência para a explicação de sua proposta teórica a respeito da compreensão e concepção do direito.

Finnis procura focar sua compreensão acerca do que é o direito na preservação do que ele denomina "bens (ou valores) humanos básicos", reconhecendo que somente instituições de direito humano são capazes de protegê-los. Valores humanos básicos funcionam como a estrutura material de sua compreensão de direito, ao passo que as instituições jurídicas e os chamados "requisitos básicos de razoabilidade prática" (FINNIS, 2007) constituem a parte procedimental de sua proposta.

> Cada um desses requisitos diz respeito ao que a pessoa **deve** fazer, pensar ou ser para que participe do valor básico da razoabilidade prática. Quem vive de acordo com esses requisitos é, assim, o *phronimos* de Aristóteles; tem a *prudentia* de Tomás de Aquino; eles são os requisitos da razoabilidade ou da sabedoria prática, e não conseguir viver de acordo com eles é irracional. Mas, em segundo lugar, a razoabilidade tanto é um aspecto básico do bem-estar humano quanto **diz respeito** à participação da pessoa em todos os (outros) aspectos básicos do bem-estar

humano. Portanto, seus requisitos dizem respeito à plenitude de bem-estar (na medida em que qualquer pessoa pode desfrutar de tal plenitude de bem-estar das circunstâncias da vida). Então, alguém que viva de acordo com esses requisitos também é o *spoudaios* (homem maduro) de Aristóteles, sua vida é **eu zen** (viver bem) e, a menos que as circunstâncias estejam contra ele, nós podemos dizer que tem o *eudaimonia* (o bem-estar ou florescimento inclusivo ilimitado – traduzido incorretamente como felicidade) de Aristóteles. Mas, em terceiro lugar, as formas básicas do bem são oportunidades de **ser**, quanto mais um homem participa delas, mais ele é o que ele pode ser. E, para esse estado de ser plenamente o que se pode ser, Aristóteles destinou a palavra *physis*, que foi traduzida para o latim como *natura*. Então, Tomás de Aquino irá dizer que esses requisitos são requisitos não apenas da razão, e da bondade, como também (por inclinação) da natureza humana (FINNIS, 2007 – grifos nossos).

Como representante tomista da escola do direito natural, procura atualizar o conceito de direito natural em termos contemporâneos, ao descrever que a autoridade normativa não pode ser entendida exclusivamente como aquela instituída por meio unicamente da força, mas deve ser entendida também pelo reconhecimento de seu valor para o bem-estar individual e para o bem comum da coletividade.

A compreensão do sentido do direito, para Finnis, leva em conta seu propósito determinante que, em sua visão, configura a capacidade de assegurar a todos os indivíduos a possibilidade de acesso ao bem comum, entendido este como um conjunto de bens e valores básicos tendentes a permitir aos indivíduos desenvolverem-se completamente e a permitir a convivência social em termos adequados e com estabilidade.

2

Norma jurídica: conceito, alcance, interpretação e aplicação

2.1 Introdução: normas jurídicas e outras normas sociais

A referência inicial à forma como Hans Kelsen compreende o conceito de direito foi apresentada no Capítulo 1 como uma indicação prévia a respeito de como defini-lo, vale dizer, como fenômeno a ser investigado dentro da perspectiva do **ser**, e não do dever-ser. Nesse sentido, destarte, a **norma jurídica** funcionaria como esquema de interpretação na medida em que está de algum modo **positivada** (direito positivo). De forma semelhante, a seu modo e dentro de um contexto espacial-temporal específico, John Austin procurou definir norma jurídica como um comando, um fato empiricamente perceptível e que encontra seu fundamento na condição de ser produzida por uma autoridade soberana (o conjunto de normas jurídicas forma, então, o direito positivo, que será o objeto da própria teoria do direito).

60 Filosofia do Direito

Todavia, antes de se buscar uma definição mais precisa de **norma jurídica** (sua conceituação básica e seus elementos fundamentais), imprescindível entender o que em termos gerais significa a expressão **norma**. Georg Henrik von Wright, destacado autor e professor universitário (sucessor de Ludwig Wittgenstein na cadeira de Filosofia da Universidade de Cambridge), em sua obra mais destacada, *Norm and Action: a Logical Enquiry*, vislumbrou que, no grande universo das normas, há diversos outros tipos que se distinguem da espécie que aqui interessa tratar (**normas jurídicas**). A compreensão do conceito de norma sob a perspectiva da linguagem, e sua distinção em várias categorias, encontra em sua obra referencial teórico importante a servir como adequado fio condutor aqui.

Von Wright (1970) propôs uma classificação das normas a partir da distinção entre o que ele denomina "3 tipos de normas principais" e "3 tipos de normas secundárias". Nessa linha, os três tipos de normas **principais** seriam: 1º) **normas definitórias ou determinadas**, entendidas como aquelas que definem ou determinam uma atividade, como as regras de um jogo (futebol, por exemplo); 2º) **normas técnicas**, quais sejam, aquelas instrumentais, vale dizer, aquelas que sinalizam ou propõem um meio para se atingir um certo fim (tais como regras de instrução de uso); e 3º) **normas prescritivas ou prescrições normativas**: tais normas se caracterizam por emanar da vontade de um sujeito emissor da norma (uma "autoridade normativa"), por serem destinadas a alguém (um "sujeito normativo"), bem como ainda que, para assegurar a comunicação ao sujeito normativo da vontade emanada no sentido de que ele se comporta de determinada maneira, a autoridade "promulga a norma" e lhe agrega "uma sanção ou ameaça de castigo" como forma de conferir efetividade à sua vontade (vazada justamente pela norma).

De outra parte, os três tipos de normas **secundárias**, de acordo com von Wright, seriam: 1º) as chamadas **normas ideais**,

Norma jurídica: conceito, alcance, interpretação e aplicação   61

quais sejam, aquelas que não revelam uma vontade de observância por parte do sujeito de uma determinada ação, mas que estipulam um padrão ou referencial de observância para uma determinada classe, categoria profissional ou modo de vida cotidiano (por exemplo, como ser um "bom" advogado, um "bom" atleta etc.); 2º) os **costumes**, compreendidos, segundo von Wright, como uma espécie de hábito, a exigir, portanto, regularidade no comportamento dos indivíduos em circunstâncias análogas de convivência social em que se vislumbra um dado "pacto" entre os integrantes de uma dada comunidade para sua observância e realização; e 3º) as **normas morais**: nesses termos, podem então ser entendidas como normas morais aquelas que são "conceitualmente autônomas" em relação às prescrições normativas, às normas ideais ou aos costumes, isto é, constituem-se em um "grupo de normas que se mantêm por si mesmas, e não prescrições de condutas em conformidade com o desejo de uma autoridade moral ou diretrizes para o alcance de fins morais", com quadradura evidentemente **deontológica** (NINO, 2010).

A despeito de vários desses seis tipos de normas definidas por von Wright serem em alguma medida relevantes para o campo da Ciência do Direito, são as **normas prescritivas** (ou **prescrições normativas**) que serão tomadas como referência teórica e objeto de análise para uma conceituação mais precisa do termo **norma jurídica** – foco principal da primeira parte deste capítulo.

2.2 Norma Jurídica: sua conceituação básica e seus elementos fundamentais

Na parte introdutória deste capítulo, procurou-se apresentar uma noção mais ampla e genérica a respeito de **normas sociais,** e, com algum grau ainda que incipiente de detalhamento, de **normas jurídicas.** A preocupação preliminar foi que o leitor pudesse perceber que nossa vivência humana (individualmente considerada) e nossa convivência social são determinadas e regidas por um conjunto de normas sociais que condicionam posições humanas, comportamentos, compromissos e interações humanas havidas em um contexto social.

> De fato, no dia-a-dia, todos nós estamos sujeitos a uma série de normas de natureza bastante diversa. Quando desejamos bom dia a quem nos aguarda para o café da manhã estamos atendendo a uma norma de trato social: a norma de cortesia; norma esta que também está presente quando agradecemos ao vizinho que "segura" o elevador por uns instantes enquanto estamos a caminhar em sua direção. Quando leio uma mensagem dizendo que não posso me esquecer de comprar ração para Gregório (nosso animal de estimação), normas gramaticais foram atendidas. Casar, alugar um apartamento, comprar um carro: é fascinante o quanto estamos cercados por normas (SGARBI, 2013).

Um breve exercício de reflexão, a partir da análise anteriormente destacada, a respeito do nosso cotidiano regular pode facilitar muito o entendimento de como as nossas vidas somente conseguem ser apreendidas e explicadas a partir de sua relação com normas (em um sentido lato). Imagine-se o seguinte quadro: acordamos, saímos de nossas camas, damos "bom dia" a nossos familiares, conferimos mensagens no aparelho celular e damos uma rápida passada de olhos nas primeiras notícias do dia apresentadas por canais de televisão. Saímos de casa e vamos a uma academia praticar atividade física. Na sequência, passamos em uma padaria para comprar pão para o café da manhã. Voltamos para casa, fazemos a refeição com

Norma jurídica: conceito, alcance, interpretação e aplicação   63

nossos familiares, em seguida nos preparamos e saímos de casa novamente, agora rumo ao local de trabalho em nosso automóvel. Dirigimos pela cidade por cerca de 20 minutos, transitamos por diversas ruas, semáforos, rotatórias e faixas de pedestres por cerca de 7 quilômetros, e finalmente chegamos ao trabalho. Paramos o veículo em um estacionamento situado na mesma quadra e caminhamos até o local de trabalho. Ali, desempenhamos nossas tarefas, cumprimos nossas obrigações funcionais, estabelecemos uma série de contatos profissionais para atender deveres e responsabilidades (como membros do Ministério Público, acadêmicos, professores universitários, funcionários de bancos, proprietários de empresas, funcionários públicos, prestadores de serviços, atendentes de farmácia, profissionais autônomos em postos individuais de trabalho etc.), atendemos as exigências decorrentes de nosso labor profissional. Ao fim do dia, finalizamos as últimas pendências, desligamos nossos computadores ou encerramos as estações de trabalho e decidimos que é hora de voltar para casa. Tomamos novamente o veículo, buscamos nossos filhos na escola, passamos por um supermercado para comprar ingredientes a fim de fazer uma lasanha e finalmente retornamos para casa. Preparamos o jantar, arrumamos a cozinha, colocamos os filhos para dormir contando-lhes histórias fantásticas e finalmente descansamos ao término de mais uma jornada diária de vida.

Em praticamente todos os momentos da rotina diária anteriormente narrada – rotina essa compartilhada certamente, com mais ou menos pontos de semelhança, por centenas de milhões de pessoas ao redor do planeta –, os comportamentos humanos descritos ou são determinados, ou balizados, ou regidos por **normas sociais**. Regras de cortesia e educação exigem que sejamos polidos e cumprimentemos as pessoas de nosso entorno próximo e aquelas com quem encontramos, ao menos com um "bom dia!", "boa tarde!", "Como vai você?", ou expressões dessa ordem. Interagimos virtualmente ou recebemos as primeiras notícias do dia pela televisão a partir da celebração de um contrato de prestação de serviços de **internet** ou de fornecimento de sinal televisivo, isso após termos celebrado outro contrato para adquirirmos os aparelhos tecnológicos que recebem tais serviços. Assim também ocorre com nossa locomoção, seja como pedestre, seja como condutor de um veículo automotor – respeito a sinalização de trânsito, limite de velocidade, faixa de pedestres, atenção à forma como os outros pedestres e motoristas se comportam. Sem contar que tudo isso se encontra disciplinado, via de regra, em legislação local que disponha, naquele conglomerado urbano, sobre o plano diretor das regras de habitação e mobilidade. Não se esqueça de todas as relações normativas estabelecidas a partir do desempenho de nossas atividades profissionais.

Tudo isso sem considerar as "leis da natureza", que, conforme afirma von Wright (1970), descrevem regularidades que o homem crê haver descoberto no próprio curso da vida em um mundo natural.

Dentro dessa gama das denominadas normas sociais, está, à evidência, uma categoria especial que define a própria relevância deste capítulo. É a categoria das denominadas **normas jurídicas**. A despeito de ser uma "quase obviedade" dizer que as normas jurídicas são uma espécie da classe geral de normas (NINO, 2010), é absolutamente decisivo compreender essa relação de **parte e todo** para ser possível entender, de pronto, o funcionamento lógico das normas em geral, que, por seu turno, servirá também para estabelecer os critérios diferenciadores das normas jurídicas para as demais espécies componentes do que Nino e von Wright denominaram "classe geral de normas".

O passo inicial para apreender corretamente tal percepção é entender a relação entre as normas e o uso prescritivo da linguagem. É o que se fará a seguir.

2.2.1 Normas e linguagem prescritiva

Conforme explica Sgarbi, quando externamos comandos como "trate bem seus amigos" (para as crianças, sobretudo) ou "apague as luzes ao deixar o recinto", estas são determinações acerca das formas de conduta humana; Sgarbi (2013) denomina isso **função prescritiva da linguagem**, entendida como a "propriedade de se usar a linguagem com o objetivo de conformar condutas".

Nino apresenta um quadro com uma série de **usos** da linguagem, de modo a se entender a linguagem definidora da comunicação e, via de consequência, das próprias normas. Nino classifica em cinco os usos da linguagem:

a) "Uso informativo": quando o papel da linguagem se limita a descrever um certo objeto ou um determinado estado de coisas.

b) "Uso expressivo": verifica-se quando a linguagem é empregada para exprimir alguma sensação ou provocar algum tipo de emoção em seu interlocutor.

c) "Uso interrogativo": tem lugar quando o uso da linguagem objetiva obtém certa informação por parte do interlocutor

d) "Uso operativo": quando a expressão de uma determinada oração corresponde em si mesma à própria ação mencionada na oração.

e) "Uso prescritivo (ou diretivo)": verifica-se quando o interlocutor "A", por meio da linguagem, pretende direcionar o comportamento de outros sujeitos, induzindo-os ou determinando a que ajam de certa maneira (NINO, 2010).

Importante registrar a explicação de Irving Copi (1978):

É possível impor alguma ordem à impressionante variedade dos usos da linguagem, dividindo-os em três categorias gerais. (...). O primeiro desses três usos da linguagem é transmitir informação. Corretamente, se faz isso mediante a formulação e afirmação (ou negação) de proposições. A linguagem usada para afirmar ou negar proposições, ou para apresentar argumentos, diz-se que está a serviço da função informativa. (...). Além do informativo, distinguimos dois outros usos ou funções básicos da linguagem a que nos referimos como uso **expressivo** e uso **diretivo**. Assim como a ciência nos proporciona os exemplos mais claros do discurso informativo, a poesia fornece-nos os melhores exemplos da linguagem a serviço de uma função expressiva. (...). A linguagem tem uma função expressiva, quando é usada para dar expansão a sentimentos e emoções, ou para comunicá-los. (...). O discurso expressivo, à medida que é **expressivo**, não é verdadeiro nem falso, visto que, se alguém quiser aplicar somente critérios de verdade ou falsidade, de correção ou incorreção, a um discurso expressivo, como um poema, julgará erroneamente e perderá muito do seu valor. (...). A linguagem serve a uma função **diretiva**, quando usada com o propósito de causar (ou impedir) uma ação manifesta. Os exemplos mais claros do discurso diretivo são as ordens e os pedidos. Quando uma mãe diz ao seu filho pequeno que lave as mãos antes de comer não pretende transmitir informação alguma nem expressar ou suscitar qualquer emoção particular. Sua linguagem pretende obter resultado, causar uma ação do tipo indicado. Quando essa mesma mãe pede ao lojista que mande certas mercadorias a sua casa, está usando linguagem diretivamente, uma vez mais, para produzir uma **ação**. (...). Em sua forma puramente imperativa, o discurso diretivo não é verdadeiro nem falso. Uma ordem como "feche a janela" não pode ser verdadeira ou falsa em nenhum sentido literal. Que a ordem seja ou não obedecida, isso não afeta nem determina o seu valor de verdade, pois não tem valor de verdade alguma. (Grifos do original.)

Normas jurídicas, em termos de usos da linguagem, correspondem ao uso prescritivo ou diretivo. São, como já indicado, **prescrições normativas** que induzem ou determinam o comportamento de sujeitos de direito que se encontram sob sua incidência. Expressões diretivas/prescritivas da linguagem não podem ser avaliadas como verdadeiras ou falsas, quer numa perspectiva de correspondência, quer numa perspectiva de coerência. É possível reconhecer racionalmente que uma expressão diretiva (ou prescrição) é justa ou injusta, adequada ou arbitrária, mas tal não é possível quando se analisa a expressão sob a ótica de ser verdadeira ou falsa. Quando se discute a respeito da "verdade" de qualquer coisa, necessariamente se admite que há então uma conexão entre **conhecimento** (racional, empírico), **coisa** (objeto, ente, realidade, mundo exterior) e **linguagem**. Isso, em regra, fica a cargo de orações correspondentes ao uso informativo da linguagem. Expressões diretivas (ou prescrições, ou orações de uso diretivo da linguagem) não se dispõem a informar o outro interlocutor a respeito da realidade (NINO, 2010). Em complemento, importante também destacar o seguinte: "Portanto, 'discurso prescritivo' é aquele discurso cuja função é a de modificar, direcionar, provocar comportamentos humanos: um enunciado desse gênero exprime uma diretiva, um modelo para o agir, e não uma informação ou descrição sobre o mundo" (SGARBI, 2013).

Dessarte, dentro do campo do direito as expressões diretivas ou prescrições normativas fatalmente ocuparão lugar de especial destaque, quer em razão de que a elas corresponde a maior parte das normas que levarão o nome de "jurídicas", quer porque a própria definição de um sistema como "jurídico" decorrerá em grande medida desse tipo de norma principal, na classificação de G. H. von Wright.

Todavia, normas jurídicas não são apenas prescrições normativas. Essa é uma ressalva inicial importante a ser considerada. Com efeito, nem toda norma jurídica prescreve algum tipo de direcionamento do comportamento humano. Como dito, muito embora ocupem lugar de especial destaque em qualquer ordenamento jurídico contemporâneo, o universo da ontologia jurídica não é composto apenas por normas jurídicas sob a forma de prescrições normativas. Há outros tipos de normas jurídicas distintos dessa natureza, mas com relevância similar às primeiras.

Entender, portanto, e de forma rigorosa, qual o conceito de **norma jurídica** e quais são os tipos de normas jurídicas identificáveis em um ordenamento jurídico contemporâneo é tarefa das mais relevantes e prementes. É o que se fará doravante.

O início dessa tarefa passa, paradoxalmente ao dito parágrafos antes, pela compreensão justamente das características fundamentais das normas jurídicas prescritivas (ou prescrições normativas).

A partir de Atienza (2014), podemos refletir nos seguintes termos:

> Mas como fazer para distinguir as normas jurídicas dos outros tipos de normas? Que características distintivas têm as normas a que chamamos jurídicas e que cons-

tituem o ingrediente básico do Direito? Uma forma de responder (ou de começar a responder) a estas questões consiste em analisar os elementos que podemos encontrar numa norma jurídica padrão, e ver se existem também nas normas de outras classes.

E é mais uma vez Georg Henrik von Wright que apresenta o caminho mais seguro, em termos de abordagem analítica, para a identificação das características fundamentais de toda norma prescritiva (incluindo, obviamente, as jurídicas prescritivas). De acordo com von Wright, são oito os elementos das prescrições normativas, e se procurará aqui tratar rapidamente de cada um deles.

O primeiro desses elementos é o que von Wright (1970) denomina **caráter**. Com efeito, o caráter da norma prescritiva se afere a partir da natureza de seu comando, daquilo que ela diz. Vale dizer, a norma pode ser de obrigação, caso ela imponha algo que deva ser feito; a norma pode ser de proibição, caso determine que algo não deva ser feito; e, ainda, a norma pode ser de permissão, na hipótese de autorizar que algo possa ser feito. Imprescindível também destacar outras obras de Nino (2010) e Atienza (2014) como fontes teóricas excelentes para explicar a teoria de G. H. von Wright, e que foram utilizadas como marcos teóricos por este livro.

O segundo é o **conteúdo**: aquilo que a prescrição, de fato, expressa como sendo obrigatório, permitido ou proibido, vale dizer, que ações ou atividades são autorizadas, proibidas ou determinadas pela norma.

O terceiro é a **condição de aplicação**, isto é, as circunstâncias que devem estar presentes para que o conteúdo da norma possa ser aplicado. Com efeito, se a norma depende apenas de suas próprias circunstâncias, se essas decorrem exclusivamente do conteúdo da própria prescrição, e, na linguagem kantiana, funciona como um "fim em si", a prescrição normativa será categórica ("Apague a luz!", "Faça silêncio!", "Atravesse na faixa de pedestres!"). Se as circunstâncias não decorrem exclusivamente do conteúdo da prescrição, e se a norma depende de fatores externos para sua aplicação, então a prescrição normativa será hipotética – se descrevem/determinam comportamentos que representam meios para um certo fim ("Se sair, apague a luz", "Se alguém estiver dormindo, faça silêncio").

O quarto elemento é o que von Wright denomina **autoridade normativa**: aquele que tem poder para expedir uma norma, impondo-a a terceiros – um indivíduo, um órgão ou uma instituição. Quem detém autoridade normativa é, portanto, capaz, de impor prescrições normativas de um determinado caráter e possuidora de um certo conteúdo.

Como quinto elemento tem-se o **sujeito normativo**, vale dizer, aquele a quem a norma se dirige – nas palavras de Atienza (2014), "o destinatário (ou os destinatários) das normas".

Outro dos elementos segundo von Wright é a **ocasião**, que quer significar o momento e a oportunidade de criação e aplicação da norma.

De outra parte, como sétimo, tem-se a **promulgação**. Significa, ao mesmo tempo, o formato como a norma está expressada em termos linguísticos a fim de que seja possível conhecer seu conteúdo – na forma escrita, oral, por sinais etc. –, bem como a maneira como é publicizada.

Por fim, figura o elemento da **sanção**, um dos principais e mais determinantes dos elementos fundamentais das prescrições normativas. É a ameaça imanente, pelo uso oficial da violência, da imposição de um mal ou um dano para o caso de não cumprimento do conteúdo da norma.

Se tomarmos como exemplo a norma contida no art. 145.2 do Código penal espanhol, podemos caracterizá-la como uma proibição. O seu conteúdo – o que é proibido – é "provocar o aborto ou consentir que outra pessoa o provoque". A norma é hipotética, pois existem condições de aplicação independentes das que surgem no próprio conteúdo; umas figuram no texto do artigo ("fora dos casos permitidos em lei": malformações do feto, violação, evitar um grave dano para a mãe) e outras surgem de outros artigos do código (deve-se tratar, por exemplo, de uma mulher maior de idade, que não sofra de alienação mental, etc., pois de outro modo não seria penalmente responsável). A autoridade que a ditou foi o poder legislativo, o parlamento. Mas a maior parte das normas não são originárias, naturalmente, deste órgão. Os destinatários dessa norma são, por um lado, as mulheres, e por outro lado, os juízes e funcionários incumbidos da respectiva aplicação; ou melhor, cabe aqui distinguir duas normas (um único artigo pode, naturalmente, conter mais de uma norma e algumas normas só resultam da combinação de diversos artigos de um código): uma, dirigida às mulheres e que proíbe, em certas circunstâncias, realizar uma determinada conduta, e outra dirigida aos juízes e outros funcionários, ordenando-lhes (simplificando as coisas) que apliquem certas sanções no caso de se verificar a anterior conduta. A circunstância espacial é o território do Estado espanhol; e quanto ao tempo, a regra geral do nosso Direito é que as normas entram em vigor vinte dias depois de sua publicação no Boletim Oficial Espanhol – mas o Código Penal teve uma *vacatio legis* mais longa – e estão em vigor, em princípio, até que sejam revogadas. Foi promulgada por escrito e com observação de certas formalidades (como, por exemplo, ter sido pu-

72 Filosofia do Direito

blicada no BOE). E a sanção que se estabelece é a pena de prisão de seis meses a um ano ou multa de seis a vinte e quatro meses (ATIENZA, 2014).

Dessarte, toda norma prescritiva (ou prescrição normativa), incluindo aí as normas jurídicas, é em termos linguísticos orações que apresentam as características essenciais anteriormente retratadas. São orações vazadas a partir do uso prescritivo da linguagem e que podem conter em si uma obrigação, uma permissão ou uma proibição, a partir justamente de um conteúdo que expresse quais tipos de comportamentos humanos são por elas autorizados, proibidos ou determinados. Ainda, normas prescritivas emanam de uma autoridade normativa apta e legítima a impor e tornar públicas tais prescrições, direcionadas a determinados sujeitos integrantes de um corpo social – quando não a totalidade deles –, a partir da promulgação formal do texto em uma base de sinais capaz de ser compreendida por seus destinatários. Por fim, as normas prescritivas são dotadas de sanção para a hipótese de se dar, na prática, o seu descumprimento por algum dos sujeitos normativos (destinatários da prescrição normativa).

As normas jurídicas, de acordo com parcela significativamente dos teóricos e filósofos do direito, são reconhecidas como **espécies** das normas prescritivas (é talvez Hans Kelsen o principal teórico do direito a defender a correlação de normas jurídicas como prescrições normativas). Todavia, as normas jurídicas se diferenciariam das demais espécies de normas prescritivas por uma característica especial e única: a **validade**.

Validade das normas jurídicas, *grosso modo*, significa a condição especial de uma prescrição normativa, após vencer um determinado procedimento formal, de ser reconhecida como integrante de um sistema jurídico apta a ser observada por todos os seus destinatários, sob pena de, caso verificado o seu descumprimento, a autoridade normativa que a promulgou (nas sociedades contemporâneas complexas, o Estado) possa se valer do uso oficial da força para aplicar a sanção correspondente à violação da norma jurídica. Nesse sentido, e de forma corrente na teoria do direito em âmbito global, o termo "validade jurídica" tem sido utilizado para significar a **existência**, a **vigência de uma norma ou um sistema de normas** – vale dizer, o reconhecimento da realidade normativa de uma dada proposição prescritiva, com todos os seus efeitos necessariamente produzidos.

Kelsen afirma que a validade (ou vigência) designa a existência específica de uma norma e confere à norma sua força obrigatória em termos de observação por parte dos sujeitos normativos destinatários. Assim, quando se descreve o significado de uma norma jurídica, em verdade o que se está dizendo é que, em razão da existência válida dessa norma, uma qualquer conduta humana é preceituada, ordenada, prescrita, exigida, proibida. Ou então, de outra parte, uma conduta humana é consentida, permitida ou facultada. Na terminologia kelseniana, as normas jurídicas são "juízos de dever-ser" que se caracterizam por expressar um sentido objetivo de comando a partir do momento em que sejam reconhecidas como válidas, isto é, produzidas com base em uma outra norma, hierarquicamente superior (KELSEN, 2009).

Portanto, em termos de análise dos "elementos" anteriormente mencionados, é possível dizer que três deles ganham especificidade nas normas jurídicas em relação a todas as demais espécies de prescrições normativas. São eles:

a) Autoridade normativa: aqui, a autoridade normativa necessariamente é o Estado, que na Modernidade tomou para si o monopólio da força e passou a impor a observância do cumprimento da norma.

74 Filosofia do Direito

b) Promulgação: uma norma jurídica depende, com efeito, de um procedimento formal específico para sua validade, que ordinariamente se chama "procedimento legislativo", que regulamenta o ingresso de uma dada norma jurídica no "mundo jurídico" e que, também formalmente, confere validade a essa norma.

c) Sanção: tem-se agora a possibilidade de imposição de um enorme contingente de sanções ou penas, por parte de funcionários integrantes da estrutura burocrática do Estado, em face do descumprimento da obrigação ou da violação da proibição (conteúdo da norma), contingente esse que em regra se voltará para a privação de algum bem titulado por aquele que deixou de observar o comando da norma jurídica – propriedade privada, liberdade etc.

Toda essa transformação a especificar as normas jurídicas frente às demais formas de normas prescritivas é resultado de uma propriedade que as normas jurídicas têm, e as demais, não. Essa propriedade é, justamente, a "validade" (NINO, 2010). Ela é o dado decisivo de transformação de um comando ou ordem vazado em uma prescrição normativa para uma norma reconhecidamente jurídica – dotada de força jurídica.

Importante registrar que para Kelsen é possível diferenciar a **validade da norma jurídica** de sua **eficácia**.

Com efeito, segundo Kelsen, como a validade da norma pertence à ordem do dever-ser, e não do ser, é preciso também distinguir-se a validade da norma jurídica de sua eficácia, compreendida esta como o "fato real de ela ser efetivamente aplicada e observada, da circunstância de uma conduta humana conforme à norma se verificar na ordem dos fatos" (KELSEN, 2009). Assim, uma coisa é reconhecer que a norma foi produzida de acordo com determinações normativas e passou a integrar um sistema de normas caracterizado como jurídico. Para se valer da didática expressão de Miguel Reale (1996), a validade formal é, de fato, uma propriedade que diz respeito ao reconhecimento da competência dos órgãos responsáveis pela produção da norma e da correção do processo de produção desta no plano normativo. A norma jurídica é válida quando se encontra apta a produzir seus efeitos. Coisa bem distinta é afirmar que uma determinada norma jurídica é efetivamente aplicada e observada pelos destinatários, pelos componentes do grupo social em que a norma jurídica incide na perspectiva de uma relação tempo-espaço delimitada. A eficácia, assinala Reale, é distinta da validade (ou vigência) pelo fato de que se refere ao reconhecimento do cumprimento efetivo do direito por parte de uma comunidade, ou aos efeitos sociais que uma regra suscita por meio de seu cumprimento.

Assim:

- **Validade:** a norma jurídica é apta a produzir seus efeitos.
- **Eficácia:** a norma jurídica é efetivamente cumprida, em termos de vivência social, pelos seus destinatários.

Para Kelsen, o decisivo é que a norma seja positivada e que, dessa maneira, tenha validade. O fato de a norma jurídica ter também eficácia não é uma preocupação decisiva para Kelsen, ao menos não em termos de impacto relevante para uma teoria do direito. Segundo ele, apenas uma norma jurídica que "nunca e em parte alguma é aplicada e respeitada", vale dizer, que não possui qualquer traço de adesão social a sua observância, pode ser descartada como uma norma sem eficácia e, nesse caso específico, também sem validade. Possuir um mínimo de eficácia é condição mínima de toda norma jurídica válida. Todavia, mesmo na hipótese em que uma norma jurídica é maciçamente desrespeitada, mas, em alguma medida, ainda segue sendo cumprida e aplicada, para

Kelsen essa norma jurídica é válida e continua produzindo seus efeitos. A discussão sobre a eficácia da norma jurídica tem, de fato, importância muito reduzida (para não dizer quase nula) na Teoria Pura do Direito de Kelsen.

A validade – ou vigência – decorrente tanto da autoridade normativa quanto do procedimento formal de promulgação extrai sua legitimidade do encadeamento hierárquico normativo cujos ápice e origem são a norma hipotética fundamental e se constituem, portanto, como a condição decisiva, de acordo com o juspositivismo inspirado na teoria kelseniana, para diferenciar normas jurídicas de outras espécies de normas prescritivas.

De acordo com Nino (2010),

> (...) na teoria de Kelsen uma norma é válida, ou seja, existe como tal, quando tem força obrigatória, quando o que ela dispõe deve ser. Essa força obrigatória deriva, segundo ele, da norma fundamental ou básica que os juristas pressupõem de forma hipotética, sem que essa pressuposição implica uma adesão ideológica ao sistema (a norma fundamental prescreve observar o sistema, mas os juristas a pressupõem como hipótese, sem apoiar de modo categórico seu conteúdo).

De outra parte, imprescindível aventar a enorme importância da relação entre norma jurídica e sanção para Hans Kelsen. Para a teoria kelseniana, toda norma jurídica, além de possuir validade, também prescreve uma sanção. Segundo Kelsen, o Direito é uma ordem estatuidora de sanções. Uma determinada conduta somente pode ser considerada juridicamente prescrita se a conduta oposta for pressuposto da aplicação de uma sanção prevista pela própria norma jurídica. Com efeito, desse modo, para Kelsen, toda e qualquer **norma jurídica** prevê uma correspondente sanção para o caso de seu descumprimento. Nesse sentido, a estrutura das normas jurídicas, de acordo com a teoria kelseniana, apresenta-se sempre sob a mesma forma: verificado o descumprimento da norma, então deve ser imposta a sanção correspondente. É a famosa fórmula da relação dinâmica da norma jurídica de Hans Kelsen: "**Se A, então deve ser B**".

A forma verbal em que são apresentados tanto o princípio da causalidade como o da imputação é um juízo hipotético em que um determinado pressuposto é ligado com uma determinada consequência. O sentido da ligação, porém, é – como já vimos – diferente nos dois casos. O princípio da causalidade afirma que, quando é A, B também é (ou será). O princípio da imputação afirma que, quando A é, B deve ser. Como exemplo de uma aplicação do princípio da causalidade numa lei já referida que descreve a ação do calor sobre os metais. Exemplos de aplicações do princípio da imputação no domínio das ciências sociais normativas são: quando alguém te fez algum bem, deves mostrar-te agradecido; quando alguém sacrifica a sua vida pela pátria, a sua memória deve ser honrada; quando alguém pecou, deve fazer penitência. São proposições de Moral, ou leis morais, em que são representadas normas positivas, isto é, normas estabelecidas pelos comandos de um chefe religioso ou pelo costume. Proposições ou leis jurídicas em que são representadas as normas positivas estabelecidas por um legislador ou através do costume são, por exemplo, as seguintes: quando alguém comete um crime, deve ser punido; quando alguém não paga o que deve, deve ser executado o seu patrimônio. A distinção entre causalidade e a imputação reside em que

– como já notamos – a relação entre o pressuposto, como causa, e a consequência, como efeito, que é expressa na lei natural, não é produzida, tal como a relação entre pressuposto e consequência que se estabelece entre a lei moral ou jurídica, através de uma norma posta pelos homens, mas é independente de toda a intervenção desta espécie. Visto que o sentido específico do ato através do qual é produzida a relação entre pressuposto e consequência numa lei moral ou jurídica é uma norma, pode falar-se de uma relação normativa – para a distinguir de uma relação causal. "Imputação" designa uma relação normativa. É esta relação – e não qualquer outra – que é expressa na palavra "dever-ser", sempre que esta é usada numa lei moral ou jurídica (KELSEN, 2009).

Essa conclusão a respeito da estrutura da norma jurídica Kelsen procura reforçar, ao estabelecer uma distinção entre o **princípio da causalidade** e o **princípio da imputação**, critério distintivo entre as leis da natureza das normas jurídicas. Segundo Kelsen, relativamente às leis da natureza, toda causa concreta pressupõe, como efeito, uma outra causa, bem como que todo efeito concreto deve necessariamente ser considerado uma causa de um outro efeito, sendo esta a cadeia causal para eventos naturais. Já com as normas jurídicas a relação causa-efeito se passa de maneira bem diversa. Para Kelsen, o pressuposto a que é imputada uma determinada consequência em uma norma jurídica nem sempre é uma consequência que possa normativamente ser atribuída a outros pressupostos. Desse modo, o antecedente não decorre de um fenômeno natural, mas de uma "marcação", de uma definição normativa que, por conta da validade, produz efeitos no mundo externo. Em função disso, se o resultado produzido por uma relação causal regida pela natureza gera um novo pressuposto de imputação, o mesmo não se dá com a norma jurídica; a sanção jurídica, por exemplo, uma vez aplicada, figura como um "ponto terminal da imputação" na incidência da norma jurídica, não implicando o surgimento de novas consequências.

Como visto, na ótica do juspositivismo kelseniano, o direito é uma ordem impositiva de sanções jurídicas (coativa), e as normas jurídicas, desse modo, são normas sociais que se diferenciam de outras espécies de prescrições normativas pela característica fundamental da validade e também porque necessariamente vinculam sanções jurídicas para o caso de se verificar o seu próprio descumprimento. A tese das fontes sociais figura até os dias de hoje como um dos postulados centrais do positivismo jurídico contemporâneo – tema que será tratado com mais vagar no Capítulo 4. O mesmo não ocorre com o fator sanção como elemento diferenciador das normas jurídicas em relação às demais normas prescritivas.

Todavia, não foi apenas na perspectiva do direito continental, do *civil law*, que esta necessária vinculação entre norma e sanção jurídica se estabeleceu nesses termos. O positivismo jurídico de inspiração hobbesiana no âmbito da tradição do *common law* ganhou força na Inglaterra no Século XIX, em especial a partir das ideias de John Austin (em especial com a obra *The Province of Jurisprudence Determined*, 1832, que não tem tradução para o português) e Jeremy Bentham.

Austin é considerado um dos precursores do positivismo jurídico exatamente por compartilhar com Hobbes a ideia de que o direito decorre necessariamente de uma **fonte oficial** detentora de legitimidade para formular delineações gerais capazes de balizar o comportamento de seus destinatários. O direito, portanto, depende, segundo Austin, de um ente central dotado de legitimidade para determinar comportamentos e regular a convivência social. O núcleo central da teoria do direito de John Austin pode ser identificado a partir de três premissas decisivas. Em primeiro lugar, Austin sustenta que o direito é um conjunto de **comandos** (ordens, diretivas) destinados aos componentes de uma determinada comunidade política autônoma. De outra parte, tais comandos expressam sempre a vontade do soberano e são acompanhados por uma sanção, caso verificada a desobediência do destinatário à observância do comando. Por fim, em terceiro lugar, o soberano (um indivíduo, um grupo de indivíduos ou um órgão) é alguém que detém autoridade para impor sua vontade à obediência geral de seus súditos/subordinados e não se encontra vinculado à mesma obrigação, vale dizer, não se submete necessariamente a esse conjunto de comandos por ele mesmo emanado.

> Segundo essa descrição simples da questão [de acordo com a teoria de Austin], (...), podemos dizer que, onde quer que exista um sistema jurídico, deve haver algumas pessoas ou um grupo de pessoas que proferem ordens de caráter geral, apoiadas por ameaças, que são geralmente obedecidas, e deve haver também a convicção geral de que essas ameaças podem ser efetivadas em caso de desobediência. Essa pessoa, ou órgão, deve ser suprema internamente e independente externamente. Se, conformando-nos à terminologia de Austin, denominarmos **soberano** a tal pessoa ou grupo de pessoas, supremos e independentes, as leis de qualquer país consistirão nas ordens gerais, apoiadas por ameaças, proferidas pelo soberano ou por seus subordinados em obediência a ele (HART, 2012 – grifo nosso).

Com efeito, o entendimento adequado de tais premissas permite entrever também qual é a concepção de **norma jurídica** segundo John Austin. Para ele, normas jurídicas são mandados gerais formulados pelo soberano e destinados à obediência de seus súditos – a expressão "mandados" albergando as concepções de ordem e comando. Destarte, sendo toda norma jurídica um **mandado**, uma **ordem** ou um **comando**, caracteriza--se então por ser uma expressão de vontade do soberano para que seus súditos se comportem de um determinado modo, e em caso de desobediência quanto ao teor dessa expressão de vontade, poderá ser imposta uma sanção correspondente a um tipo de dano (perda da vida, restrição da liberdade física, diminuição do patrimônio, restrição da liberdade de expressão etc.). Isso significa que toda e qualquer norma jurídica, como expressão da vontade de um soberano, permite que se identifique quem é seu emissor (autoridade soberana), quem são seus destinatários (os súditos), seu conteúdo (o que deve ser feito ou o que não deve ser feito) e qual a contrapartida normativa para o caso de se verificar o descumprimento da ordem ou comando (sanção). Assim sendo, o que distingue as normas jurídicas de outros mandados ("normas prescritivas ou prescrições normativas", na terminologia de von Wright), para Austin, é o fato de que as normas jurídicas são expressões que se originam da vontade de um soberano, o qual, por sua vez, detém autoridade legítima para expedi-las e exigir a sua observância e cumprimento (NINO, 2010).

Dois dos principais representantes do positivismo jurídico contemporâneo – John Austin e Hans Kelsen –, cada um ao seu modo e a partir de uma base argumentativa própria, sustentam a tese de que o direito é um conjunto de ordens impositivas por meio de sanções jurídicas coativas, bem como que as normas jurídicas só podem ser assim caracterizadas se prescreverem a respectiva sanção em caso de sua não observância por um de seus destinatários.

82 Filosofia do Direito

Todavia, a tese de que toda norma jurídica é dotada da respectiva sanção para o caso de seu descumprimento, com o passar do tempo, começou a gerar perplexidades e enormes dificuldades teóricas para sua própria sustentação. Isso porque nem todas as normas jurídicas parecem possuir – ou, de fato, ostentam – algum tipo de sanção em decorrência de seu eventual descumprimento. Ou seja, nem toda norma jurídica é dotada de sanção. Essa constatação, como já foi exposto, era negada pelo juspositivismo de Austin e de Kelsen. Para ambos, não pode haver norma jurídica sem sanção. Ficou famosa na teoria do direito a tese sustentada tanto por Austin como por Kelsen no sentido de conceber nulidades como sanções jurídicas – ambos consideravam o reconhecimento de uma certa nulidade (falha formal na elaboração de um testamento, por exemplo) uma sanção jurídica e, portanto, estaria mantida a relação necessária entre norma jurídica e sanção.

Uma análise mais acurada da estrutura das normas jurídicas, contudo, parece, de fato, desmentir a tese fundante do pensamento de Austin e Kelsen. Um exame mais atencioso, por exemplo, de Constituições em geral, revela que boa parte das normas constitucionais não são comandos prescritivos de comportamentos sob ameaça de sanção. Bem ao contrário. Em geral, são normas que estabelecem direitos e garantias, discorrem sobre a estrutura organizacional do Estado, preveem regras para o processo eleitoral, estipulam competências administrativas e legislativas, determinam as regras de composição dos Poderes, criam critérios para a atividade jurisdicional, dentre vários outros exemplos possíveis.

Coube a H. L. A. Hart apresentar essa crítica contundente ao pensamento de John Austin – e que, em grande medida, atinge também as bases da teoria kelseniana.

Conforme mencionado rapidamente em passagem anterior, Hart considera que o conceito de direito (como igual, o conceito de norma jurídica) demanda uma determinada concepção de objetividade, mas não uma objetividade decorrente da premissa de que o Direito deve seguir as regras metodológicas das ciências naturais por meio do empirismo, como faz, *v.g.*, o realismo jurídico escandinavo. A construção do fenômeno da normatividade do direito, dirá Hart, deverá demandar nova compreensão da objetividade que não exclua completamente a subjetividade do agente, mas que assegure a participação desse sujeito na própria definição do objeto ("o" direito) justamente por meio do uso da linguagem – algo como uma "Revolução Copernicana" do Século XX.

Macedo Junior (2013) explica que

> [a] incorreta compreensão desse ponto tem implicado o fato de que, ainda hoje, parte da literatura nacional sobre teoria do direito equivocadamente não reconhece em Hart nada além de uma tradução inglesa do pensamento de Kelsen. A crítica da noção de objetividade feita pela filosofia analítica da linguagem atinge os pressupostos da filosofia clássica da representação arquetipicamente expressos no pensamento de René Descartes. O projeto epistemológico cartesiano estava apoiado numa concepção absoluta de mundo. Para essa nova concepção, levada à teoria do direito pela obra de Hart, é necessário reconhecer que o próprio conceito de objetividade depende, em alguma medida, de nós mesmos.

Dentro da perspectiva juspositivista, provavelmente a crítica mais contundente e mais importante feita à ideia de norma jurídica de Austin e Kelsen tenha sido formulada justamente por Hart, que, afastando-se dos postulados neokantianos,

84 Filosofia do Direito

buscou explicitamente definir o problema da identificação do que é o direito e do que é norma jurídica a partir da determinação do próprio **significado** desses conceitos, ao mesmo tempo em que colocou o problema da valoração dos critérios de determinação dos conceitos de direito e norma jurídica em destaque na medida em que, incorporando à ciência do direito as ideias de Ludwig Wittgenstein, procurou promover tal abordagem analítica sob o ponto de vista interno dos participantes da prática construtiva dos significados dos conceitos aqui referidos.

Hart, de fato, sinaliza que a ideia de norma jurídica como esquema de interpretação por meio de um comando garantido por uma ameaça atende muito bem à estrutura de normas jurídicas penais e à estrutura de algumas normas jurídicas de natureza civil. Entretanto, tal noção acerca de norma jurídica, por sua própria elaboração, não permite incluir em seu âmbito uma significativa quantidade de normas que intuitiva ou empiricamente integram os sistemas jurídicos de modo geral, sejam de *civil law*, sejam de *common law* (NINO, 2010). Para ficarmos no mesmo exemplo anteriormente mencionado, se a norma erigida para fins de se fazer um testamento válido não for seguida, para Hart (contrariamente ao que sustentam Kelsen e Austin), a rigor, não se dirá que alguma obrigação foi violada ou descumprida, mas tão somente que o fato social realizado em descumprimento da norma não produzirá o efeito jurídico visado cujo resultado seria o de fazer originar direitos e consequências. Tal constatação fez Hart (2012) concluir que a redução do direito a um só tipo de norma (regras de conduta vazadas em prescrições normativas na forma de normas jurídicas) constituía uma "inaceitável deturpação da realidade jurídica". E ainda:

> A confusão inerente à ideia de nulidade como semelhante à ameaça de punição ou às sanções da lei penal pode ser exposta ainda de outra maneira. No caso das normas pe-

Norma jurídica: conceito, alcance, interpretação e aplicação **85**

> nais, é logicamente possível, e poderia ser desejável, que elas existissem mesmo sem a ameaça de punição ou de outro mal qualquer. Evidentemente, pode-se alegar que, no caso, não se trataria de normas **jurídicas**; não obstante, podemos distinguir claramente entre a norma que proíbe certo comportamento e a disposição que institui punições a serem impostas se a norma for infringida, e supor que a primeira pode existir sem a segunda. Podemos, num certo sentido, subtrair a sanção, deixando ainda um padrão inteligível de comportamento que esta se destinava a manter. Mas não podemos fazer, de acordo com a lógica, tal distinção entre a norma que estipula a obediência a certas condições, como a presença de testemunhas quando é assinado um testamento, e a suposta sanção de "nulidade". Nesse caso, se a desobediência a essa condição essencial não acarretasse a nulidade, não seria inteligível dizer que a própria norma existe sem as sanções, ainda que como norma não-jurídica. Essa cláusula de nulidade é **parte essencial** desse tipo de norma, o que não acontece com a punição vinculada a uma norma que impõe deveres. Se o fato de o jogador **não** acertar a bola entre as traves não implicasse a "nulidade" de não fazer o gol, não se poderia afirmar a existência das normas de pontuação (HART, 2012 – grifos nossos).

Como, mais uma vez, bem pondera Carlos Santiago Nino, este enfoque de Hart lastreado sobretudo na introdução metodológica de alguns dos principais postulados da filosofia analítica nos debates da teoria do direito tornou possível constatar que, em contraposição a Kelsen e Austin, não se pode distinguir uma norma jurídica de outros tipos de normas por seu conteúdo ou por sua estrutura realizando a análise da norma de modo isolado, mas, sim, por sua pertinência a um determinado sistema jurídico: a relação de reconhecimento (termo extremamente relevante na obra de Hart) deve se dar em termos de conceituação de que um sistema não é qualificado como **jurídico** por ser integrado por normas jurídicas, mas que norma jurídica é aquela que pertence a um sistema jurídico (NINO, 2010). Para Hart (2012), portanto,

> (...) a afirmação de que um sistema jurídico existe é, assim, uma declaração bifronte como Jano, que contempla tanto a obediência por parte dos cidadãos comuns quanto a aceitação das normas secundárias pelas autoridades, que encaram normas como padrões críticos comuns para o comportamento oficial. Essa dualidade não deve nos surpreender, pois é apenas o reflexo da natureza complexa de um sistema jurídico, se o compararmos a uma forma de estrutura social mais simples, descentralizada e pré-jurídica, que possui apenas normas primárias. Na estrutura mais simples, como não há autoridades, as normas precisam ser amplamente aceitas como instituidoras de padrões críticos para o comportamento do grupo. Se o ponto de vista interno não estiver amplamente disseminado naquela estrutura social, não poderá, logicamente, haver norma alguma. Mas, onde exista a união de normas primárias e secundárias – que é, como sustentamos, a maneira mais frutífera de conceber um sistema jurídico –, a aceitação das normas como padrões comuns para o grupo pode ser separada da questão relativamente passiva do consentimento individual às normas por meio da obediência em caráter exclusivamente pessoal. Num caso extremo, o ponto de vista interno, com seu uso caracteristicamente normativo da linguagem jurídica ("Esta é a norma válida"), poderia ficar limitado ao mundo oficial. Num tal sistema complexo, só as autoridades aceitariam

Norma jurídica: conceito, alcance, interpretação e aplicação **87**

e utilizariam os critérios de validade jurídica do sistema. Uma sociedade assim poderia ser deploravelmente subserviente e acarneirada, e os carneiros poderiam acabar no matadouro; mas não há motivos para pensarmos que não poderia existir ou para negar-lhes a qualificação de sistema jurídico.

Essa negação da teoria da norma jurídica sustentada por Austin e Kelsen por parte de Hart foi decisiva para uma verdadeira guinada na teoria do direito de matriz juspositivista. Com Hart, destarte, foi possível chegar-se à conclusão de que a imposição de uma sanção não é condição fundamental para o reconhecimento de uma prescrição normativa como sendo uma **norma jurídica**.

De fato, algumas normas jurídicas prescrevem em seu próprio âmbito a sanção decorrente de seu eventual descumprimento. Outras, contudo, não. Essa constatação de Hart permitiu um avanço na teoria da norma jurídica, a partir da distinção estabelecida por Hart entre **normas (ou regras) primárias** e **normas (ou regras) secundárias**. O direito, para se valer das palavras do próprio Hart, pode ser caracterizado como uma combinação de normas primárias de obrigação com normas secundárias.

Já se tratou muito rapidamente dessa distinção na parte introdutória deste livro. Agora pretende-se abordar a questão com um pouco mais de atenção.

Com efeito, segundo os postulados do positivismo jurídico hartiano, **normas (ou regras) primárias** são aquelas que, na terminologia de Austin (e também de Kelsen), denominam-se "ordens" ou "comandos". São normas que determinam certos comportamentos sob pena de aplicação da sanção respectiva, e, portanto, impõem aos destinatários praticar ou deixar de

88 Filosofia do Direito

praticar certos atos, quer queiram, quer não, mediante a ameaça de dano a um determinado bem jurídico seu, caso assim não se comportem. Importante lembrar que, segundo Hart, as normas/ regras primárias não se destinam apenas aos funcionários da justiça responsáveis pela apuração fática e aplicação da sanção respectiva em caso de descumprimento do comando, mas destinam-se especialmente aos destinatários, aos súditos, aos sujeitos normativos, em suma, aos membros integrantes de uma comunidade política que se encontram sob a incidência espacial e territorial da norma jurídica. Os exemplos mais claros desse tipo de norma (ou regra) são os tipos penais e as regras sobre responsabilidade civil, aos quais prescrevem comportamentos desejáveis sob pena de se ver incidir uma sanção no caso de não observância de um comportamento dessa natureza.

Por outro lado, **normas (ou regras) secundárias** – justamente secundárias em relação às primeiras –, são aquelas que estabelecem os critérios para que as regras primárias possam ser criadas, interpretadas e aplicadas, bem como também organizam a estrutura dos poderes do Estado, e ainda, diz Hart, voltam-se "à criação ou modificação de deveres ou obrigações". Ou seja: seu propósito não é determinar comportamentos e estabelecer obrigações, mas, sim, tratar de como se darão a criação, a interpretação e a aplicação das regras primárias – como já referido em momento anterior, normas/regras estruturantes que só se manifestam presentes em sistemas jurídicos evoluídos e complexos. De acordo com Hart, as normas/regras secundárias são de três espécies, assim denominadas: regra de reconhecimento (*rule of recognition*), regras de alteração (*rules of chance*) e regras de julgamento (*rules of adjudication*).

As regras de julgamento, a rigor, conferem competência a certos funcionários do sistema de justiça – os magistrados – para que possam determinar se, em um dado caso concreto, uma regra primária foi ou não foi desobedecida. Nas palavras de Hart, regras (secundárias) de julgamento são aquelas que capacitam "alguns indivíduos a solucionar de forma autorizada o problema de saber se, numa ocasião específica, foi violada uma norma primária" (HART, 2012). Além de atribuir poder a certos indivíduos nesse sentido, as regras de julgamento também definem os procedimentos formais a serem seguidos no caso de julgamento para aferição do descumprimento, ou não, de uma dada regra primária.

As regras de alteração, por seu turno, são aquelas que "autorizam algum indivíduo ou grupo de pessoas a introduzir novas regras primárias para orientar a vida do grupo, ou de uma classe dentro dele, e a eliminar normas antigas" (HART, 2012). São normas/regras secundárias responsáveis por combater o problema decorrente do caráter estático do sistema de normas primárias, de modo a justamente dinamizar o sistema a partir da eliminação de normas primárias antigas ou ultrapassadas e da consequente inclusão de novas normas primárias, capazes, em tese, de melhor atender à demanda por solução correta dos casos concretos relacionados.

Por fim, tem-se a mais relevante das normas secundárias definidas por H. L. A. Hart: a regra de reconhecimento, que é um fato social que permite a identificação de quais normas fazem parte do sistema jurídico e quais não fazem, sendo a norma de reconhecimento, dentro da perspectiva juspositivista hartiana, o teste decisivo para se reconhecer a validade das próprias normas primárias mediante a pressuposição de seu pertencimento ao ordenamento jurídico imposto e mantido pelo poder público ou autoridade soberana. Uma regra fundante que decorre da aceitação implícita de uma convenção social voltada a reconhecer a existência de um ordenamento jurídico e conferir-lhe validade, ao mesmo tempo em que confere poderes e distribui deveres a autoridades oficiais e funcionários públicos capazes de solucionar os conflitos sociais a partir dos padrões determinados por normas que integrem o sistema fundamentado pela regra de reconhecimento e que, exatamente por isso, possam (norma e sistema) ser qualificados como **jurídicos**.

A posição (ao menos inicial) de Hart a respeito do direito como um conjunto de regras serviu como uma resposta à tese do realismo jurídico calcada no "ceticismo sobre as regras", quer dizer, a ideia de que o direito é representado apenas pelas decisões judiciais e posição dos tribunais e de que sua ciência está voltada à pesquisa de como juízes e tribunais se comportarão frente a problemas que poderão ser apresentados à sua apreciação.

A despeito de se tratar de uma obra com o objetivo precípuo de fornecer um estudo sintético e de qualidade para os profissionais do direito brasileiro, e também para aqueles que almejam uma carreira pública mediante aprovação em concurso, pensamos ser impossível ter uma adequada compreensão a respeito da interpretação e aplicação dos dispositivos legais existentes no direito brasileiro sem um preciso entendimento a respeito do próprio **conceito** de norma jurídica. Para isso, foi necessária a utilização de autores e ideias, de fato, complexos, mas abrangentes e rigorosos, para se conseguir atingir esse objetivo.

O ponto de partida foi o reconhecimento de que a existência humana está em quase sua totalidade condicionada por normas, que aqui se denominou "normas sociais". A partir dos fundamentais ensinamentos de Georg Henrik von Wright, foi possível compreender de modo global o que significa o termo "normas sociais", e dividi-las de maneira a estruturá-las analiticamente. Dentre as espécies de normas sociais, são particularmente importantes para este trabalho as **normas prescritivas** (também chamadas de **prescrições normativas**). O passo seguinte, então, foi construir uma explicação mínima, porém,

Norma jurídica: conceito, alcance, interpretação e aplicação 91

suficiente, de como as **normas jurídicas** são uma categoria especial das **normas prescritivas**, e de como a **validade** funciona como critério diferenciador decisivo entre as normas jurídicas e os demais tipos de prescrições normativas.

Entrou em cena, então, a análise da relação entre norma jurídica e sanção, procurando-se explicitar no extremo a transcendental importância dessa relação para a Teoria do Direito de Hans Kelsen e John Austin, identificados com a tese de que toda norma jurídica, para ter essa qualificação, deve prever algum tipo de sanção para o caso de seu descumprimento ou desobediência por parte dos seus destinatários, daqueles indivíduos cujo comportamento está vinculado ao conteúdo da norma jurídica.

As (enormes) dificuldades descritivas de Kelsen e Austin para sustentar que todas as normas jurídicas são dotadas de sanções abriram espaço, neste trabalho, para um contato – ainda que muito epidérmico – com a teoria do direito de H. L. A. Hart, em específico sua crítica às ideias de Austin e Kelsen a respeito da definição de norma jurídica e, mais que isso, sua compreensão do direito como sendo uma união de normas (ou regras) primárias e secundárias.

Segundo Atienza (2014),

A concepção normativista do Direito defendida por Herbert Hart, no início dos anos setenta, pode considerar-se como uma superação das posições kelsenianas. Por um lado, Hart mostra que, se aceitarmos a teoria de Kelsen, é muito difícil, se não impossível, chegar a formular uma norma jurídica completa, de maneira que essa teoria resulta de escassa utilidade. Além disso, Kelsen parece contemplar o Direito sob o ponto de vista do transgressor da norma, esquecendo que, em muitos casos, o Direito é

92 Filosofia do Direito

aceite pelos destinatários. E, o que constitui a crítica mais importante, a concepção de Kelsen, centrada nas normas que estabelecem obrigações e proibições, não permite explicar as normas que atribuem poderes, a que Hart confere uma especial importância. Para este último, o Direito pode considerar-se como um conjunto de normas, mas de diversos tipos. Na sua opinião, num sistema jurídico evoluído podem distinguir-se dois tipos fundamentais de normas, que designa por primárias e secundárias, mas em sentido diferente do usado por Kelsen ou pelos juristas tradicionais.

Compreender a diferenciação entre normas jurídicas que estabelecem obrigações e normas jurídicas que estruturam o próprio aparato estatal e a maneira como as normas primárias são criadas, revogadas, interpretadas e aplicadas é indispensável para o bom entendimento do ponto seguinte: os tipos de normas jurídicas.

2.2.2 Tipos de normas jurídicas

Toda a especificidade teórica analisada no tópico anterior permite reconhecer uma dicotomia importante dentre da categoria das normas jurídicas, em especial a partir da contribuição de H. L. A. Hart: a possibilidade metodológica de se dividir o todo sistêmico das normas jurídicas em **normas primárias** (que são normas determinantes de comportamento dos indivíduos) e em **normas secundárias** (normas estruturantes a regular a composição organizacional do Estado e também a criação, introdução, modificação, eliminação ou mesmo interpretação de outras normas jurídicas). Neste tópico, o que se pretende é discriminar, a partir da dicotomia sustentada por Hart, os diversos tipos de normas jurídicas existentes e verificáveis no ordenamento jurídico brasileiro. Como referência metodológica para tal tarefa, tomar-se-á, além de nossos apontamentos pessoais, as contribuições constantes das obras de Adrian Sgarbi (2013) e Tercio Sampaio Ferraz Jr. (2013).

Na explicação de Tercio Sampaio Ferraz Junior (2013):

> Essas classificações não obedecem também a critérios rigorosos, não podendo encontrar-se um sistema classificatório no sentido lógico da expressão. Na verdade, os critérios são diversos e tópicos, surgindo em face das necessidades práticas, objetivando antes resolver problemas referentes à identificação de normas como jurídicas, dada sua imprecisão conceitual. Ou seja, a necessidade vai obrigando, em situações complexas, a perceberem-se novas prescrições também como jurídicas, para efeitos decisórios, e como essas prescrições trazem novas características, a doutrina, para dominá-las teoricamente, abre classificações, sem contudo preocupar-se em reduzi-las (ou sem poder reduzi-las) a um sistema. Na verdade, para os vários critérios os exemplos de normas são, às vezes, repetitivos, sem chegar a um conjunto unitário. Apenas com objetivos didáticos, oferecemos um critério que pode, se não sistematizar todos, pelo menos fornecer uma visão abrangente e compreensiva dos diferentes critérios tópicos.

A partir do recorte metodológico adotado, passa-se agora à análise dos tipos de normas jurídicas.

a) Normas primárias (ou normas de conduta): consoante já exposto, normas primárias destinam-se a determinar e impor comportamentos aos seus destinatários, de observância obrigatória, caracterizando-se por serem prescrições normativas jurídicas que determinam, proíbem ou permitem certas ações.

Neste tipo de norma há sempre um correspondente, uma "contrapartida negativa" para o caso de seu descumprimento ou não observância: esse é o papel das sanções jurídicas, vinculadas ao comando das normas primárias com o fito de exigir sua observância e obediência. Por conseguinte, as normas jurídicas primárias dividem-se em **normas impositivas de obrigações, normas que proíbem** e **normas permissivas**.

a.1) Normas impositivas de obrigações: são normas jurídicas que impõem a observância de determinado tipo de comportamento, que exigem que determinados atos sejam efetivados. Prescrevem, desse modo, que uma dada conduta deve ser realizada, pois, caso contrário, o destinatário poderá se submeter a uma consequência jurídica em razão da não observância do comando da norma impositiva. Como exemplos, possível citar: o Código de Processo Penal (CPP) estabelece, em seu art. 301, que "as autoridades policiais e seus agentes **deverão** prender quem quer que seja encontrado em flagrante delito"; por seu turno, o Código Civil (CC) prescreve, em seu art. 247, que "incorre na obrigação de indenizar perdas e danos o devedor que recusar a obrigação só a ele imposta, ou só por ele exequível".

a.2) Normas proibitivas: é o tipo de norma de conduta que impõe uma obrigação do que não deve ser feito, ou seja, determina a observância de um comportamento voltado à não realização de uma dada ação. Nesse sentido, "uma norma de proibição é uma norma que se produz com vistas a que algo 'não seja feito'" (SGARBI, 2013). A norma pode prescrever diretamente a obrigação de não fazer, determinando a proibição de um dado comportamento. Nesse sentido, tome-se por exemplo o comando do art. 82 do Código de Trânsito Brasileiro (CTB), onde consta que "nas vias públicas e nos imóveis é proibido colocar luzes, publicidade, inscrições, vegetação e mobiliário que possam gerar confusão, interferir na visibilidade da sinalização e comprometer a segurança do trânsito".

Todavia, observando-se a técnica legislativa quanto à disposição de normas que proíbem condutas, verifica-se que o mais comum é que tais normas imponham **indiretamente** a proibição ou obrigação de não fazer algo, vinculando-se imediatamente a correspondente sanção jurídica em caso de correspondência do comportamento concreto com a norma proibitiva. Os exemplos são diversos e intuitivos. Dentre eles, destacam-se sem dúvida os tipos penais. Veja-se, por exemplo, o tipo penal do art. 121 do Código Penal (CP). Aludido artigo estabelece expressamente: "Matar alguém: Pena – reclusão de 6 (seis) a 20 (vinte) anos". Obviamente não se está exigindo que os destinatários obedeçam esse comando como se ele fora **impositivo**; é exatamente o seu contrário. O que se está exigindo é a observância de não se fazer algo, posto que o comando dessa norma primária é **proibitivo**: o que a norma a rigor traduz linguisticamente é "Não mate!". Uma vez realizado o comportamento proibido pela norma, sendo esta então descumprida ou desobedecida, autoriza-se o Estado a, por meio de devido processo legal, asseguradas as garantias do contraditório e da ampla defesa (dentre outras), impor a sanção jurídica correspondente à violação da norma jurídica e ao descumprimento do comando. De modo idêntico verifica-se, *v.g.*, nos tipos penais de roubo (CP, art. 157) ou estupro (CP, art. 217). A norma proibitiva nesses casos determina: "Não subtraia bem de terceiro mediante violência!" e "Não pratique violência sexual!". Da mesma maneira, realizados tais comportamentos, abre-se a possibilidade da imposição da correspondente sanção jurídica. De outra parte, como outro exemplo dessa categoria de norma primária tem-se a reparação civil pela prática de ato ilícito. Conforme o art. 186 do CC, todo aquele que, por ação ou

96 Filosofia do Direito

omissão voluntária, negligência ou imprudência, violar direito e causar dano a outrem, comete ato ilícito. Em complemento à proibição, o art. 927 do CC dispõe que, aquele que por ato ilícito causar dano a terceiro, fica obrigado a repará-lo. Note-se que, aqui, a norma é "Não cometa ato ilícito!"; caso a conduta não atenda ao comando, vale dizer, havendo a verificação empírica de um ato ilícito, a sanção correspondente será a de reparar o dano causado.

a.3) Normas permissivas: uma norma jurídica do tipo permissiva é aquela que autoriza um determinado comportamento, que permite que algo possa ser feito. Sgarbi pontua que uma norma de permissão é aquela que, além de restringir o campo de atuação normativa proibitiva, amplia a esfera de liberdade daquele que se encontra na posição de destinatário específico da norma, autorizando, pois, que aja de uma certa maneira licitamente.

b) Normas secundárias (ou normas estruturantes): reiterando o que já foi exposto, conceitualmente **normas secundárias** são aquelas que estabelecem os critérios para que as regras primárias possam ser criadas, interpretadas e aplicadas, bem como também organizam a estrutura dos poderes do Estado. A rigor, são normas que "cumprem a tarefa de regular o uso de outras normas, de modo que são elementos essenciais à dinâmica normativa" (SGARBI, 2013). Tercio Sampaio Ferraz Jr. (2013) procura simplificar a distinção entre normas primárias e secundárias do seguinte modo: se a norma tem por objeto a própria ação, é primária; se a norma tem por objeto outra norma, então é secundária – para ele, "normas secundárias são normas sobre normas". As normas secundárias podem ser esquematicamente divididas em:

b.1) Normas estruturantes da organização do Estado: são as normas jurídicas que dispõem sobre a estrutura organizacional do Estado, a divisão de funções decorrentes do poder soberano e a respectiva organização dos Poderes, o modelo federativo (no caso brasileiro, União, Estados-membros, Distrito Federal e Municípios), a forma de composição de cada um dos Poderes na estrutura administrativo-material de cada ente federado, as regras de contratação da Administração Pública direta e indireta, o formato de tributação, orçamento, gastos obrigatórios, recolhimento e distribuição dos tributos. Exemplos: arts. 18, 25, 29, 32, 37, 39, 40, 44, 76, 93, todos da Constituição da República Federativa do Brasil (CF/1988).

b.2) Normas de julgamento: disciplinam a divisão de competência jurisdicional para identificar, de maneira prévia, qual magistrado integrante da estrutura do Poder Judiciário será responsável por examinar se uma regra primária foi ou não foi desobedecida. Além de atribuir poder a certos indivíduos nesse sentido, as regras de julgamento também definem os procedimentos formais a serem seguidos no caso de julgamento para aferição do descumprimento, ou não, de uma dada regra primária. É o que fazem, por exemplo, os arts. 102, 105, 108, 109, 114, 121 e 125, todos da CF/1988, que disciplinam as competências jurisdicionais da Justiça Comum Estadual e da Justiça Comum Federal, da Justiça Especializada (Justiça Eleitoral, Justiça do Trabalho, Justiça Militar etc.) – a partir do que se fragmenta todo o exercício da função jurisdicional para cada uma das unidades autônomas (juízes) que integram a estrutura do Poder Judiciário, as competências originárias e recursais dos Tribunais de Justiça (TJs) e dos Tribunais Regionais Federais (TRFs), além das competências originárias e recursais do Supremo Tribunal Federal (STF) e do Superior Tribunal de Justiça (STJ). A maneira como se disciplina a forma de atuação dos magistrados – enquanto funcionários do Poder Judiciário – na aplicação de normas primárias em busca da solução de litígios concretos é o que, a rigor, define a ideia de normas de julgamento.

b.3) Normas de adjudicação ou de modificação: este tipo de norma secundária é o que confere caráter dinâmico ao direito enquanto sistema integrado por normas, e dispõem sobre os critérios normativos necessários para a criação, modificação, interpretação, aplicação e exclusão de outras normas do ordenamento jurídico, encerrando em si importância singular. A abordagem a respeito do Direito como ordenamento será desenvolvida ainda neste capítulo.

É possível identificar inúmeras espécies de normas de modificação no direito brasileiro, cabendo elencar as principais delas:

■ **Normas de competência legislativa:** são normas jurídicas que especificam quem é a autoridade competente e em qual plano federativo se encontra para poder criar outras normas jurídicas, fazendo inseri-las no ordenamento jurídico. Com efeito, as normas de competência legislativa indicam quem é a autoridade detentora do "poder jurídico de criar materiais normativos" (SGARBI, 2013), possuidora de poder de inovar o ordenamento jurídico. No caso brasileiro, tem-se que, em regra, por meio do Poder Legislativo respectivo (Senado Federal e Câmara dos Deputados, Assembleias Legislativas, Câmara de Vereadores e Câmara Legislativa do DF), é competência privativa da União legislar sobre temas como direito civil, comercial, penal, processual, eleitoral, agrário, marítimo, aeronáutico, espacial e do trabalho, além das temáticas de águas, energia, informática, telecomunicações, radiodifusão, trânsito e transporte, nacionalidade, cidadania e naturalização, entre várias outras matérias – CF/1988, art. 22. Os Estados possuem competência legislativa residual, visto que o art. 25, § 1º dispõe que "são reservadas aos Estados as competências que não lhe sejam vedadas por esta Constituição". E os Municípios detêm competência legislativa para legislar especialmente sobre assuntos de interesse local, bem como

Norma jurídica: conceito, alcance, interpretação e aplicação 99

ainda suplementar as legislações federal e estadual no que couber (CF/1988, art. 30).

■ Normas de procedimento legislativo: normas secundárias que determinam quais espécies normativas podem ser utilizadas para a inovação do ordenamento por meio da criação ou modificação de normas jurídicas. Cite-se como exemplo o art. 59 da CF/1988.

■ Normas programáticas: são as que estipulam determinadas finalidades, diretrizes, propósitos ou objetivos, que devem ser alcançados pela nação tomada de modo global, dirigindo tanto as ações administrativas quanto as legislativas. Exemplo evidente é o art. 3° da CF/1988: "Constituem objetivos fundamentais da República Federativa do Brasil: I – constituir uma sociedade livre, justa e solidária; II – garantir o desenvolvimento nacional; III – erradicar a pobreza e a marginalização e reduzir as desigualdades sociais e regionais; IV – promover o bem de todos, sem preconceitos de origem, raça, sexo, cor, idade e quaisquer outras formas de discriminação".

b.4) Normas encarregadas da eliminação de outras normas jurídicas: normas secundárias, com características de cláusulas gerais, que estabelecem que todas as normas em contrariedade com um texto legal recém-aprovado estão revogadas.

b.5) Normas de interpretação: constituem espécie de normas secundárias cujos destinatários diretos são os responsáveis pela aplicação de normas primárias, e têm por objetivo permitir o correto exercício hermenêutico necessário para o próprio processo de aplicação. Exemplos mais eloquentes dessa espécie de norma secundária são os arts. 5° da Lei de Introdução às Normas do Direito Brasileiro – LINDB ("Na aplicação da lei, o juiz atenderá aos fins sociais a que ela se diri-

100 Filosofia do Direito

ge e às exigências do bem comum"), 8º do CPC ("Ao aplicar o ordenamento jurídico, o juiz atenderá aos fins sociais e às exigências do bem comum, resguardando e promovendo a dignidade da pessoa humana e observando a proporcionalidade, a razoabilidade, a legalidade, a publicidade e a eficiência"), e 3º do Código de Processo Penal – CPP ("A lei processual penal admitirá interpretação extensiva e aplicação analógica, bem como o suplemento dos princípios gerais do direito").

Além da especificação metodológica das normas primárias e secundárias de acordo com a classificação anteriormente exposta, a doutrina brasileira ainda apresenta uma série de distinções entre normas. Dentre as mais relevantes, destacam-se:

- **Normas processuais** e **normas materiais:** a rigor, as primeiras tratam de matéria procedimental-formal, e as segundas tratam de matéria de direito substancial-material.

- **Normas genéricas/abstratas** e **normas individuais/concretas:** as primeiras são, em regra, produzidas pelo Poder Legislativo e dirigem-se à totalidade de cidadãos integrantes de uma determinada comunidade política – todos os cidadãos, em tese, são destinatários do comando da norma. Já as segundas são dirigidas a casos concretos e produzem efeitos aos diretamente envolvidos no caso.

- **Normas de eficácia plena**, **de eficácia contida** e de **eficácia limitada:** corresponde à famosa classificação dada por José Afonso da Silva, relativamente às normas constitucionais. De acordo com essa classificação, normas (constitucionais) de eficácia plena são aquelas que produzem seus efeitos imediatamente, desde o início de sua vigência, sem a mediação de qualquer outra norma ou sem qualquer obstáculo à produção imediata de seus efeitos jurídicos. Já as normas (constitucionais) de eficácia contida são aquelas também plenamente aptas a produzir seus efeitos ampla e imediatamente a partir de sua entrada em vigor, mas que tem sua eficácia restringida por algum tipo de condicionante normativo que mantém seu alcance reduzido dentro de certos limites. Por fim, por normas (constitucionais) de eficácia limitada entende-se aquele tipo que não é apto a produzir imediatamente todos os seus efeitos visados pela autoridade normativa quando do início de sua vigência, dependendo assim de uma regulamentação autônoma – lei ou ato administrativo – para, então, produzir plenamente seus efeitos jurídicos. Para Silva (1998),

> Parece-nos necessário discriminar ainda mais, a fim de fazer-se uma separação de certas normas que preveem uma legislação futura mas não podem ser enquadradas entre as de eficácia limitada. Em vez, pois, de dividir as normas constitucionais, quanto à eficácia e aplicabilidade em dois grupos, achamos mais adequado considerá-las sob tríplice característica, discriminando-as em três categorias: I – normas constitucionais de eficácia plena; II – normas constitucionais de eficácia contida; III – normas constitucionais de eficácia limitada ou reduzida. Na primeira categoria incluem-se todas as normas que, desde a entrada em vigor da constituição, produzem todos os seus efeitos essenciais (ou têm a possibilidade de produzi-los), todos os objetivos visados pelo legislador constituinte, porque este criou, desde logo, uma normatividade para isso suficiente, incidindo direta e imediatamente sobre a matéria que lhes constitui objeto. O segundo grupo também se constitui de normas que incidem imediatamente e produzem (ou podem produzir) todos os efeitos queridos,

mas preveem meios ou conceitos que permitem manter sua eficácia contida em certos limites, dadas certas circunstâncias. Ao contrário, as normas do terceiro grupo são todas as que não produzem, com a simples entrada em vigor, todos os seus efeitos essenciais, porque o legislador constituinte, por qualquer motivo, não estabeleceu, sobre a matéria, uma normatividade para isso bastante, deixando essa tarefa ao legislador ordinário ou a outro órgão do Estado.

- ■ **Normas de validade permanente e normas de validade provisória (ou temporária):** as primeiras, a partir de sua entrada em vigor, assim permanecem indefinidamente, até que uma nova norma ingresse no ordenamento jurídico e a revogue expressa ou tacitamente; as segundas são normas "programadas no tempo", vale dizer, têm um período de vigência nelas mesmas já estabelecido e assim produzindo seus efeitos até seu termo temporal final (FERRAZ JR., 2013).

- ■ **Normas-regra e normas-princípio:** esta é, sem dúvida, a distinção mais relevante em Teoria e Filosofia do Direito e que impactou decisivamente a Ciência do Direito (e seu estudo) a partir do Século XX. Dentre todos os ataques lançados ao positivismo jurídico pelos antipositivistas modernos, este talvez tenha sido o que produziu efeitos mais relevantes e duradouros. Foi exigida dos juspositivistas uma articulação filosófica considerável para ampliar sua ideia de direito como um "conjunto de normas" – norma aqui enquanto **sinônimo** de regra – para então considerar o direito um fenômeno constituído por normas, mas estas reconhecidas como uma categoria geral e englobar, portanto, **regras** e **princípios.** Dada a importância inestimável do tema para a Teoria e a Filosofia do Direito contemporâneas, dela se tratará em tópico separado a seguir, no corpo deste capítulo.

Norma jurídica: conceito, alcance, interpretação e aplicação 103

2.3 O direito como sistema ou ordenamento jurídico

Ao tratar do conceito geral de **sistema**, Niklas Luhmann (2011) defende a ideia de que os organismos vivos manejam o sistema por autopoiese auto-organizada de maneira mais complexa que os sistemas mecânicos. Para Luhmann, como então se encontraria cada um dos "sistemas diferenciados" dentro do "sistema social" em seu conjunto? De maneira independente uns dos outros. Cada subsistema – como a redução abstrata formalista o exige – se autorregula autopoieticamente (ou seja, "autoproduz-se", no sentido de ser capaz de produzir suas próprias soluções para seus problemas – sendo os sistemas autopoiéticos a um só tempo produtores e produtos, pode-se também dizer que eles são circulares, ou seja, funcionam em termos de circularidade produtiva). Dentre todos os sistemas sociais referidos neste livro, obviamente, aquele que concentra a atenção aqui é o direito.

A importância do direito, de forma muito resumida, está em regular as relações sociais entre os sujeitos de modo a possibilitar uma convivência social mínima, vale dizer, de modo a possibilitar minimamente a vida em sociedade. Assim, o direito é visto, então, como um subsistema estrutural que define os limites e as interações dentro do espectro que recebe o nome final de **sociedade**. Como tomou-se como ponto de partida a premissa de que **sistemas jurídicos** são **sistemas normativos** (NINO, 2010), houve inicialmente a preocupação de explicar detalhadamente o que se entende por norma jurídica. Para tanto, restritamente à Filosofia do Direito, procurou-se trabalhar com o conceito de norma jurídica em especial a partir das contribuições de Hans Kelsen e H. L. A. Hart.

Registre-se ainda importante explicação de Manuel Atienza (2014), *verbis*:

Sob alguns aspectos, a obra dos autores argentinos, Carlos Alchourrón e Eugenio Bulygin (que, no início dos anos setenta, escreveram um importante livro intitulado *Normative Systems*) pode considerar-se como mais um passo na crítica à concepção de Kelsen. (...). A noção de sistema jurídico, que eles elaboraram com grande rigor, pode ser apresentada como o último elo de uma série de definições que se inicia com a de sistema dedutivo. Por **sistema dedutivo** entendem um conjunto de enunciados que contém todas as suas consequências. Isto quer dizer que o conjunto formado pelos enunciados: 1) "os juízes devem punir os homicidas com a pena X" e 2) "H é um homicida", constitui um sistema dedutivo, se contiver também o enunciado 3): "H deve ser punido com a pena X", que seria uma consequência lógica dos anteriores. Um **conjunto normativo** é um conjunto de enunciados que contém normas, mas não só normas (também pode incluir, por exemplo, definições). Um **sistema normativo** é um conjunto normativo que contém todas as suas consequências. E, finalmente, um **sistema jurídico** é um sistema normativo que contém normas que prescrevem uma sanção. A sanção, portanto, não é uma característica de cada um dos componentes do Direito, mas do conjunto, do sistema. Além disso, se contemplarmos o sistema jurídico diacronicamente, isto é, como uma sucessão de sistemas ao longo de um período de tempo, obtemos a noção de **ordem** ou de **ordenamento jurídico**. Com tudo isto (mais a noção de norma, como correlação entre casos e soluções) aparece também a possibilidade de definir com precisão algumas das propriedades que podem ter os sistemas normativos, como a de ser plenos (isto é, desprovidos de lacunas: uma lacuna normativa seria um caso sem solução) ou coerentes (carecer de antinomias: uma antinomia ou uma contradição normativa pressupõe que, para o mesmo caso, o sistema prevê duas ou mais soluções, incompatíveis entre si). (Grifos nossos.)

Consoante explicado, e sobretudo de acordo com Hart, um **sistema jurídico** é um conjunto de normas primárias (comandos) e secundárias (de reconhecimento, de adjudicação e de modificação), e que estes tipos específicos de normas sociais (normas jurídicas) diferenciaram o Direito de outros sistemas normativos sociais, tais como a Moral, a Religião, dentre outros. Além disso, outra característica fundamental de todo sistema jurídico corresponde ao fato de que toda e qualquer norma jurídica é produzida dentro de um contexto de institucionalidade, vale dizer, as fontes de sua produção são indivíduos, grupos ou órgãos institucionalizados, dotados de autoridade normativa, para criar, inovar ou modificar o direito. Este, destarte, é o papel das normas jurídicas secundárias: permitir a criação, aplicação, revogação, eliminação, modificação e interpretação das normas primárias.

Com efeito, se reunirmos todos os textos do direito positivo em vigor no Brasil, desde a Constituição da República até os mais simples atos administrativos infralegais (portarias, regulamentos etc.), teremos diante de nós um conjunto integrado por elementos que se inter-relacionam, formando um sistema. As unidades desse sistema são as normas jurídicas, que se voltam para regular a vida dos seres humanos de uma certa sociedade, historicamente determinada no espaço e no tempo, bem como também para prever a forma de aplicação de outras normas jurídicas. O sistema geral é composto por outros subsistemas jurídicos, ou "microssistemas", como, por exemplo, o sistema de justiça criminal, o sistema de justiça civil, o sistema de justiça da infância e juventude, o sistema de justiça do consumidor, o sistema de justiça do direito à saúde, o sistema de justiça de

106 Filosofia do Direito

proteção ao meio ambiente etc. Este sistema geral, então, recebe a denominação **sistema jurídico** ou **ordenamento jurídico**.

Donde se concluir que o "ordenamento jurídico" é o sistema das normas jurídicas em sua plena e total consideração, e que, por sua vez, não pode ter lacunas e deve ser considerado, em seu todo, vigente e eficaz. Essa definição remete, então, à questão da **validade** do ordenamento jurídico (do Sistema do Direito). O que autoriza a formação do ordenamento jurídico e legitima, para além da força estatal, o comando das normas jurídicas, é a sua validade. Esse sistema de normas jurídicas não pode prescindir dessa legitimidade, e, por isso, como sistema de normas jurídicas (e não mero sistema de leis), deve ser apto a afirmar sua validade.

E como se reconhece a validade (legitimidade) de um dado ordenamento jurídico? A resposta, como já visto, pode advir das lições de Hans Kelsen e de H. L. A. Hart. De acordo com a teoria kelseniana, a validade de todo ordenamento jurídico depende do disposto na "primeira Constituição" ou "Constituição originária", devendo-se, porém, notar que o adjetivo "primeira" não indica precedência cronológica, mas, sim, uma prioridade lógica. Portanto, nessa compreensão de Kelsen, a CF/1988 seria a "norma primeira" na ordem de vigência, estando-lhe subordinada todo o restante da legislação infraconstitucional, desde a mais antiga até a mais moderna lei, adequadas, claro, aos critérios de **recepção** da norma (se mais antiga que a CF/1988) e de **constitucionalidade** da norma (se posterior à CF/1988).

Pois bem: desde as normas concretas e individuais mais simples, como um ato administrativo ou uma sentença judicial em uma pequena ação indenizatória, passando por todo o oceano de normas jurídicas existentes, todas elas devem vinculação à Constituição. Poderia então se questionar baseado em que um determinado ato – uma licença ou uma portaria, v.g. – está lastreado. A resposta: na norma A, que por sua vez encontra validade na norma A', que por sua vez encontra validade na norma A'', numa ordenação hierárquica de validade até se chegar à Constituição da República. Para Kelsen, uma norma jurídica é válida se e somente se é derivada de uma norma jurídica válida. E a CF/1988, de onde extrai sua validade/legitimidade? O questionamento de validade poderia claramente ter prosseguimento, no sentido de se indagar pelo fundamento de validade da própria Constituição.

Para obter tal resposta, vale dizer, para solucionar esse problema do "regresso ao infinito", Kelsen lança mão da teoria de uma norma cuja finalidade é sustentar o fundamento de validade do ordenamento jurídico como um todo, e conferir validade à própria constituição do estado/país abdicando de explicações políticas ou sociais (ou seja, com cunho exclusivamente jurídico): para isso, como já visto, Kelsen se vale do reconhecimento da existência não de uma norma **posta**, mas de uma norma **suposta, pressuposta** – é com base em uma norma pressuposta que tem por objetivo conferir fundamento de validade a todo o ordenamento jurídico que Kelsen sustenta a própria validade da ordem jurídica. Essa é, repita-se, a definição kelseniana de norma hipotética fundamental.

A explicação de Hart para a validade sistêmica de um conjunto de normas jurídicas dispostas em ordenamento é bem distinta da apresentada por Kelsen. Hart parte da premissa de que é inafastável que uma regra secundária de reconhecimento seja aceita e utilizada para a identificação das regras primárias de conduta. A regra de reconhecimento, como fato social decorrente da convencionalidade afirmada por uma dada comunidade, estabelece os critérios mínimos para se conferir validade a padrões de agir a fim de que estes se tornem normas jurídicas.

É, então, a partir desse encadeamento de "normas sociais-normas jurídicas-sistema-ordenamento jurídico", que definimos qual o objeto filosófico de conhecimento da Ciência do Direito. Ao se responder, por seu turno, quais critérios permitem individualizar um dado ordenamento jurídico – distinguindo-o dos demais –, permite-se com isso identificar esse ordenamento e dele tratá-lo categoricamente com rigor científico. *Grosso modo*, quando falamos, por exemplo, do ordenamento jurídico brasileiro, estamos nos referindo a um conjunto de normas jurídicas atualmente vigentes dentro do território nacional (normas de direito interno e normas de direito internacional ratificadas e integradas ao ordenamento jurídico brasileiro por processos legislativos formais) a ter como referência primeira em termos normativos a CF/1988 – ordenamento jurídico brasileiro regido pela CF/1988.

Segundo Sgarbi (2013),

> A Constituição brasileira de 1988 ter servido de padrão para os operadores da ordem jurídica brasileira inaugurada em 5 de outubro. Afirma-se que, a despeito de suas muitas alterações, ela é a constituição que rege o ordenamento jurídico brasileiro. Quanto às suas características, tem-se afirmado doutrinariamente que a Constituição brasileira é rígida. Deve-se, essa sua rigidez, a duas características cruciais: a) em primeiro lugar, as normas constitucionais apenas podem ser modificadas nos termos do procedimento agravado que a própria Constituição estabelece (CF, art. 60); b) em segundo lugar, existe regulação para a eliminação das leis inferiores que desobedeceram as suas disposições (leis, por isso, "inválidas"), o que é designado tecnicamente de "controle de constitucionalidade" (Por exemplo: o controle concentrado, CF, art. 103 e Lei 9.868/1999). Por seu turno, é sabido que, apesar da

Norma jurídica: conceito, alcance, interpretação e aplicação **109**

possibilidade da Constituição de 1988 poder sofrer modificações, há nela um núcleo imodificável representado pelo art. 60, § 4º, que dispõe: "'Não será objeto de deliberação emenda tendente a abolir: I – a forma federativa de Estado; II – o voto direto, secreto, universal e periódico; III – a separação de Poderes; IV – os direitos e garantias individuais". Essas cláusulas são consideradas, pelos constitucionalistas, "cláusulas pétreas". Disso depreende-se que: (1) A Constituição brasileira de 1988 iniciou a sequência normativa da ordem jurídica atual; (2) O ordenamento jurídico brasileiro atual é composto por todos os conjuntos normativos sucessivos considerados a partir do surgimento desta constituição originária; (3) A continuidade do ordenamento jurídico brasileiro inaugurado em 5 de outubro de 1988 depende da respeitabilidade de seu procedimento agravado ou especial de modificação (CF, art. 60) e de suas cláusulas pétreas (CP, art. 60, § 4º). Assumindo-se a Constituição de 1988 referenciada pelos seus critérios de identidade como o marco inicial do ordenamento jurídico brasileiro vigente, pode-se, a partir desse ponto, explicar as modificações sofridas no direito brasileiro e a razão pela qual se continua a entender que estamos sob uma ordem jurídica regida pela CF/1988.

Entre as características importantes dos sistemas jurídicos (ou ordenamentos jurídicos), duas delas são de análise obrigatória: a **plenitude** e a **coerência**.

■ **Plenitude:** um ordenamento jurídico é pleno quando não apresenta **lacuna** (vazios normativos). Como a completude e a incompletude são propriedades dos sistemas normativos em geral e dos sistemas jurídicos em especial, um ordenamento jurídico é tido como completo ou pleno quando não tem lacunas. Nessa ordem, um ordenamento jurídico considerado completo é aquele em cujo âmbito qualquer comportamento esteja de alguma maneira normativamente regulamentado por alguma norma jurídica do sistema e, concomitantemente, em cujo âmbito para qualquer caso concreto exista uma resposta jurídica capaz de solucioná-lo (GUASTINI, 2005; BOBBIO, 1995b). Ordenamentos jurídicos, na perspectiva da Modernidade, são constituídos para serem plenos e completos, vale dizer, suficientes a tal ponto de não admitirem falhas ou lacunas – qualquer tipo de situação concreta em que o sistema é incapaz de oferecer uma resposta. As normas que emanam das fontes oficiais de direito e que integram um dado sistema são, sob essa ótica, sempre capazes de oferecer soluções aos problemas jurídicos concretos. Há uma forte vinculação dessa visão com os postulados fundantes do Liberalismo político, e com a ideia de uma teoria do Estado de Direito baseada nos princípios de separação dos poderes, de legalidade estrita e de aplicação judicial dos comandos normativos (SGARBI, 2013).

Tal perspectiva, fortalecida pelo processo codificador europeu iniciado no Século XIX, fez surgir a tese do que na Teoria e Filosofia do Direito ganhou o nome de **dogma da completude** (ou da **plenitude**, ou do **fechamento**): a ideia de que todo ordenamento jurídico é necessariamente completo; vale dizer que toda ordem jurídica contém todas as respostas para todos os casos a partir de determinados valores que, como dito, correspondem a uma visão de mundo construída na Era Moderna: a obrigação do magistrado de decidir qualquer caso que lhe seja apresentado, a legalidade como parâmetro de atuação judicial e o respeito à separação dos poderes em face do reconhecimento de quais são as fontes oficiais do direito. Para Guastini (2005),

O dogma da completude do direito está estreitamento ligado, do ponto de vista histórico, à codificação do direito (especialmente do direito civil) e, do ponto de vista ideológico, ao liberalismo jurídico, isto é, à doutrina do Estado de Direito moderno.

Uma série de argumentos é utilizada com o propósito de dar sustentação teórica ao "dogma da completude". Dentre eles, os principais a destacar são: a) o chamado "argumento da norma geral negativa", de acordo com o qual todo ordenamento jurídico inclui uma norma geral – explícita ou implícita – de conteúdo negativo e que prescreve que "tudo o que não for proibido é permitido"; b) o chamado "argumento do espaço jurídico vazio", pelo qual todo comportamento que não seja juridicamente qualificado é, via de consequência, juridicamente irrelevante; c) o argumento do reconhecimento da obrigação dos juízes de decidir necessariamente qualquer controvérsia e a decidir baseados unicamente no direito existente (por conseguinte, se o ordenamento jurídico não fosse completo, tal obrigação não seria exigível do magistrado); d) o argumento de que o ordenamento jurídico é um processo dinâmico ilimitado, não um sistema fechado sem possibilidade de ampliação – processo que se renova constantemente, sobretudo, por meio da analogia (GUASTINI, 2005).

Evidentemente, esta tese apresenta problemas filosóficos sérios, que não podem ser desprezados. A discussão sobre a completude ou incompletude do direito é objeto de acirrado debate entre juspositivistas e antipositivistas sobre a plenitude do ordenamento jurídico, quer dizer, sobre se os critérios jurídicos de validade utilizados são suficientes para tal completude ou se, ao contrário, há a necessidade de utilização de critérios extrajurídicos para a solução de qualquer controvérsia. Pretende-se aprofundar esta abordagem em capítulo próprio, quando se tratará das premissas centrais e das principais divergências entre o positivismo jurídico e as teorias antipositivistas.

112 Filosofia do Direito

Importante, por fim, mencionar os mecanismos de superação de lacunas, problema concreto enfrentado pelos órgãos de aplicação de normas jurídicas (em especial os juízes) quando se deparam com casos concretos que precisam receber algum tipo de decisão para o seu conflito. Esse processo recebe o nome de **integração de lacunas**.

São três as chamadas **técnicas de integração de lacunas**:

1. Analogia *legis*: ocorre quando uma norma jurídica originalmente prevista para uma determinada hipótese é aplicada para uma hipótese fática diversa em razão da similaridade entre as hipóteses.

2. Analogia *juris*: parte-se de vários preceitos indiretamente relacionados, ou seja, de um conjunto de normas de onde se extraem princípios de ordem geral e difusa capazes de serem aplicados a um caso concreto sem previsão normativa específica.

3. Interpretação extensiva: por meio da técnica de interpretação extensiva, atribui-se ao texto da norma significado mais amplo e abrangente de maneira a que se possa abarcar situações fáticas que, em uma interpretação mais "fechada" – parte-se da análise semântica dos termos da norma jurídica e se estende (ou amplia) o resultado dessa análise "a casos que estão compreendidos implicitamente em sua letra ou explicitamente em seu espírito" (FERRAZ JR., 2013).

■ **Coerência**: afirma-se que um ordenamento jurídico é coerente quando não apresenta contradições jurídicas, isto é, quando não se verificam **antinomias** dentro do sistema. Por **antinomia** entende-se a situação em que, para uma mesma hipótese, são relacionadas duas ou mais soluções jurídicas opostas e/ou incompatíveis entre si (GUASTINI, 2005).

Norma jurídica: conceito, alcance, interpretação e aplicação 113

A identificação de antinomias nos sistemas jurídicas exige a utilização. Ainda:

> Canonicamente, há antinomia se uma norma N1 para a situação hipotética X estabelece a obrigatoriedade do comportamento *p* senão advirá a consequência S; e, uma segunda norma, norma N2, para a mesma situação hipotética X, dispõe ser proibido o comportamento *p* senão advirá a consequência S (SGARBI, 2013).

O enfrentamento da questão exige a utilização de **técnicas de solução de antinomias**. As mais relevantes são:

1. Solução pelo critério da hierarquia: em síntese, significa que a norma superior revoga (ou elimina) a norma inferior. Toda norma válida extrai sua validade de uma norma também válida e de caráter superior; uma disposição normativa que contraria uma norma superior é reconhecida como inválida e, assim, deixa de ser aplicada (*lex superior derogat legi inferiori*).

2. Solução pelo critério cronológico: a norma jurídica posterior que regula uma dada situação fática capaz de produzir efeitos jurídicos em sentido diverso de uma outra norma anterior que também tem este objeto acaba por revogá-la. A revogação pode se dar parcial ou totalmente, explícita ou implicitamente. Tem-se o conceito geral "revogação", e suas espécies: ab-rogação (revogação total) e derrogação (revogação parcial). Esse critério está previsto no art. 2º da LINDB ("Não se destinando à vigência temporária, a lei terá vigor até que outra a modifique ou revogue. § 1º A lei posterior revoga a lei anterior quando expressamente o declare, quando seja com ela incompatível ou quando regule inteiramente a matéria de que tratava a lei anterior. § 2º A lei nova, que estabeleça disposições gerais ou especiais a par das já existentes, não revoga nem modifica a lei anterior. § 3º Salvo disposição em contrário, a lei

revogada não se restaura por ter a lei revogadora perdido a vigência"). É o sentido do brocardo *lex posterior derogat legi priori*.

3. Solução pelo critério da especialidade: aqui, *lex specialis derogat legi generali*. Havendo conflito quanto à aplicação de duas normas jurídicas para a mesma hipótese fática, reconhece-se que uma delas tem caráter geral e a outra caráter especial, aplicando-se esta na hipótese fática em detrimento da primeira. Isso corresponde, de acordo com Sgarbi, ao reconhecimento de que "a norma geral continua em vigor (não se trata de questão cronológica) e tem mantida sua validade (não se trata de questão de hierarquia) sendo aplicável no que não incidir a disposição específica". Como exemplo, cite-se o feminicídio (Lei Federal nº 13.104/2015) frente ao homicídio.

Questão complexa e bem atual exsurge quando o conflito normativo não se dá entre regras, mas entre **princípios**. A solução para conflito entre princípios exige mecanismos bem distintos daqueles utilizados para o conflito entre regras. Este tema também será tratado em tópico próprio, dada a profundidade da discussão e ao fato de que se relaciona à crítica antipositivista desenvolvida ao longo do Século XX.

2.4 Diferença entre regra e princípio

Esta conceituação do gênero normas jurídicas, diferenciando-se as espécies entre **princípios** e **regras**, foi sustentada por Ronald Dworkin, em especial nas obras *Levando os Direitos a Sério* e *Império do Direito*.

A partir de sua postura crítica ao positivismo jurídico, Dworkin sustentará a necessidade de se reconhecer e tratar os princípios como "direito" (como parte integrante fundamental de todo e qualquer sistema de ordenamento jurídico), procurando assim fazer com que se reconheça a possibilidade de que

Norma jurídica: conceito, alcance, interpretação e aplicação **115**

tanto uma "constelação de princípios" quanto uma regra positivamente estabelecida em legislação infraconstitucional podem impor uma determinada **obrigação**.

Sendo assim, procura-se estabelecer uma diferença entre **regra** e **princípio**.

De acordo com Dworkin, as duas espécies buscam justificar decisões particulares a partir de circunstâncias particulares, mas elas se diferenciam em função da "direção que indicam". Regras são aplicáveis em um modo de "tudo-ou-nada". Ou seja: se ocorrerem os fatos estipulados na regra, então a regra será válida e deverá incidir sobre aquele determinado conflito; se tal, porém, não acontecer, aí não será caso de aplicação da regra, e ela (a regra) em nada poderá contribuir para a decisão (DWORKIN, 2010).

Já os princípios, segundo Dworkin, têm uma dimensão que as regras não possuem: a dimensão de peso ou importância. Então, quando princípios conflitam entre si (o princípio da proteção aos consumidores de um determinado bem ou serviço **conflitando** com o princípio da liberdade de contratar, por exemplo), aquele a quem incumbe resolver o conflito deve tomar em consideração o peso relativo de ambos à luz do caso concreto. Ou seja, a dimensão de peso ou importância só os princípios a possuem, as regras, não. E a escolha de um princípio em detrimento do outro é resultado da aferição de sua "relevância por aquele que decide" (DWORKIN, 2010).

Com efeito, ao identificar a insuficiência do processo subsuntivo de imposição deôntica de um comando em razão da incidência da norma jurídica a determinada situação fática cotidiana que Hart propõe, como forma de compreensão do ordenamento jurídico como união de diferentes categorias de normas, a compreensão do gênero "norma jurídica", a ter como espécies, destarte, as **normas jurídicas primárias** (que prescre-

116 Filosofia do Direito

vem aos sujeitos praticar certas condutas ou os obriga a não realização de determinados comportamentos) e as **normas jurídicas secundárias** (voltadas a interpretação, identificação, validade, modificação, julgamento e aplicação das normas primárias), anteriormente já explicitado.

Entretanto, é exatamente contra a relação de atribuição de validade às normas jurídicas pela regra de reconhecimento, contra a atribuição de validade somente pela relação formal entre uma determinada norma jurídica e outra norma (independentemente de seu conteúdo), contra a versão do positivismo hartiano, enfim, que Dworkin lançará um "ataque geral" com vistas a questionar as teses centrais do positivismo jurídico em geral.

O positivismo jurídico hartiano, de fato, sustenta que o conjunto das normas que integram o sistema jurídico de uma determinada sociedade (e por isso podendo ser qualificadas como **jurídicas**) tem sua validade confirmada pela regra de reconhecimento e por serem formalmente emanadas por uma autoridade soberana detentora de poder aceito por essa mesma sociedade e pelas instituições que a constituem, em especial aquelas integrantes dos assim chamados sistemas de justiça. Portanto, a formalidade exigida para o ingresso de uma norma jurídica no ordenamento jurídico de uma dada comunidade é absolutamente indispensável para seu reconhecimento como tal.

A crítica de Dworkin é certeira neste ponto. O positivismo jurídico baseado em Hart defende, além da regra de reconhecimento concebida como fato social, as teses da superioridade formal do positivismo jurídico, do caráter descritivo conferido à teoria do direito e da discricionariedade judicial nos casos em que a norma jurídica não é direta e quando o magistrado se depara com os chamados "casos difíceis". Superioridade formal, regra de reconhecimento, autoridade soberana detentora de poder público exclusivo para expedir ordens e impor sanções quando de seu descumprimento e excepcional discricionariedade judicial (apenas na ausência de norma certa e direta ao apreciar casos difíceis), segundo Dworkin, são características de um sistema que, por respeitar de maneira absoluta o postulado de respeito ao procedimento estabelecido para a produção de normas, é constituído exclusivamente por **regras**. A rigor, não há no positivismo jurídico, em suas diversas vertentes, espaço para outras espécies de normas jurídicas – não há relação de gênero e espécie nesse particular, portanto: norma jurídica é regra, e regra é norma jurídica. Nesse sentido, não haveria espaço no positivismo jurídico para **princípios** que não fossem "normatizados" por meio do procedimento estipulado para sua elaboração, criação e validação, convencionada uma autoridade soberana e admitida uma norma de reconhecimento ou hipotética fundamental. Ronald Dworkin opõe-se justamente a essa conclusão.

De acordo com Dworkin, regra não é sinônimo de norma jurídica. Esta é melhor compreendida quando entendida como gênero de padrões normativos, e entre suas espécies estão as **regras (em sentido estrito)** e os **princípios jurídicos**. A diferença entre as duas espécies, dirá Dworkin, é, em primeiro lugar, uma distinção lógica: regras aplicam-se no sistema tudo ou nada – ocorrendo situação fática ensejadora da incidência da regra, esta se aplica, e, caso contrário, não se aplica; princípios jurídicos traduzem *standards* de padrão moral que podem fundamentar determinada decisão caso argumentativamente válida sua aplicação para uma situação fática. Em segundo lugar, princípios jurídicos "possuem uma dimensão que as regras não têm – a dimensão do peso ou importância" (DWORKIN, 2010).

O ponto que interessa ao tema, entretanto, não é a construção teórica acerca do gênero norma jurídica. A crítica de Dworkin fixou obstáculo relevante ao positivismo jurídico e

118 Filosofia do Direito

obrigou seus principais teóricos a produzir alternativas obrigatórias para a própria sobrevivência do juspositivismo. De fato, a importância na identificação de princípios jurídicos (não necessariamente constitucionalizados/positivados, mas ainda assim plenamente aplicáveis desde sempre) como espécie de norma está precisamente na percepção de que princípios, ao contrário de regras, fornecem ao aplicador (e à comunidade em geral) padrões de funcionamento moral do direito que, na prática, são constantemente utilizados.

A preocupação interpretativa (ou interpretativista, na expressão de Dworkin) dos princípios jurídicos não constitucionalizados/positivados certamente é um dos grandes pontos de discussão na teoria do direito e, em especial, em diversas esferas do direito brasileiro. Significá-los argumentativamente é um desafio permanente. Exemplos não faltam: princípio da insignificância e princípio da adequação social (Direito Penal), princípio da supremacia do interesse público sobre o interesse privado e princípio da indisponibilidade do interesse público (Direito Administrativo), princípio da boa-fé objetiva e princípio do respeito à vontade das partes (Direito Civil), princípio da proibição da proteção deficiente (Direito Constitucional), princípio da vedação de se beneficiar com a própria torpeza e princípio da proporcionalidade (Teoria do Direito e Hermenêutica Jurídica), dentre diversos outros.

Importante registrar que o positivismo jurídico, em especial em sua vertente inclusivista, conseguiu construir uma alternativa viável para o conceito de norma jurídica após as críticas de Dworkin, ao defender a ideia de que princípios integram o conceito de norma jurídica e são vinculantes como razões jurídicas, ainda que não incorporados formalmente ao ordenamento respectivo por meio do respeito à convenção das fontes formais de sua produção (MARANHÃO, 2012). Ainda que, por

Norma jurídica: conceito, alcance, interpretação e aplicação **119**

outro lado, se admita no plano jusfilosófico que o conteúdo jurídico de normas jurídicas possa ser definido e extraído de "méritos morais substanciais" (expressão utilizada por Charles Coleman), e não apenas a partir de sua origem, de sua fonte ou da própria convenção social.

2.5 Critérios de interpretação e aplicação das normas jurídicas: escolas históricas e sistemas hermenêuticos. Conceito de hermenêutica jurídica. Sintaxe, semântica e pragmática. Critérios. Formas de aplicação. Interpretação constitucional

2.5.1 Noções introdutórias. Problemas acerca do significado das orações

Pretende-se, neste tópico, apresentar e explicar conceitos preliminares de hermenêutica, cabendo ressaltar que a abordagem se dará com foco especialmente nas linhas mestras da chamada "Hermenêutica Jurídica Clássica", abordando-se apenas pontualmente os complexos aspectos da Hermenêutica Filosófica contemporânea pós-giro-linguístico ou giro-hermenêutico, a qual provocou e ainda hoje provoca verdadeira revolução na forma de se pensar a interpretação do direito – ou melhor, sua construção interpretativa (DWORKIN, 2005; 2014; STRECK, 2011).

Basicamente, o ponto focal de preocupação da Hermenêutica Jurídica corresponde a se atuar no sentido de **descobrir o significado da norma jurídica e aplicá-la ao caso concreto.** Importante compreender o comando que a regra estabelece para a conduta humana – o Direito Objetivo, em tese, estabelece diretivas para o comportamento humano, como visto na explicação a respeito do que é a norma jurídica. Assim, a função primordial da atividade interpretativa é descobrir o conteúdo da regra de direito estabelecida no ordenamento e, a partir daí, por meio dos métodos hermenêuticos, aplicar o conteúdo da norma jurídica ao caso concreto – falando-se, basicamente, a partir do ponto de vista externo do julgador.

Além disso, é necessário também pensar as distinções e diferenças entre os conceitos de "hermenêutica" e "interpretação".

Ab initio, apresenta-se relevante trazer ao conhecimento as lições de três dos mais importantes juristas brasileiros a respeito das características básicas da hermenêutica e da interpretação. Estamos falando, aqui, nas importantes figuras de Rubens Limongi França, Carlos Maximiliano e Luís Roberto Barroso.

Para Limongi França, o termo hermenêutica se refere à "parte da ciência jurídica que tem por objeto o estudo e a sistematização dos processos, que devem ser utilizados para que a interpretação se realize, de modo que o seu escopo seja alcançado da melhor maneira". Já interpretação, para ele, consistiria no processo de "aplicar as regras, que a hermenêutica perquire e ordena, para o bom entendimento dos textos legais" (FRANÇA, 1988).

Carlos Maximiliano, por sua vez, assinala que a hermenêutica tem por objeto o "estudo e a sistematização dos processos aplicáveis para determinar o sentido e o alcance das expressões do direito, ou seja, hermenêutica é a teoria científica da arte de interpretar". De outra parte, interpretar, "significa buscar a relação entre o texto abstrato, já que as leis positivas são formuladas em termos gerais, e o caso concreto, e, para tanto, seria necessário descobrir e fixar o sentido verdadeiro da regra positiva; e, logo depois, o respectivo alcance, a sua extensão" (MAXIMILIANO, 2017).

Luís Roberto Barroso (2008), por seu turno, pondera o seguinte:

> A **hermenêutica jurídica** é um domínio teórico, especulativo, cujo objeto é a formulação, o estudo e a sistematização dos princípios e regras de interpretação do direito. A **interpretação** é atividade prática de revelar o conteúdo, o significado e o alcance da norma, tendo por finalidade fazê-la incidir em um caso concreto. Já a **aplicação** de uma norma jurídica é o momento final do processo interpretativo, sua concretização, pela efetiva incidência do preceito sobre a realidade do fato. Esses três conceitos são marcos do itinerário intelectivo que leva à realização do direito. Cuidam eles de apurar o conteúdo da norma, fazer a subsunção dos fatos e produzir a regra final, concreta, que regerá a espécie. (Grifos do original.)

Essas breves noções introdutórias servem como abordagem preliminar para o tema e, sobretudo, para definir e indicar qual será a preocupação neste tópico: observarmos os critérios linguísticos de relação entre os signos para fins de construção do processo interpretativo (sintaxe, semântica e pragmática), os sistemas hermenêuticos e suas respectivas escolas históricas de interpretação jurídica, os métodos e tipos de interpretação, e as formas de aplicação das normas jurídicas. A exposição das temáticas contida no item nº 2.5 é fortemente inspirada em duas referências principais. De um lado, a obra de Tércio Sampaio Ferraz Junior, aqui já mencionada e denominada *Introdução ao Estudo do Direito*. De outro, as lições repassadas, ainda durante o Curso de Graduação na Faculdade de Direito da Universidade Estadual de Londrina no já distante ano de 1999, pelo Prof. Dr. Luiz Fernando Belinetti em uma disciplina especial chamada "Interpretação do Direito", cujas anotações servi-

122 Filosofia do Direito

ram de apoio para a construção das ideias dispostas neste item. Vale a menção, ainda, às obras de Michel Miaille (*Introdução Crítica ao Direito*), Michel Villey (*A Formação do Pensamento Jurídico Moderno*), António Manuel Hespanha (*Cultura Jurídica Europeia: Síntese de um Milênio*), Riccardo Guastini (*Das Fontes às Normas*), e Rubens Limongi França (*Hermenêutica Jurídica*), utilizadas para a exposição das ideias aqui apresentadas.

Em primeiro plano, quanto à descoberta do significado das orações (e, também, das normas), os problemas que com ela se relacionam podem ser compreendidos por três perspectivas:

- **Semântica:** relação entre ideia (a representação intelectual de um objeto – aquilo que está representado na mente humana) e termo (palavra que exprime a ideia, ou a concretização da linguagem como instrumento que os integrantes da espécie humana têm para se comunicar). Os problemas estudados pela Semântica relacionam-se a mudanças sofridas no tempo pela significação das palavras.
- **Sintaxe:** estabelecer a correlação dos termos entre si – preocupação com a disposição das palavras na frase, e das frases no discurso. Noutras palavras, é a relação dos signos entre si, é o estudo das relações entre os signos. O foco de preocupação da Sintaxe volta-se à disposição das palavras na oração, bem como das orações em um dado discurso.
- **Pragmática:** aqui, o que se coloca como objeto é a relação dos termos com os usuários. Por vezes o significado dos termos é diferente para diversos usuários, embora o termo seja o mesmo; portanto, a pragmática volta-se às relações que se estabelecem entre os signos ou símbolos, dos seus usuários e do ambiente de sua utilização.

Com efeito, foi objeto já de atenção a compreensão acerca do que são normas jurídicas, a relação entre as normas

Norma jurídica: conceito, alcance, interpretação e aplicação **123**

jurídicas e a linguagem prescritiva (uso prescritivo da linguagem), a formação dos ordenamentos jurídicos, e os problemas envolvendo os conceitos de validade, eficácia, eficiência, plenitude (ausência de lacunas), coerência (ausência de contradições) e integridade sistêmica.

Agora, a preocupação é um tanto diversa: buscar-se-á entender qual a relação entre o processo de interpretação das normas jurídicas e a linguagem, e os métodos hermenêuticos empregados para se definir o **significado** de uma determinada norma.

A premissa aqui trabalhada é que, para uma teoria analítica do direito construída sobre bases da Filosofia da Linguagem, é da indiscutível e inseparável relação entre "norma jurídica" e "linguagem" que se agregarão outros e novos significados à norma/proposição normativa quando de sua introdução no ordenamento respectivo.

Conforme Wittgenstein (1999), a **significação** de uma palavra é seu uso na linguagem, e a significação de um nome elucida-se muitas vezes apontando para o seu portador. A atenção da comunidade jurídica, quando se trata desse tema, via de regra, está ligada à "interpretação das normas jurídicas". Quando o aplicador do direito diz que "N" significa "Nx", em uma via de mão dupla interpretação/significação, ele (sujeito) deflagra externamente um **processo de significação**, etiquetando aquela norma. Roberto J. Vernengo (1976) diz que "interpretar um enunciado quer dizer ordinariamente expressar seu sentido recorrendo a signos diferentes dos usados para formulá-lo originalmente". Ao mesmo tempo, o sujeito, linguisticamente falando, é receptor e emissor: ele recebe a impressão imediata quando do contato com a norma jurídica, faz sobre ela exercícios de reflexão a partir de seus juízos valorativos pessoais e intrínsecos e, só após, emite as suas impressões sobre a norma jurídica, etiquetando-a linguisticamente ao concluir o processo de significação.

Mais ainda do que depender de um ordenamento correspondente a um conjunto de normas, o ato de aplicar normas jurídicas relaciona-se diretamente ao reconhecimento da existência de uma série de orações cuja significação se atribui por regras semânticas, sintáticas e pragmáticas, independentemente de as considerações a respeito de tais regras terem ou não sido levadas em conta pela autoridade normativa no momento da expedição (promulgação) da norma jurídica (NINO, 2010). Esta breve introdução visa transmitir ao leitor a importância do processo de significação linguística dos termos, a partir dos prismas da semântica, da sintaxe e da pragmática. Feitos esses esclarecimentos, as atenções se voltam agora aos "grandes sistemas hermenêuticos".

2.5.2 Os grandes sistemas hermenêuticos

A opção em se falar de "sistemas hermenêuticos" está voltada à melhor compreensão teórica do papel histórico das escolas hermenêuticas dos Séculos XIX e XX a partir da proposta metodológica de cada uma delas para o processo de interpretação das normas jurídicas.

> Tradicionalmente, a historiografia jurídica tem usado a figura das "escolas" ou "correntes" para dar uma ordem à exposição da cultura erudita do direito. Isso também acontece no período contemporâneo. Acabamos de ver que há temas compartilhados durante toda esta época. As respostas dadas a propósito de cada um deles podem divergir substancialmente; e, por isso, a arrumação dos autores em escolas pode simplificar a narrativa. Nenhum desses movimentos teve tanta unidade como o nome "escola" sugere; sendo, por outro lado, certo que os mesmos objetivos práticos, quer quanto ao conteúdo do direito,

quer quanto à posição dos juristas na sociedade, puderam ser obtidos a partir de posições teóricas ou metodológicas muito diferentes (HESPANHA, 2012).

Fala-se, então, em dois grandes sistemas hermenêuticos, assim nominados: a) dogmático; e b) zetético. Cada um desses sistemas se compõe de diversas "escolas jurídicas de interpretação", em busca da melhor solução interpretativa do caso concreto. A primeira compreensão que deve nos chamar a atenção é de **perspectiva**: os sistemas dogmático e zetético são sistemas **retrospectivos**, vale dizer, neles a função do jurista é a de um observador que visa manter a ordem social vigente; já o sistema crítico é **prospectivo**, ou seja, aqui o jurista aplicador do Direito não é um mero observador da realidade social – o operador do Direito preocupado com a integridade do ordenamento, com o aperfeiçoamento da própria hermenêutica, é também um protagonista, devendo atuar de modo eficaz para a construção de uma ordem social mais justa e efetiva por meio do aperfeiçoamento interpretativo do ordenamento jurídico.

a) Sistema dogmático: é o sistema tradicional de hermenêutica, que se destina a "prender" o direito à rigidez, e aplicá-lo fundamentalmente de acordo com o que consta dos textos legais, com o propósito de manutenção da ordem social vigente. A atividade do jurista se coloca fundamentalmente como um "ato de inteligência", detendo-se tal atividade a um processo de aplicação do direito estritamente racional, por meio de procedimentos lógicos, e um respeito absoluto às fontes formais do Direito. Teoria analítico-descritiva das normas jurídicas vigentes, que se caracteriza fundamentalmente pela **aceitação dogmática da força obrigatória do direito positivo**. A característica principal do sistema hermenêutico dogmático, além de assentar como dogma o "Direito Positivado", está também na busca de uma unidade

126 Filosofia do Direito

do sistema jurídico. Para o sistema dogmático, dois são os pontos fundamentais para o trabalho do hermeneuta, a partir da base dogmática, tendo como referência a lei, o direito positivo: i) literalidade da lei; ii) unidade do sistema. Para Nino (2010),

> O conhecimento científico desenvolve-se a partir de certas exigências para aceitar a verdade de uma proposição, exigências que, sem dúvida nenhuma, variaram com o progresso das ciências. Com efeito, a ciência moderna requer que suas proposições sejam demonstráveis de modo empírico ou, pelo menos, que derivem ou sejam inferidas de outras proposições verificáveis mediante a experiência (a menos que se trate de enunciados analíticos). Costuma-se classificar de "dogmática" a crença na verdade de uma proposição que não esteja aberta ao debate crítico sobre se ocorrem ou não, em relação a ela, as exigências do conhecimento científico. Uma crença dogmática fundamenta-se exclusivamente na convicção subjetiva, ou fé, de quem a defende e que nela acredita, independentemente de considerações racionais. É óbvio que não podem ser defendidas **crenças**, racionais ou dogmáticas, em relação à aceitação das normas, como, por exemplo, as que integram o direito positivo, pois não se trata de enunciados suscetíveis de serem classificados de verdadeiros ou falsos. Porém, pode-se falar de **atitudes**, dogmáticas ou racionais, quanto à aceitação de tais normas. É possível, portanto, dizer que se aceita racionalmente uma norma se a adesão for justificada pelo cotejo do conteúdo da respectiva norma com o de outras normas ou por certos critérios valorativos de justiça ou conveniência, por exemplo. Em contrapartida, poderia ser classificada de dogmática a aceitação de uma norma que não se baseasse

em tais critérios materiais, mas, por exemplo, na autoridade que estabeleceu a norma, na eficácia da referida norma etc. (Grifos do original.)

A corrente hermenêutica clássica que corresponde às bases do sistema dogmático é a denominada "Escola da Exegese". É a corrente jusfilosófica que, a rigor, define o modo pelo qual o próprio raciocínio jurídico-hermenêutico era desenvolvido no Século XIX, sobretudo na França e na Alemanha daquele período. Tem como ponto de destaque a promulgação do Código Civil napoleônico em 1804. O postulado central da Escola da Exegese é que as leis contêm todo o direito, ou seja, identifica-se o próprio direito com a lei, cabendo ao jurista explicar o conteúdo da lei, analisando-a de forma a elucidar seu significado dentro de seus estritos limites. Foi desenvolvendo-se na França do Século XIX, identificada, em última análise, por considerar que a legislação é a única fonte legítima do direito e que o único caráter válido para interpretar a lei é dado pela busca da intenção do legislador.

As principais características desse movimento jusfilosófico marcante do Século XIX podem ser assim elencadas (HESPANHA, 2012):

- A identificação do Direito com a lei, sendo esta o produto da expressão da "vontade geral" soberana, com a óbvia influência da filosofia política de Jean-Jacques Rousseau.
- A ideia de que a lei sempre será o parâmetro a balizar comportamentos e formas de vida daqueles que se encontram sob sua incidência.
- Juízes servindo como meros "proclamadores" da lei, com o único papel de identificar a lei a ser aplicada ao caso concreto, realizar o silogismo respectivo, e, assim, transportar a vontade geral contida na lei para a aplicação ao caso concreto.

É intuitivo que, nesse quadro intelectivo, a interpretação da lei passe a ser vista sob seu aspecto primário, qual seja, o aspecto literal ou gramatical, prisma dominante na "Escola da Exegese". Todavia, a evolução da Filosofia do Direito permitiu a derivação da Escola da Exegese em outra escola: a "Jurisprudência dos Conceitos".

A Escola da Jurisprudência dos Conceitos objetiva superar as limitações da Escola da Exegese, ampliando os métodos de interpretação. Reconhece como sendo fundamental a interpretação gramatical, mas passa a sustentar que um adequado processo hermenêutico de alcance do significado da norma exige que esse processo se desenvolva a partir da concepção de sistema. Surge, assim, o método de interpretação **sistemático.** Cada artigo de lei situa-se, de acordo com essa estrutura de codificação que surge no Século XIX, em um capítulo que, por sua vez, está alocado em um título, que por sua vez está inserido em um Livro ou Parte do Código, e o valor do artigo está a depender, também, de sua colocação sistêmica.

b) Sistema zetético: correspondente à ideia de "perquirir", de "indagar". De acordo com Tércio Sampaio Ferraz Jr. (2013), o enfoque zetético, diferentemente do dogmático (voltado justamente a identificar e declarar "dogmas"), coloca em dúvida concepções preestabelecidas e visa "saber o que é uma coisa". O autor ainda afirma que provocações zetéticas "têm uma função especulativa explícita e são infinitas". Em um sistema hermenêutico dessa ordem, a atividade do jurista já não é um ato puramente intelectivo (de inteligência), mas, sim, um ato que abrange **inteligência** e **vontade** do aplicador do direito (uma especial menção aqui às exposições do Prof. Luiz Fernando Belinetti, que muito insistia na importância dessa afirmação). Isso impacta decisivamente a compreensão do papel do aplicador do direito, que deixa de ser um mero reprodutor do comando da norma, com a observância, doravante, não apenas das fontes formais do direito, mas também de outros elementos que possam contribuir para a construção do sistema jurídico e para a solução dos conflitos de interesses.

Algumas correntes hermenêuticas podem ser identificadas com esse sistema. Destacam-se:

- Escola Histórica: na primeira metade do Século XIX, em especial pela influência da obra de F. C. v. Savigny (1779-1861), estabelece-se na Alemanha a defesa da ideia da prevalência do costume frente à lei escrita – em razão da primazia de seu **historicismo**. Como resultado dessa tomada de perspectiva, a Escola Histórica alemã se colocará contrária ao movimento de codificação de leis, por meio de uma postura clara de antilegalismo.

- Escola da Jurisprudência Teleológica: defende a ideia de que a aplicação das normas jurídicas deve ser feita tendo em vista a finalidade a que se destinam. Assim, em cada caso, é necessário analisar a finalidade da norma para, somente após, resolver tal caso. Tem como principal nome Rudolph von Ihering (1818-1982).

- Escola da Jurisprudência dos Interesses: parte da premissa de que o Direito existe para a realização de determinados interesses de convivência humana e, nesse sentido, admite que a função do juiz possa ser também construtiva, com o objetivo de resolver de maneira justa a situação fática colocada à apreciação do aplicador do Direito.

- Escola da Livre Pesquisa Científica (ou da Livre Investigação): tem como grande nome o francês François Geny (1861-1959). Esta corrente hermenêutica parte da premissa de que o sistema positivo, o sistema normativo positivado, é lacunoso. Quando, então, se afirma isso, deve o jurista se valer de "fontes suplementares" (costumes, analogia, princípios gerais do direito etc.). Porém, se, ainda assim, nada conseguir resolver o caso concreto, resta ao aplicador do direito uma solução que deve ser encontrada na "livre pesquisa científica", a significar que então o aplicador do direito deve entregar-se a um rigoroso trabalho científico, com base na observação dos fatos sociais. Não se trata de procurar uma regra jurídica já escrita ou posta que possa, por analogia, por exemplo, ser invocada. A única solução factível, falhando a lei e as fontes suplementares, é descobrir pela investigação científica dos fatos sociais qual a solução apropriada (jurídico-social).

- Escola do Direito Livre: a principal figura da denominada "Escola do Direito Livre" é Ernst Zitelmann (1852-1923). Para a Escola do Direito Livre, o sistema do Direito Positivo não é completo e, por conta disso, o jurista/aplicador deve atuar como autêntico pesquisador da sociologia, procurando na sociedade e em seus mecanismos sociais a resposta mais adequada para se solucionar o caso concreto, ainda que exista lei específica para tal regulamentação.

Segundo Ferraz Jr. (2013),

> Essa oscilação entre um fator subjetivo – o pensamento do legislador – e outro objetivo – o "espírito do povo" – torna-se assim um ponto nuclear para entender o desenvolvimento da ciência jurídica como teoria da interpretação. Em meados do século XIX, ocorre, assim, na França e na Alemanha, uma polêmica. De um lado, aqueles que defendiam uma doutrina restritiva da interpretação, cuja base seria a vontade do legislador, a partir da qual, com o auxílio de análises linguísticas e de métodos lógicos de inferência, seria possível construir o sentido da lei ("Jurisprudência dos Conceitos", na Alemanha, e "Escola da Exegese", na França). De outro lado, foram aparecendo

Norma jurídica: conceito, alcance, interpretação e aplicação **131**

aqueles que sustentavam que o sentido da lei repousava em fatores objetivos, como os interesses em jogo na sociedade ("Jurisprudência dos Interesses", na Alemanha), até que, no final do século XIX e início do século XX, uma forte oposição ao "conceptualismo" desemboca na chamada escola da "livre recherche scientifique" (livre pesquisa científica e da "Freirechtsbewegung" (movimento do direito livre) que exigiam que o intérprete buscasse o sentido da lei na vida, nas necessidades e nos interesses práticos. Desenvolvem--se, nesse período, métodos voltados para a busca do fim imanente do direito (método teleológico), ou de seus valores fundantes (método axiológico), ou de suas condicionantes sociais (método sociológico), ou de seus processos de transformação (método axiológico-evolutivo), ou de sua gênese (método histórico) etc.

2.5.3 Métodos de interpretação jurídica

Uma correta abordagem a respeito dos métodos de interpretação jurídica exige do jurista entender os termos e a importância da distinção entre a chamada *mens legis* e a *mens legislatoris*.

■ *Mens legis*: diz respeito ao chamado "espírito da lei". Busca-se o exato sentido da norma. Tem por propósito descobrir qual o comando que dela emana. A norma é tratada como um texto autônomo, com "vida própria", e que se tornou independente de seu criador/elaborador.

■ *Mens legislatoris*: seu ponto de preocupação volta-se a descobrir a "intenção do legislador". A determinação do sentido aqui está decisivamente relacionada com o aspecto histórico e se pretende definir qual teria sido a intenção do legislador ao elaborar aquela determinada norma jurídica para, aí sim, permitir-se sua interpretação. Ou seja, o que se deve buscar é a intenção da autoridade responsável pela elaboração da norma, pois aí então estaria, destarte, o seu sentido verdadeiro.

Quando se fala a respeito da diferença entre *mens legis* e *mens legislatoris*, em verdade se procura compreender a distinção entre o "espírito da lei" (o sentido da norma, desvinculada das intenções subjetivas de seu criador), e a "intenção do legislador" (propósito do criador da norma no momento de sua elaboração). Essa distinção irá contrapor de um lado os "subjetivistas", que se voltam à identificação da *mens legislatoris*, e os "objetivistas", voltados à revelação da *mens legis*. Cuida-se de saber, portanto, se deve prevalecer na interpretação a vontade do legislador histórico ou a vontade objetiva e autônoma da lei (BARROSO, 2008). Essa contraposição, aliás, esteve no centro da polêmica estabelecida nas últimas décadas do Século XX nos Estados Unidos, quando se colocaram em oposição, de um lado, os **originalistas**, e, de outro, os **não originalistas**. O originalismo defende a tese de que o papel do intérprete do direito é buscar a "intenção original" dos elaboradores da norma, e que o ativismo judicial, no sentido de se entender as construções jurisprudenciais desenvolvidas para melhor solucionar as situações novas porventura não adequadamente contempladas no ordenamento jurídico, caracteriza-se por ser um movimento interpretativo antidemocrático e resultado da fuga do julgador do seu papel fundamental, que é de traduzir a expressão em norma da vontade dos representantes democraticamente escolhidos pelo povo (BARROSO, 2008).

É a partir desse ponto de vista brevemente introdutório que se abordará, doravante, a respeito dos **métodos de interpretação** e de sua classificação, com três padrões de distinção bem delimitados: 1º) quanto ao agente ou à pessoa do intérprete; 2º) quanto ao método empregado (também denominado "elementos clássicos de interpretação"); 3º) quanto à sua extensão. Procurou-se nesta pequena compilação respeitar, no possível, a classificação apresentada por R. Limongi França em seu indispensável *Hermenêutica Jurídica*, obra que se tornou clássica no direito brasileiro.

1. Quanto ao agente ou à pessoa do intérprete, a interpretação das normas jurídicas pode ser: a) doutrinária; b) judicial; c) autêntica.

a) Por **interpretação doutrinária** entende-se aquela realizada pelos juristas em suas obras, artigos, textos, pareceres etc., com o mote de esclarecer cientificamente o conteúdo do direito positivo, ou seja, como se devem interpretar e aplicar as normas que compõem o universo do ordenamento jurídico de determinada comunidade política. Dirige-se a fornecer "subsídios científicos" para os órgãos encarregados de "aplicar as normas jurídicas" (BARROSO, 2008).

b) **Interpretação judicial (ou jurisprudencial)** é a realizada por magistrados (juízes e Tribunais) ao desempenhar a função institucional para a qual foram investidos, vale dizer, ao exercer parcela de poder estatal ao julgar os casos levados à sua apreciação.

c) **Interpretação autêntica**: Pela interpretação autêntica se edita uma norma interpretativa de outras preexistentes. Elabora-se uma norma, que não contém em si nenhum comando dirigido a casos concretos, mas que serve para auxiliar outra regra que, esta sim, destina-se a regular uma situação concreta.

2. Quanto ao método empregado ("elementos clássicos de interpretação"): Conforme adverte Luís Roberto Barroso,

134 Filosofia do Direito

nesta medida, há consenso entre a generalidade dos autores de que a interpretação, a despeito da pluralidade de métodos que possam ser empregados, na verdade, é una (BARROSO, 2008). São, portanto, as seguintes as espécies de interpretação empregadas quanto ao métodos:

a) **Interpretação gramatical:** análises semântica e sintática de acordo com as regras gramaticais, visando compreender a construção linguística da norma. A interpretação jurídica deve necessariamente tomar como referência primeira e mais importante o texto da norma, com vistas à revelação do conteúdo semântico das palavras que compõem a norma jurídica. Pela interpretação gramatical (também chamada literal), cuida-se de atribuir significados aos termos linguísticos que compõem o texto normativo. Nesse sentido, a análise gramatical de como as palavras estão postas e como elas se conectam para conferir sentido à oração transformada em norma jurídica apresenta-se como mecanismo interpretativo fundamental e indispensável.

b) **Interpretação lógica:** a busca do sentido da norma jurídica por meio de raciocínios lógicos, de modo que a interpretação seja coerente como um todo. Como aduz Tércio Sampaio Ferraz Jr. (2013), "parte-se do pressuposto de que a conexão de uma expressão normativa com as demais do contexto é importante para a obtenção do correto significado".

c) **Interpretação histórica**: a interpretação histórica consiste na busca do sentido da norma por meio do estudo da *occasio legis* – ou seja, estudo das "forças históricas", do contexto histórico-fático que existia no momento do surgimento da norma jurídica e que atuou/influenciou para sua inclusão no ordenamento jurídico. Por *occasio legis*

Norma jurídica: conceito, alcance, interpretação e aplicação 135

entende-se tudo aquilo que determinou que a norma tivesse aquela redação, aquele comando, ter sido construída daquela determinada maneira. Uma vez mais Luís Roberto Barroso (2008) chama a atenção para o problema da interpretação histórica e o originalismo:

> Claro que há limites a serem impostos à interpretação histórica. Nem mesmo o constituinte originário pode ter a pretensão de aprisionar o futuro. A patologia da interpretação histórica é o **originalismo**, ao qual já se fez referência anteriormente. John Hart Ely, professor americano autor de um livro clássico, sustenta, com propriedade, que tal movimento – de certa forma abrangido no conceito mais amplo de **interpretativismo** – não é compatível com os princípios democráticos. A defesa da ideia de subordinação de todas as gerações futuras à vontade que aprovou a Constituição contrasta com a ideia de Jefferson, generalizadamente aceita, de que a Constituição deve ser reafirmada a cada geração, sendo, consequentemente, um patrimônio dos vivos. (Grifos nossos.)

d) **Interpretação sistemática:** de acordo com este método, não é possível compreender integralmente alguma coisa sem entender suas partes, assim como não é possível entender as partes de alguma coisa sem a compreensão do todo (BARROSO, 2008). O direito objetivo não é um aglomerado aleatório de proposições normativas – prescrições e normas de estrutura, mas um organismo jurídico integralmente conectado, um sistema de preceitos que convivem harmonicamente, que se complementam e se interpretam mutuamente. A interpretação sistemática é decorrência direta da ideia de unidade do ordenamen-

136 Filosofia do Direito

to jurídico. Nesta medida, o sistema é que fornece uma solução para o caso concreto, e não somente normas tomadas isoladamente.

e) **Interpretação teleológica:** as normas jurídicas devem ser interpretadas e aplicadas tomando em consideração a sua finalidade e o propósito para o qual foi elaborada. É atividade imprescindível, ao se utilizar o método de interpretação teleológica, avaliar os fins a que se propôs alcançar com a elaboração da norma.

Necessário esclarecer que, a rigor, não existe hierarquia predeterminada entre os variados métodos de interpretação. Há, todavia, duas diretrizes que podem auxiliar o intérprete/aplicador/julgador/jurista quando da análise de um determinado caso concreto para sua solução jurídica: a) a atuação de o intérprete conter-se sempre dentro dos limites e possibilidades do texto – a interpretação gramatical jamais pode ser desprezada; e b) os métodos chamados **objetivos**, como o sistemático e o teleológico, revestem-se de um papel de preponderância na atividade do jurista (BARROSO, 2008).

3. Quanto à sua extensão: aqui, a interpretação é dividida e classificada em **interpretação declarativa, interpretação extensiva** e **interpretação restritiva.**

a) **Interpretação declarativa:** preocupação voltada apenas com declarar o conteúdo da norma jurídica, restringindo-se a declarar o conteúdo verificado na norma jurídica, sem preocupações de outra ordem quanto à necessidade de alargar ou reduzir o âmbito de expressão da norma.

b) **Interpretação extensiva:** neste caso, constata-se que a norma declara menos do que pretendia declarar, ou seja, a norma diz menos, quando queria dizer mais. Será necessária uma interpretação **extensiva**, com o alargamento do sentido da norma.

c) **Interpretação restritiva:** neste caso, constata-se que a norma declara mais do que pretendia declarar. É então necessária uma interpretação **restritiva**, com o propósito de limitação do sentido da norma.

Há certo consenso doutrinário no sentido de que se interpretam restritivamente as normas penais incriminadoras, as de natureza fiscal, e as normas que fixam condições para o acesso à Justiça. De seu turno, interpretam-se extensivamente as normas jurídicas que asseguram direitos (individuais ou sociais), as normas que estabelecem garantias e as normas que fixam prazos processuais.

3

Direito e moral

3.1 Existe relação entre direito e moral?

Uma maneira talvez didaticamente interessante para se introduzir um estudo mais aprofundado a respeito da **relação entre direito e moral** é tentando entender, antes de mais nada, quais seus pontos de diferença mais significativos nas sociedades contemporâneas.

Apenas a título de exemplo, veja-se que Miguel Reale (1996) destaca que a diferença básica entre direito e moral está em que "a Moral é incoercível, e o Direito é coercível" – para Reale, assim, o que distingue o direito da moral é a característica da coercibilidade: expressão técnica que serve para mostrar a compatibilidade que existe entre o direito e a força. Assim, uma determinação jurídica é de observância obrigatória, e a autoridade pode fazer valer tal obrigatoriedade por meio da coerção. Norberto Bobbio (2000), por sua vez, ao tratar do assunto a partir de I. Kant, diz que a ação moral se distingue da ação jurídica por dois fatores: a) a ação moral é a que é realizada não para atender um interesse material externo, mas para obedecer à lei do dever que o sujeito impõe a si em razão de sua autonomia moral; b) a ação moral é aquela que é cumprida não por um fim (externo), mas somente pelo princípio ou máxima que a determina. Kant, então, segundo Bobbio, distingue a doutrina do direito da doutrina da moralidade não tanto com relação aos deveres próprios, mas pela diversidade da legislação que regula o comportamento – assim, a legislação do direito é basicamente **externa**, ao passo que a moral é **interna**. Também é possível dizer que se diferenciam por conta das finalidades a que se dirigem. Com efeito, o direito objetiva a manutenção da ordem social mediante previsibilidade de sanções em caso de descumprimento de suas regras e a constituição de instituições voltadas ao uso legítimo do poder estatal e à preservação de padrões mínimos de convivência entre os integrantes de uma sociedade. Por seu turno, a moral objetiva informar mais precisamente quais são estes padrões mínimos de convivência social e apresentar princípios gerais sobre os temas que são realmente importantes para a vida social (DIMIOULIS, 2016).

O que, de fato, move o interesse pelo tema, porém, não é exatamente buscar uma diferenciação entre direito e moral, mas o seu contrário: quais seus pontos de intersecção e de que forma se relacionam e se compreendem um à vista do outro. As questões que serão abordadas neste capítulo dizem respeito justamente à análise da eventual relação entre direito e moral, vale dizer, àquilo em que se conectam.

Todavia, é inviável avançar nesta tarefa sem uma concepção mínima do que significa e representa a moral, ou **moralidade**. É aqui que se aproximam os campos de estudo e interesse de dois ramos filosóficos importantes para o presente trabalho: a Filosofia do Direito (por óbvio) e a Filosofia Moral, este último responsável justamente por se voltar ao estudo do que a moralidade é e daquilo que ela requer de todos nós (RACHELS; RACHELS, 2013). Mais que isso, é sobre como devemos viver nossas vidas e porque devemos viver a vida de uma determinada forma ou de outra. De fato, o que é preciso se preocupar aqui é compreender se é possível agirmos corretamente do ponto de vista moral (se é possível racional e epistemologicamente tomar decisões certas), em que consistem tais decisões certas moralmente falando, quais procedimentos devemos utilizar e aplicar para uma ação moral consciente e quais argumentos são aptos a justificar uma escolha que se pretenda boa/correta/certa do ponto de vista moral.

Desse modo, uma noção introdutória da compreensão da natureza da moralidade passa por duas premissas indispensáveis: em primeiro lugar, decisões morais devem ser necessariamente suportadas e apoiadas por boas razões argumentativas; em segundo lugar, julgamentos de ordem moral que exigem justificativas argumentativamente fortes também demandam que as decisões morais decorrentes respeitem a imparcialidade (sejam imparciais), vale dizer, considerem os interesses de cada indivíduo ou grupo envolvidos no dilema que se pretenda resolver como igualmente importantes e moralmente equiparáveis (que não haja uma preferência anterior que estabeleça uma "prerrogativa" de um frente ao outro) (RACHELS; RACHELS, 2013).

A Filosofia Moral se preocupará com nossas decisões diretamente ligadas ao modo como vivemos a própria vida que tenham a capacidade de tornar nossa existência feliz e válida, mas também se preocupará que nossos comportamentos, escolhas e ações concretas sejam capazes de permitir que tenhamos um mínimo de convivência em paz e tranquilidade com os demais integrantes de nosso grupo social, de forma a permitir que todos tenhamos uma vida possível de ser vivida. Essa central diferença de perspectiva conduzirá à própria distinção conceitual entre **ética** e **moral**, questão de extrema relevância para a estruturação deste capítulo.

142 Filosofia do Direito

Outra derivação desse aprofundamento (e que deixará explícita a aproximação entre Filosofia do Direito e Filosofia Moral, sobretudo no Capítulo 4) encontra-se no fato de ser possível perquirir **se existe** ou **se não existe** uma relação entre direito e moral: caso não existente ou existente apenas de maneira casual e contingente, estaremos no campo do positivismo jurídico; caso se defenda que essa relação é necessária e que, destarte, não existem normas jurídicas ou sistemas jurídicos inteiros despegados dos princípios morais e de justiça universais, estaremos no campo do jusnaturalismo ou, com importantes adaptações, do pós-positivismo (neoconstitucionalismo).

A intenção é, por fim, conseguir apresentar uma compreensão contemporânea de moralidade, ou melhor, **uma compreensão do que significa a moralidade na Era Moderna.** Aí então será efetivamente factível estabelecer se existe e em que termos se coloca a relação entre direito e moral/moralidade.

A compreensão contemporânea da moralidade, em verdade, depende da constatação de como a concepção sobre o que, de fato, é uma **ação virtuosa ou moralmente correta** muda conforme o período histórico da humanidade. Mais precisamente, autoriza entender que existe uma "Filosofia Moral dos antigos" e uma "Filosofia Moral dos modernos" (há um texto famoso do Prof. Enrico Berti, da Universidade de Pádua, cujo título é "A Ética dos Antigos e a Ética dos Modernos", que de forma brilhante expõe tal diferenciação). Sob a perspectiva da Antiguidade (em especial para os gregos, e em parte também para os filósofos da cristandade), uma ação moralmente correta, aceitável e elogiável do ponto de vista moral, era vista não como um preceito de uma razão imperativa, não como algo imposto frente a necessidade de cumprimento de um dever, mas antes de mais nada como algo correto frente ao propósito que definia nossa própria existência (RAWLS, 2005). A moralidade enquanto **bem** (o agir correto/justo) teve mudanças significativas e emblemáticas ao longo da história. Para a filosofia moral grega, a moralidade estava diretamente conectada a uma noção genérica de bem, o chamado "sumo bem ou bem supremo", que nessa perspectiva era a **felicidade**. Havia um propósito previamente definido para nossa existência, e vivíamos esta vida em busca do alcance da felicidade. Já para a filosofia moral cristã de Santo Agostinho e Santo Tomás de Aquino, por seu turno, mantém-se vinculada à moralidade a ideia de alcance de um propósito que confere sentido à existência humana, e que corresponde à noção de beatitude – aproximação com o Deus cristão e condução de nossa vida exclusivamente para a busca de tal aproximação. Todavia, já aqui com a chamada "Ética Tomista ou da Bem-Aventurança" inicia-se uma certa internalização, em termos de juízos morais, da noção de dever: há uma imposição de obrigação de servirmos a Deus, suas regras e determinações, pois apenas por meio da observância de uma obrigação dessa ordem é que garantiríamos a possibilidade de acesso à vida eterna.

Com o processo de transformação da própria humanidade que, historicamente, encontra seu ponto inicial na passagem do Século XV para o Século XVI (*vide* comentário a respeito no Capítulo 1) a busca de uma vida virtuosa voltada ao alcance da felicidade ou da beatitude definitivamente dá lugar a uma noção **normativa** de moralidade, fundamentada agora por uma inafastável observância do cumprimento de um dever: seja o dever de identificar e observar "a coisa certa a se fazer" (característica da teoria moral kantiana), seja o dever de realizar uma ação moral de modo a efetivar o resultado capaz de produzir maior felicidade individual e, decisivamente e mais importante, elevar o bem-estar do maior número possível de pessoas e assegurar a maximização da felicidade geral (teoria moral consequencialista utilitarista).

144 Filosofia do Direito

O aparecimento dos trabalhos de autores como Immanuel Kant (*Fundamentação da Metafísica dos Costumes*), G. W. F. Hegel (*Filosofia da História e Princípios da Filosofia do Direito*) e David Hume (*Investigações sobre o Entendimento Humano e sobre os Princípios da Moral*), e, na Filosofia do Direito, de autores como Ronald Dworkin (*Justiça para Ouriços e A Virtude Soberana*), Jürgen Habermas (*Consciência Moral e Agir Comunicativo*), H. L. A. Hart (*Ensaios sobre Teoria do Direito e Filosofia*) e Joseph Raz (*A Moralidade da Liberdade*), foi decisivo para a formulação normativa de uma nova concepção de moralidade, uma **moralidade da Era Moderna**. Em função disso, a moralidade deixa de ser compreendida como o desenvolvimento de uma forma de vida voltada ao alcance de um dado propósito já preestabelecido e determinado que, em última análise, era justificador da própria existência humana – propósito esse de natureza metafísica e que, dessa perspectiva, definia o modo como os seres humanos conduziriam sua vida durante a passagem terrena, e passa a ser entendida agora (na Era Moderna) como a preocupação em se definir **padrões normativos de comportamento humano** ligados à observância de deveres, padrões esses não mais decorrentes de algum tipo de referência metafísica, mas produzidos exclusivamente pela racionalidade humana para regular nossa convivência em grupo, vez que somos seres sociais por excelência.

A preocupação com a definição de padrões normativos de comportamento racionalmente determinados e derivados puramente do intelecto humano tornou-se determinante para a Filosofia Moral contemporânea e, conforme se verá, influenciou enormemente a maneira como a relação entre Direito e Moral passou a se estabelecer em termos teóricos.

Uma nota de importante registro aqui diz respeito a um fator relevante para a concepção de moralidade e que é de estrita relevância também para o direito: uma definição significativa de moralidade não pode prescindir de uma apreciação objetiva do conteúdo dos juízos, práticas e limites que a envolvem, não podendo se limitar à mera prescrição de regras procedimentos que deixam de levar em consideração o conteúdo do que pretendem regular. Desse modo, é indispensável que instituições, formas de relações de convivência, práticas cotidianas orientadas pela razão prática, tipos de motivação, mecanismos de solução de conflitos etc., sejam moralmente aprovados caso, de fato, se proponham a contribuir para a obtenção de alguma forma de bem-estar humano e de modelos que garantam uma convivência social que atendam minimamente ao interesse de todos os integrantes do grupo (WILLIANS, 2005). A partir do Século XVIII, as discussões sobre a moralidade deixam de lado a busca por princípios que seriam naturalmente autoevidentes encontráveis no mundo, e passam a se interessar por investigar a "experiência sensorial empírica" a partir das relações entre seres humanos e suas condições de sustentação como fonte de conhecimento moral (BLACKBURN, 2001). Essa preocupação é também decisiva para qualquer proposta teórica que objetive apresentar uma concepção acurada do direito.

Esse é, em nossa opinião, o elo significativo entre uma concepção de moralidade contemporânea e uma compreensão do direito que leve em consideração a existência de princípios e valores de natureza moral internalizados pelo direito por meio de normas jurídicas, em especial nos textos constitucionais.

Antes, entretanto, de abordar com maior detalhamento tal relação, parece importante tratar, ainda que brevemente, da possibilidade de distinção conceitual entre dois termos absolutamente importantes para a Filosofia Moral (e, em certa medida, também para a Filosofia do Direito): fala-se, aqui, da possibilidade de diferenciação teórica entre os termos **ética** e **moral** (COELHO, 2007).

Significativo notar que essa diferenciação teórica nunca foi um objeto de preocupação na Filosofia Moral, ao menos até por volta do fim do Século XIX. Com efeito, desde os pré-socráticos até o período referido, uma longa tradição da Filosofia Moral manteve a percepção de que os termos "ética" e "moral" são sinônimos e similares, e assim não haveria motivo para um debate conceitual a respeito de uma possível particularização. Essa ainda é a posição de grande parte dos estudiosos da Filosofia Moral. Como exemplo eloquente tomem-se as palavras de Desiderio Murcho (2009), filósofo, escritor, tradutor e professor do Departamento de Filosofia da Universidade Federal de Ouro Preto:

> A pretensa distinção entre a ética e a moral é intrinsecamente confusa e não tem qualquer utilidade, razão pela qual não é utilizada pelos melhores especialistas actuais em ética. Mas persiste tenazmente no discurso de muitos estudantes, talvez porque tenha sido das poucas coisas apesar de tudo compreensíveis que aprenderam nas aulas de ética.

Parece ser apenas com Max Weber (1968) e sua distinção entre **ética da convicção** e **ética da responsabilidade** que ganha relevância a possibilidade científica de uma diferenciação entre ética e moral.

> Impõe-se que nos demos claramente conta do fato seguinte: toda a atividade orientada segundo a ética pode ser subordinada a duas máximas inteiramente diversas e irredutivelmente opostas. Pode orientar-se segundo a ética da responsabilidade ou segundo a ética da convicção. Isso não quer dizer que a ética da convicção equivalha a ausência de responsabilidade e a ética da responsabi-

lidade, a ausência de convicção. Não se trata disso, evidentemente. Não obstante, há oposição profunda entre a atividade de quem se conforma às máximas da ética da convicção – diríamos, em linguagem religiosa, "O cristão cumpre seu dever e, quanto aos resultados da ação, confia em Deus" – e a atitude de quem se orienta pela ética da responsabilidade, que diz: "Devemos responder pelas previsíveis consequências de nossos atos".

De fato, é já no Século XX que essa distinção conceitual ganha relevância e desperta o interesse dos estudiosos do tema em tentar aprofundá-la cientificamente.

Contudo, um exame da etimologia das palavras parece indicar que se tratam de coisas distintas. Ética é uma palavra que vem do grego *éthos*, que significa **caráter**. De outra parte, a palavra moral vem do latim *mores*, que quer dizer **hábito ou costume**. Aceitando-se essa divisão etimológica, então, moral tem a ver com o estabelecimento de preceitos ou costumes dominantes de uma sociedade, vale dizer, um conjunto de normas que regulam o comportamento do homem em sociedade por meio dos costumes e tradições, ao passo que ética, por outro lado, tem a ver com a construção do próprio caráter pelo qual a pessoa é responsável por isso, ou seja, o indivíduo escolhe valores que formarão sua personalidade e conduzirão seu modo de viver em sociedade.

Na Filosofia do Direito contemporânea, dois autores preocuparam-se detidamente com a possibilidade de distinção teórica entre os termos "ética" e "moral": Ronald Dworkin e Jürgen Habermas. Suas posições a respeito servirão como norteadores para a explicação que se segue.

Dworkin (2012) explicita seu ponto de vista acerca do tema em uma passagem bem específica de sua obra *Justiça* para *Ouriços*: "Enfatizo aqui, bem como ao longo de todo o livro, a distinção entre ética, que é o estudo de como viver bem, e moral, que é o estudo de como devemos tratar as outras pessoas". Essa é a base fundamental do pensamento de Ronald Dworkin a respeito de ética e moral: ou seja, Dworkin descreve uma teoria sobre o que é **viver bem**, ou como devemos viver cada um as nossas vidas, e esses temas se colocam como objeto de preocupação a respeito do que é a ética, bem como sobre aquilo que, se quisermos garantir a viabilidade do viver bem, devemos **fazer ou deixar de fazer** em função dos outros que conosco convivem em um corpo social, e esses temas se colocam como objeto de preocupação a respeito do que é a moral. A ética, portanto, é uma teoria a respeito do que significa uma boa vida individualmente, como cada um de nós pretende viver sua vida. A moral, por sua vez, é uma teoria de convivência harmoniosa (adequada) com os demais, a respeito daquilo que posso ou não posso fazer, devo ou não devo fazer, com vistas à manutenção de uma convivência aceitável com os demais membros do grupo social. Conforme Coelho (2007),

> As duas coisas, claro, são indispensáveis. Sem moral, a convivência é impossível. Sem ética, é infeliz e lamentável. Diz-se que quem age moralmente (por exemplo, não mentindo, não roubando, não matando etc.) faz o mínimo e não tem mérito, mas quem não age moralmente deixa de fazer o mínimo e tem culpa (por isso pode ser punido). Por outro lado, quem age eticamente (sendo generoso, corajoso, perseverante etc.) faz o máximo e tem mérito, mas quem não age eticamente apenas faz menos que o máximo e deixa de ter mérito, mas sem ter culpa (por isso não pode ser punido, mas, no máximo, lamentado).

Jürgen Habermas sustenta ponto de vista semelhante em um artigo científico denominado "Para o uso pragmático, ético e moral da razão prática". De acordo com a exposição de Habermas (1989), é possível identificar um **uso ético da razão**, a corresponder a um "conselho para a orientação correta na vida, para a realização de um modo pessoal de vida", ao passo que também resta identificado um **uso moral da razão**, que "serve à elucidação de expectativas legítimas de comportamento em face de conflitos interpessoais que atrapalham o convívio regulado de interesses antagônicos".

Jürgen Habermas, ao lado de Karl-Otto Apel, é responsável por formular talvez a mais relevante teoria normativa da moralidade do Século XX: a "Ética do Discurso". De acordo com esta teoria da moralidade, o que se visa é fornecer uma base racional e universal dos princípios do agir humano pela forma linguística da comunicação humana e da modalidade específica que é a argumentação, para se explicar e justificar do ponto de vista moral os comportamentos humanos. Trata-se de uma vertente teórica que reconhecer o dever de observância dos princípios básicos de uma comunidade de comunicação, que é procedimental e, destarte, não preocupada com conteúdos de ordem material (apenas com aspectos formais), e que, também, tem a pretensão de ser válida e aplicável para quaisquer seres racionais e livres em qualquer parte do globo em que seja permitida a convivência livre e racional de seres humanos (universalista).

3.2 Como se estabelece a relação entre direito e moral?

Feitas essas observações desde a Filosofia Moral, mostra-se oportuno o momento para se alcançar a percepção a respeito de como se estabelece a **relação entre o direito e a moral**.

Não há dúvida de que muitas das normas jurídicas que no capítulo anterior foram denominadas "primárias" (recorde--se, normas jurídicas que determinam comportamentos obrigatórios, permitidos ou proibidos) apresentam conteúdo muito similar – ou mesmo idêntico – a normas de ordem moral, quer dizer, normas determinantes de padrões de comportamento humano com o objetivo de assegurar uma convivência social minimamente harmônica e justa. Com efeito, normas jurídicas constitucionais que estabelecem direitos e garantias fundamentais, normas jurídicas que determinam comportamentos criminal ou civilmente ilícitos ou que prescrevem ações juridicamente autorizadas são, em grande medida, coincidentes com princípios universais de moralidade (ATIENZA, 2014).

De outra parte, além da comparação das normas em plano objetivo, o desenvolvimento da atividade jurídica pelas pessoas incumbidas de nela atuar – ou seja, agora em um plano subjetivo – revela que boa parte das preocupações dos chamados "operadores do Direito" são comuns tanto ao direito quanto à moral. Especialmente após o fenômeno de constitucionalização dos princípios verificado a partir da edição de diversas novas Constituições nos países ocidentes desde a virada da segunda metade do Século XX, os aplicadores do direito passaram a ter de debater e discutir o significado e o alcance de normas em termos tanto jurídicos como morais.

É exatamente por isso que Manuel Atienza (2014) afirma o seguinte:

> Por vezes diz-se que o ofício do juiz – pelo menos, num Estado de Direito – é aplicar correctamente o Direito democraticamente estabelecido e não discorrer (enquanto juiz) acerca da respectiva justiça ou injustiça, pois que este último aspecto competiria exclusivamente ao legis-

lador, à assembleia democraticamente eleita para essa função. Mas, por estranho que possa parecer, esta última continua a ser uma resposta moral e, de certo, discutível. É uma resposta moral, porque o que se quer dizer com ela é que, na consciência do juiz, deve actuar, como razão última para a sua decisão, o facto de o legislador ter emitido uma determinada norma, e não o seu ponto de vista pessoal acerca da questão que tiver que julgar. Ora bem, se as razões morais são – poderia dizer-se que **por definição** – as razões últimas que um sujeito tem para decidir, de uma forma ou de outra, uma questão prática, então a norma que diz que uma pessoa – ou que o juiz – deve agir sempre de acordo com o Direito positivo é uma norma moral. E é, além disso, discutível porque semelhante ideia implica uma claudicação do princípio da autonomia da moral (de que a moral – a moral crítica – não é algo imposto de fora, mas resulta das normas e princípios que cada um de nós elabora), que não é fácil de justificar. É, sem dúvida razoável que a origem democrática das normas funcione como uma presunção a favor da moralidade, do carácter moralmente justificado, das mesmas. (Grifos do original.)

A citação anterior introduz a constatação acerca da enorme dificuldade que os tribunais brasileiros (mesmo os Superiores) têm em compreender a relação entre direito e moral e, especialmente, em interpretar normas jurídicas que carregam expressões que são, também, morais. Esse talvez seja o motivo principal da enorme confusão a respeito de uma hipotética superação do paradigma do positivismo jurídico e sua consequente substituição por teorias que, reunidas, integram aquilo que se denomina "pós-positivismo" (esses conceitos serão apresentados de maneira detida no Capítulo 4 desta obra). A despeito de não ser propósito deste livro desenvolver um exame crítico acerca do mau uso da expressão "pós-positivismo" (em algumas hipóteses, até mesmo um uso irresponsável dela), não há como deixar de assinalar que a jurisprudência brasileira tem se valido do termo para, em nome de um absoluto respeito à consciência individual e à independência funcional do magistrado, afastar o conteúdo de normas jurídicas quer quando não corresponde ao sentimento ou à convicção pessoal do julgador, quer quando a norma disciplina uma relação social de uma determinada forma que, por algum motivo, o julgador dela discorda. Como precisamente aponta Bruno Torrano, a utilização da expressão "pós-positivismo" tem-se constituído, na prática cotidiana do sistema de justiça brasileiro, em argumentação meramente retórica para indicar, de um lado, uma série de incompreensões acadêmicas a respeito da teoria do positivismo jurídico, e, de outro lado, para justificar a postura de magistrados que deliberadamente afastam o conteúdo de normas jurídicas em nome de suas convicções pessoais, de modo a assim impor à comunidade sua própria visão de mundo – moral – a respeito de tema cujo significado é polêmico e, consequentemente, disputado. Além de elencar no texto uma série de decisões judiciais que revelam a imprecisão da utilização de termos técnicos rigorosos da ciência jurídica e a constante e cada vez maior reiteração de argumentos repetidores dessa imprecisão, assinala o autor ainda o seguinte:

> O emprego do termo [pós-positivismo], portanto, longe de designar alguma maturação filosófica ou teórica por parte daqueles magistrados que o proferem, geralmente serve apenas para dar ares de legitimidade ao desejo arbitrário de aplicar o direito como se quer (TORRANO, 2017).

Noel Struchiner (2011) chama a atenção para o fenômeno do processo de decisão judicial quando o direito diz aquilo que o julgador não quer ouvir, e todas as dificuldades e efeitos sistêmicos derivativos decorrentes da opção feita por um dos modelos disponíveis (o julgador julga conforme sua consciência para fazer a coisa certa, o direito é apenas aquilo que os tribunais dizem ao final dos processos, o direito é uma ordem normativa radicalmente indeterminada ou, ao contrário, o direito possui algum grau de objetividade decorrente da possibilidade de determinação linguística das expressões que formam as normas jurídicas etc.). A opção por um desses modelos implica resultados completamente distintos a respeito do produto e da qualidade das decisões judiciais, bem como de menores e maiores graus de exigência de conhecimento teórico por parte dos julgadores acerca da combinação e utilização das normas disponíveis no ordenamento jurídico.

Nos tempos atuais, portanto, não se pode olvidar que a relação entre direito e moral implica também um debate e aprofundamento teórico sobre assuntos como a precisão e a objetividade no direito, a indeterminação do direito e o reconhecimento de desacordos teóricos que, ainda assim, são capazes de manter o direito como um sistema caracterizado pela integridade e pela coerência.

Entretanto, retomando o ponto anterior, a questão central acerca da importância na compreensão da relação entre direito e moral – e que será mais bem detalhada no capítulo seguinte – é se normas e sistemas jurídicos que não se adéquem aos postulados da moral mantêm sua qualidade de **jurídicos** ou se, ao contrário, perdem sua **validade** e, consequentemente, essa qualidade (se serem jurídicos). A depender de como se considera essa relação, a resposta será diferente. Pode ser que a resposta dirija-se no sentido de que essa relação é de tal ordem necessária que uma norma ou sistema jurídico em radical desacordo com postulados básicos da moralidade não tem condições de continuar sendo qualificado de jurídico, perdendo assim sua validade. Pode ser, todavia, que se compreenda que direito e moral, como produtos sociais distintos, de fato estabelecem relações e mantêm algum nível de proximidade, mas eventuais divergências (mesmo radicais) entre normas jurídicas e normas morais básicas não afetam a validade das primeiras e, desse modo, não têm o poder de retirar-lhes a característica de jurídicas. De outra parte, ainda, pode ser que a resposta se construa no sentido de que direito e moral são produtos totalmente distintos e completamente separados, não mantendo qualquer tipo de relação ou proximidade e não tendo qualquer influência um sobre o outro. E pode ser, por fim, que o reconhecimento desta relação entre direito e moral parta do reconhecimento de que boa parte dos princípios e valores de ordem moral encontram-se inseridos como normas jurídicas e assim dependem de um árduo trabalho hermenêutico e de correta interpretação de seu significado, alcance e limites semânticos, a produzir uma única solução correta ou um conjunto de soluções corretas passíveis de serem escolhidas pelo aplicador do direito.

A escolha de uma dessas respostas colocará o jurista no campo do jusnaturalismo, do positivismo jurídico ou como partidário de alguma das teorias antipositivistas contemporâneas que expressam o chamado "pós-positivismo" ou neoconstitucionalismo.

Não pretendemos antecipar discussões que terão seu lugar em momento oportuno. Mas é possível desde logo afirmar que o modo como se percebe como se desenvolve a relação entre Direito e Moral tem a ver com a questão da **legitimidade** do Estado como autoridade normativa responsável pela produção do direito, sua estabilidade, seu cumprimento forçado e, também, pela eficiência das decisões judiciais que aplicam o direito positivado. Questão da mais elevada pertinência é entender como se justifica e reconhece a legitimidade da autoridade normativa (o tema foi tratado brevemente no item 2.2.1). Tem-se como altamente plausível a tese de que se, de modo geral, a legitimidade de um "Estado Democrático" e o "Direito" por ele produzido constitui uma razão suficiente (seja por ela mesma, seja pela coercibilidade imanente ao direito) para que o produto do direito – as normas jurídicas – seja observado e respeitado; isso se deve ao reconhecimento de que o direito observa alguns dos postulados mais fundamentais da moralidade e deles se utiliza ao menos para a criação de normas estruturantes da sociedade e normas primárias de comportamento e conduta (ATIENZA, 2014).

Dito tudo isso, o que, de fato, parece ser inegável é que a separação entre direito e moral é um dado marcante do mundo moderno, sendo certo que retirar do campo do direito as questões que dizem respeito ao exercício da vida privada dos indivíduos e assim deixar ao critério individual de cada qual decidir de acordo com suas próprias convicções pessoais a maneira como conduzirão suas próprias vidas e farão suas escolhas atinentes à moral privada parece ser um avanço civilizacional que não pode ser negado ou desprezado. De fato, sistemas jurídicos não deveriam (em verdade, não podem) ser utilizados como um instrumento por meio do qual as elites políticas e econômicas de uma determinada sociedade imponham a todas as demais classes sociais seus padrões de comportamento e conduta moral, ou uma forma de viver que entendam adequada.

Entretanto, é forçoso reconhecer também que é injustificável e inimaginável que sistemas jurídicos simplesmente se erijam por imposição da autoridade normativa de uma comunidade política absolutamente desapegados do respeito a um conjunto mínimo de princípios e valores de ordem moral que se constituam como o básico para permitir uma convivência minimamente aceitável (ATIENZA, 2014). São problemas distintos e que perfeitamente se relacionam. É possível reconhecer, destarte, uma relação comum de proximidade entre normas morais e jurídicas, ou, melhor dizendo, entre os objetivos da moral e do direito. Muito embora existam correntes juspositivistas que neguem essa relação sob qualquer aspecto, como dito anteriormente, a complexidade verificada nas sociedades contemporâneas parece dar crédito ao teor da relação direito-moral na forma como tem sido aqui exposta.

Nesse sentido:

> Em segundo lugar, o legislador estabelece normas para que estas sejam cumpridas. Uma norma jurídica que contraria fortemente a moral social tem poucas chances de ser aplicada, não podendo legitimar-se. Por tal razão, os legisladores evitam elaborar normas que contrariam a moral, pois sabem que isso criará sérios conflitos, diminuindo a eficácia e a legitimidade do direito (DIMIOULIS, 2016).

Partindo da constatação de que normas jurídicas no mais das vezes reproduzem ou satisfazem exigências da moral, Hart, por exemplo, justificará a correção dessa relação por meio do que denominou "conteúdo mínimo de direito natural", a ser abordado com mais detalhamento no capítulo seguinte. Discussões a respeito dos limites da vida humana, pena de morte, utilização de células-tronco em pesquisas científicas, clonagem de seres humanos, aborto, eutanásia, preservação do meio ambiente sustentável e equilibrado, liberdade de expressão do pensamento, dentre muitas outras, são exemplos eloquentes da relação entre direito e moral e dão uma rápida ideia da dificuldade em termos de sua estruturação conceitual.

Em resumo, é possível elencar cinco vertentes (ou teses) a respeito da relação entre direito e moral (DIMIOULIS, 2016; ATIENZA, 2014; NINO, 2010):

- A vertente da coincidência absoluta e necessária entre o conteúdo de normas jurídicas e de normas morais: chamada de "tese da identidade".

- A vertente de que as normas morais comportamentais mais importantes são dispostas também como normas jurídicas e, assim, tornam-se de observância obrigatória por todos, haja vista que, de acordo com essa vertente, tudo o que existe como direito positivo é também moralmente obrigatório e deve assim ser obedecido independentemente de seu conteúdo – cumprir normas jurídicas é uma obrigação de ordem moral: chamada de "tese do direito como mínimo ético".

- A vertente que defende que alguns princípios fundamentais de moral e de justiça são adotados pelo direito para determinar o comportamento dos indivíduos: chamada de "tese do conteúdo moral mínimo".

- A vertente que defende a ideia de que o fato de não existirem critérios morais extrajurídicos de validade não implica como dedução imediata que não possam existir sistemas jurídicos onde tais critérios são aceitáveis: chamada de "tese da conexão".

- Finalmente, a vertente que professa uma absoluta e total separação entre os campos do direito e da moral: chamada de "tese da separação (ou da separabilidade)".

Questão interessante que opõem jusnaturalistas, positivistas jurídicos e antipositivistas se coloca ao examinar historicamente sistemas jurídicos que permitiram a ocorrência de atrocidades humanitárias e práticas de genocídio. Dá-se, por exemplo, ao se analisar se os sistemas de normas existentes na

Alemanha nazista das décadas de 1930 e 1940 ou na Rússia estalinista eram, ou não, **jurídicos.**

Com efeito, a posição **jusnaturalista** tende a sustentar que referidos sistemas normativos não podem ser reconhecidos como jurídicos, posto que desconsideraram o núcleo mínimo de princípios de ordem moral asseguradores da vida em sociedade. Logo, os atos das autoridades oficiais praticados com base em leis desses sistemas seriam inválidos e, assim, ilícitos e/ou criminosos. Vertentes teóricas que não sustentem essa conclusão aderem a seus resultados trágicos e, de certa forma, foram responsáveis por dar legitimidade a regimes políticos totalitários e sanguinários. Esse argumento é utilizado sobretudo para atacar a posição juspositivista – em especial a formulação teórica de Hans Kelsen – quando se afirma que o positivismo jurídico permitiu que esses regimes políticos se constituíssem em Estados totalitários instauradores da barbárie em seus territórios. Por supostamente reconhecer a legitimidade do direito aplicado, por exemplo, na Alemanha e na Rússia pelos regimes de Adolf Hitler e Josef Stálin, o positivismo jurídico teria chancelado as barbáries praticadas e, em razão disso, não mais serviria como aceitável para o estudo e a compreensão do que o direito é. Tome-se mais uma vez aqui a indispensável explicação de Dimitri Dimioulis (2006):

> A grande maioria dos autores que se pronunciam sobre o tema critica o PJ [positivismo jurídico] *stricto sensu* não somente por legitimar o direito, mas também por ter oferecido um apoio incondicional ao mais bárbaro e sanguinário entre os regimes do século XX, o nacional-socialismo. Dessa forma, afirma-se: "é precisamente a característica avalorativa do Direito Positivo que permitiu a experiência do Estado totalitário (…). A justiça ou injustiça de suas normas nunca foram questionadas". Sustenta-

-se, também, que os juízes alemães adotaram, no período nazista, o positivismo jurídico na versão kelseniana, o que evidenciaria a necessidade de substituir o positivismo por uma teoria baseada nos valores e na "ética", celebrando o "retorno do direito aos valores". Afirmou-se também que a perseguição sofrida por Kelsen foi o "elevado preço" que teria pagado por sua teoria, concluindo que o positivismo jurídico "custou caro à humanidade". Esses argumentos, além de criticarem o positivismo, objetivam demonstrar sua "morte" após a derrota do nacional-socialismo. Lemos assim que "todas as tendências positivistas soçobraram perante o totalitarismo e as ditaduras" e "a decadência do positivismo" é emblematicamente associada à derrota do fascismo na Itália e do nazismo na Alemanha.

Por seu turno, a posição **juspositivista**, ao negar qualquer tipo de chancela ou cumplicidade com práticas bárbaras ou genocidas, sustenta que sua preocupação enquanto uma teoria **descritiva** do direito é avaliar se, em um dado contexto político-jurídico, as normas jurídicas editadas assim o foram de acordo com os critérios formais e materiais de validade jurídica, critérios esses que justamente qualificam um sistema de normas como sendo jurídico. Uma vez respeitada a norma fundamental que confere existência a um determinado ordenamento jurídico, uma vez atendidas as determinações de cunho material existentes na lei maior de uma dada nação (em regra, uma constituição escrita) e observados os procedimentos formais de criação e inovação desse mesmo ordenamento, é forçoso reconhecer que existe então um sistema jurídico formalizado daquela comunidade política e, via de consequência, que as autoridades oficiais que atuaram em cumprimento das normas jurídicas existentes atuam no sentido de realizar o seu dever funcional para o qual são investidos pelo poder estatal justamente a partir de normas jurídicas previamente criadas para legitimar tal atuação funcional.

Para os positivistas jurídicos, é absurda a acusação de que suas propostas teóricas contribuíram para o surgimento e a afirmação de um regime político totalitário e bárbaro, visto que, *grosso modo*, a ascensão de um regime político independe da maneira como os teóricos do direito descrevem o direito ou um certo ordenamento jurídico. Uma teoria jurídica voltada à discussão acerca da validade do direito como um todo jamais poderia contribuir (ou deixar de contribuir) para a ascensão de uma força política governante, qualquer que seja ela. Conforme precisamente pondera Dimioulis (2006), "todos sabem que as mudanças políticas ocorrem em virtude de lutas políticas e da imposição de interesses de certos grupos sociais; não se baseiam em crenças teóricas e, muito menos, em análises sobre a validade das normas jurídicas". O juspositivismo, segundo seus autores mais destacados (incluído aí Hans Kelsen), preocupa-se com a descrição do direito positivo e com a observância dos critérios de validade previamente estabelecidos para a criação e inovação do direito em uma comunidade política, não buscando por meio de exercícios teóricos a legitimação do que quer que seja.

A questão é extremamente complexa e demandaria um exame aprofundado dos argumentos colocados em discussão no debate, algo que foge da proposta deste trabalho. Todavia, a apresentação da existência dessa discussão e de seus pontos mais relevantes é por demais imprescindível quando se aborda a temática (ainda que do ponto de vista histórico) da relação entre direito e moral.

4

Jusnaturalismo, positivismo jurídico e pós-positivismo jurídico

Quando, no Capítulo 1, foram apresentadas as mais diferentes compreensões a respeito do "direito" por uma variedade de pensadores e filósofos (figuras intelectualmente marcantes da história da humanidade), um dos propósitos ali, evidentemente, era deixar clara a enorme dificuldade teórica em se determinar um "conceito de direito" – a referência a H. L. A. Hart já nas primeiras linhas não foi mera coincidência.

A complexidade da tarefa se acentua na Era Moderna e, com especial destaque, no Século XX, quando a evolução da filosofia analítica desconstruiu o debate sobre a conceituação do direito como um problema ontológico de identificação de sua "essência", e conduziu a discussão jusfilosófica de acordo com o reconhecimento de se tratar essa conceituação de uma **atribuição de significado** a partir de uma dada convenção de linguagem acerca do sentido do termo (vale dizer, do sentido do direito).

162 Filosofia do Direito

Na verdade, com a chegada do Século XX colocam-se em oposição, de maneira mais explícita, duas correntes a respeito da relação entre **palavras** e **coisas** e, consequentemente, a respeito do próprio conceito de direito. De um lado, uma concepção "essencialista" da linguagem, a sustentar uma conexão inexorável entre a expressão linguística que simboliza o objeto (palavra) e a essência da coisa que a distingue de todos os demais entes existentes no mundo natural (coisa). Por essa vertente, a linguagem enquanto mecanismo de comunicação serve basicamente para determinar aspectos inafastáveis da essência de cada objeto, e nossa tarefa enquanto seres humanos é relacionar esses aspectos com a expressão linguística (símbolo/palavra) que a representa e identifica. Por seu turno, de outro lado encontra-se uma concepção "convencionalista" da linguagem, sustentada pelos teóricos da filosofia analítica, conforme indicado anteriormente, a entender que não há que se falar em essência das coisas e muito menos em uma relação inafastável entre a essência e aquilo que linguisticamente a identifica. A nomenclatura dos objetos, a conceituação dos termos, a definição de entes abstratos, ou seja, **a relação palavra-coisa**, decorre de convenções arbitrariamente estabelecidas pelos homens, sem qualquer vinculação com a identificação das características essenciais de um determinado objeto.

> Desse modo, a caracterização do conceito de direito se deslocará da obscura e inútil busca da natureza ou essência do direito para a verificação dos critérios vigentes no uso comum para o emprego da palavra "direito"; e se, prescindindo dessa análise, ou por meio dela, chegarmos à conclusão de que nosso sistema teórico requer a estipulação de um significado mais preciso que o ordinário para "direito", esta não será orientada por um teste de verdade em relação à captação de essências míticas, mas por critérios de utilidade teórica e de conveniência para a comunicação (NINO, 2010).

Jusnaturalismo, positivismo jurídico e pós-positivismo jurídico   163

É nesse contexto que se apresenta como indispensável tratar dos aspectos mais importantes da discussão a respeito do conceito de direito de acordo com as principais correntes jusfilosóficas que marcaram esse terreno, em especial na Era Moderna. Fala-se aqui do **jusnaturalismo**, do **positivismo jurídico** e do **pós-positivismo**. Pretende-se, neste capítulo, além da delimitação histórica de cada uma dessas posturas teóricas, também destacar suas premissas centrais, suas características mais importantes, a visão de mundo e do fenômeno jurídico que sustentam, os principais autores relacionados a cada uma, e as contribuições teóricas mais relevantes para o desenvolvimento da Ciência do Direito. A ideia é dissecar didaticamente, na medida do que for possível para as pretensões deste trabalho, cada um desses itens mencionados, de maneira a tornar um pouco mais palatáveis algumas das mais densas discussões jusfilosóficas a impactar direta e indiretamente a própria **práxis** cotidiana do meio jurídico.

Muito embora o foco seja a abordagem do problema da conceituação do "direito" dentro de um recorte metodológico que aponte suas baterias para a Era Moderna, uma compreensão minimamente correta do **jusnaturalismo** impõe que se parta dos postulados de Tomás de Aquino para, então, avançar na explicação do jusnaturalismo teológico e do jusnaturalismo racional, até, enfim, chegar-se à explicação do jusnaturalismo contemporâneo, centrado em especial nas figuras de Leo Strauss, John Finnis e Lon L. Fuller.

4.1 Jusnaturalismo

4.1.1 Contextualização histórica e características fundamentais

Consoante disposto no Capítulo 1, a influência de Tomás de Aquino nas discussões sobre **direito natural** e **jusnaturalis-**

164 Filosofia do Direito

mo é enorme e não pode ser relegada. Em especial em sua obra *Suma Teológica* constrói-se a tese de que toda lei humana positivada (o direito posto) deriva do alcance cognoscível da lei natural pelos seres humanos, a qual, por sua vez, é a parte da lei eterna capaz de apreensão pela razão humana. Mais ainda: a lei humana positiva deve ser **justa**, isto é, voltada à persecução do bem comum e sempre em estrita observância àquilo que a lei natural prescreve.

Direito natural, portanto, corresponde a esse conjunto de princípios e prescrições de caráter geral que defluem de uma entidade metafísica (na perspectiva tomista, o Deus cristão) e que, via de consequência, não têm sua origem em acordos políticos ou em algum tipo de convenção social, conjunto esse capaz de definir os balizadores básicos da convivência de um grupo social e que apenas necessitará de complementos normativos para os problemas de ordem concreta das relações sociais, papel esse desempenhado pela autoridade humana política por meio justamente do direito positivado.

Por seu turno, **jusnaturalismo** corresponde ao plexo de teorias a explicar o conceito de direito a partir da tese central de que a lei positiva apenas mantém essa qualidade na medida em que possa ser entendida como **justa** e voltada para o alcance do **bem comum**. O jusnaturalismo clássico teológico – que tem em Tomás de Aquino sua expressão intelectual mais destacada – é a corrente jusfilosófica que defende a perspectiva de que a lei humana que se coloca contrariamente ao direito natural é lei injusta e, destarte, não pode mais ser reconhecida como lei, senão como uma deturpação de lei (*vide* a Questão 90 da *Suma Teológico* de Tomás de Aquino). Importante fazer o registro de que uma lei positiva, mesmo dotada de validade jurídica, pode ser declarada imperfeita, defeituosa ou viciada na perspectiva jusnaturalista caso se demonstre uma **lei injusta**

(TRUJILLO, 2015). É interessante notar que a autora afirma que a tese segundo a qual, caso reconhecidas determinadas condições de extrema injustiça, a lei pode perder sua validade jurídica é, em verdade, uma tese desenvolvida pelo jusnaturalismo contemporâneo a partir de Gustav Radbruch, não havendo correspondência exata dela com os postulados fundamentais do jusnaturalismo clássico.

Reforce-se, uma vez mais, que, para o jusnaturalismo clássico teológico de matriz tomista, as leis positivas devem ser decorrência dos próprios postulados da lei natural, ou, então, devem ser especificações do direito natural – Nino (2010) refere-se a isso como a "função de determinação aproximativa" – a funcionar como complementação normativa para detalhes da vida prática não alcançáveis totalmente pela lei natural. Leia-se também Finnis (2007):

> Tomás crê que o direito positivo é necessário por duas razões, das quais uma é a de que o próprio direito natural "de alguma forma já existente" não fornece todas ou mesmo a maioria das soluções para os problemas de coordenação da vida em comunidade. De qualquer ponto de vista razoável, as claras elaborações feitas por Tomás desses pontos (baseadas em uma indicação dada por Aristóteles) devem ser consideradas uma das partes mais bem-sucedidas de sua obra nem sempre bem-sucedida sobre o direito natural.

Aqui reside uma característica fundante das teorias jusnaturalistas, e que será negada em sentido forte pelos positivistas jurídicos: a defesa da ideia de que existe uma **conexão necessária** entre direito e moral (possível de ser aqui entendida também como **justiça**). Com efeito, leis humanas positivadas que contrariem esse conjunto de princípios e prescrições de caráter geral

166 Filosofia do Direito

"válidos para todos os tempos e todos os lugares" (ATIENZA, 2014) – quer dizer, com característica de universalidade e de grau absoluto, isto é, independentemente da relação tempo-espaço –, passam a caracterizar violência injusta contra os cidadãos/súditos, corrompendo-se, assim, sua própria juridicidade.

Desse modo, para as teorias que compõem o jusnaturalismo clássico teológico, a compreensão do Direito passa incondicionalmente pelo reconhecimento de que existe um conjunto de princípios e prescrições de caráter geral voltado à busca da justiça e do bem comum (o **direito natural**), corolário direto da lei eterna produzida por uma entidade divina metafísica (a **lei eterna**), e toda a lei humana positivada deve necessariamente encontrar-se em concordância com tais princípios e prescrições gerais, sob pena da corrupção e do colapso de sua própria finalidade, que é exatamente ser justa e em busca do bem comum. Em consequência, uma norma jurídica ou um ordenamento jurídico que se coloquem contrários a esse núcleo de princípios e prescrições gerais podem ser questionados em face da provável perda de sua juridicidade (validade), que lhes retiraria, portanto, sua própria legitimidade enquanto convenção social voltada à regulamentação da vida em sociedade e proteção dos direitos fundamentais e do patrimônio jurídico de cada indivíduo.

O fundamento jusfilosófico central desse denominado jusnaturalismo clássico teológico (a "oficina em que se forja" o pensamento jusnaturalista, nos dizeres de Isabel Trujillo), encontra-se na própria revelação da cristandade contida nas Escrituras Sagradas, revelação esta que é a própria expressão da sabedoria divina, a partir da qual a racionalidade humana busca elementos para condicionar seu modo de vida ético e moral. Não basta às teorias jusnaturalistas de cunho teológico simplesmente defender o fenômeno jurídico como um produto da razão humana; é indispensável que a razão seja compatível com a própria sabedoria divina revelada pelo Cristianismo (TRUJILLO, 2015).

Há também uma outra forma de jusnaturalismo, que se pode denominar "jusnaturalismo clássico racionalista", a ter em Immanuel Kant e Samuel Pufendorf seus representantes mais significativos (alocado historicamente na Era Moderna, portanto), e que sustenta a ideia de que, independentemente da existência ou não de uma divindade ou entidade metafísica, existem certos direitos dos homens que são pertencentes a todos indistintamente, de caráter inalienável e irrenunciável, e que constituem uma espécie de "núcleo duro" de preservação da própria natureza humana a se impor a qualquer autoridade, sob pena de, caso desrespeitados ou não observados tais direitos, o ato da autoridade política acabar por se constituir em uma violência ilegítima contra a própria dignidade do ser humano.

De acordo com a teoria moral kantiana, a autonomia do ser humano, por se tratar de um ser racional, garante-lhe **dignidade**. Essa dignidade deve então ser respeitada pelo simples fato de ser proveniente da natureza humana do sujeito. E é justamente o respeito à dignidade humana que determina que as pessoas sejam tratadas sempre como fim, um fim em si mesmas, e nunca como meio para nada. O ser humano nunca pode ser instrumental – ele é um fim em si. Suas garantias e direitos devem ser protegidos não para a sustentabilidade do Estado, ou para a manutenção da sociedade, ou para o bem-estar geral: mas, sim, dirá Kant, porque ele é um ser humano, racional e, portanto, portador de dignidade – não é um objeto, um instrumento, um simples meio para se atingir qualquer outro fim: o indivíduo é o fim nele mesmo. O respeito kantiano, no entanto, é o respeito pela humanidade em si, pela capacidade racional que todos possuímos. Para Kant, o valor "justiça" obriga-nos a preservar os direitos humanos de todos, independentemente de onde vivam ou do grau de conhecimento que temos deles, tão somente porque são seres humanos, seres racionais e, portanto, merecedores de respeito.

Em resumo:

- **Direito natural** corresponde a um conjunto de princípios e prescrições de caráter geral que defluem de uma entidade metafísica e que, em face disso, não extraem sua legitimidade autoritativa a partir de acordos políticos ou de algum tipo de convencionalismo.
- **Jusnaturalismo** é o plexo de teorias jurídicas que procuram explicar o conceito de direito a partir da tese central de que a lei positiva apenas mantém essa qualificação na medida em que possa ser entendida como **justa** e voltada para o alcance do **bem comum**.
- Possível distinguir o jusnaturalismo clássico em duas vertentes: a) de cunho teológico, que entende ser a lei natural emanada diretamente do Deus cristão; b) de cunho racionalista, a defender a ideia de que, independentemente da relação com qualquer tipo de entidade metafísica, existem certos direitos dos homens que são pertencentes a todos indistintamente, de caráter inalienável e irrenunciável, não podendo ser violados por nenhuma autoridade normativa.
- Característica fundante das teorias jusnaturalistas: a existência de uma conexão necessária entre direito e moral.
- Principal representante do jusnaturalismo clássico teológico: Tomás de Aquino; principais representantes do jusnaturalismo clássico racionalista: Immanuel Kant e Samuel Pufendorf.
- Por fim, para as teorias jusnaturalistas, lei humana somente pode ser assim qualificada se for identificada como uma lei **justa** e voltada à busca do **bem comum**.

4.1.2 A ascensão do positivismo jurídico

Com o passar dos séculos, com o crescimento das cidades, com a evolução industrial e tecnológica, com a formação dos Estados liberais assentados nos postulados de democracia e constitucionalismo, com o exponencial aumento do pluralismo em termos de visibilidade e aceitação e da própria complexidade nas mais diferentes comunidades políticas ao redor do mundo, as concepções jusnaturalistas, da mesma forma que a visão de moralidade compartilhada por gregos helênicos e cristãos europeus da Idade Média, entraram em crise e precipitaram um longo declínio, abrindo espaço, destarte, para o surgimento e fortalecimento do positivismo jurídico.

Algo chama a atenção aqui: a moralidade, consoante explicado neste trabalho, passa a ser compreendida não mais como um fenômeno justificado por influências metafísicas, mas um fenômeno puramente humano, produto, como já afirmado, das necessidades, das inclinações e dos interesses humanos (RACHELS; RACHELS, 2014) – e tão apenas isso. Com o direito se passa algo semelhante também: a evolução história parece indicar que, a rigor, não existe uma lei natural ou uma lei divina a determinar o **conteúdo** das leis humanas que serão impostas pela autoridade normativa a seus súditos: destarte, a lei deve ser produzida exclusivamente pela racionalidade humana para regular nossa convivência em grupo, já que somos seres sociais por excelência.

O assunto será ainda tratado com mais vagar, mas existe um ponto específico que, por conectar tanto o fortalecimento do positivismo jurídico como por se tornar alvo preferencial de alguns representantes do jusnaturalismo contemporâneo, merece indicação desde já: a **crítica histórica** ao Direito Natural. Acentua-se, em especial no Século XVII, um processo de secularização entre a **lei natural** e a **lei positiva** no sentido de abandonar explicações metafísicas para o famoso questionamento de Sócrates ("Como devemos viver nossas vidas, e por que devemos vivê-las dessa ou daquela maneira"), e buscar fundamentos estritamente racionais para assegurar a convivência social e dar sentido à preservação do patrimônio jurídico de cada indivíduo, isoladamente considerado. Na Era Moderna, com o surgimento dos trabalhos de G. Galilei, N. Copérnico e I. Newton, com a própria secularização, com as contribuições de T. Hobbes e J. J. Rousseau, com a perda de influência da Igreja Católica nas questões geopolíticas em nível global, fica para trás a convivência em um "estado de natureza", e reconhece-se que a vida de seres sociáveis e políticos como os humanos apenas pode se dar dentro e por meio de uma **sociedade civil**, racionalmente determinada e que seja capaz de estabelecer suas próprias regras de convivência. Conforme explica Sgarbi (2013), "a fundação racional substitui a fundação religiosa" como explicação do exercício do poder soberano pelo Estado – e os limites desse exercício. Sgarbi (2013) ainda explica o seguinte:

> O estado de natureza é marcado pela insegurança perpétua. Assim, os homens, com vistas a estabelecer a segurança indispensável para tornar eficazes as obrigações, eles renunciam a todos os direitos naturais que tinham no estado de natureza – com exceção do direito à vida – transferindo-os ao soberano. O soberano, a partir do contrato, tem o poder de punir aqueles que não cumprem as obrigações. Instituída a segurança, considerando que os participantes do pacto estão obrigados a obedecer o soberano, eles, os participantes, devem obedecer ao que este ordenar. O que o soberano ordena são as leis civis, o direito positivo. Com isso, os indivíduos, passando a

obedecer ao direito positivo ordenado pelo soberano, reconhecem que há apenas um direito, o positivo. Para que as leis naturais sejam respeitadas todos devem obedecer ao poder civil, os comandos do soberano, o direito positivo, enfim.

Em decorrência desse processo **histórico**, a ciência jurídica moderna já não ostenta como seu objeto epistemológico de estudo a lei natural genericamente considerada, mas, em seu lugar, o conteúdo concreto e positivado dos ordenamentos jurídicos estabelecidos nas mais diversas sociedades (ATIENZA, 2014) – a distinção entre Direito Positivo e Direito Natural, tão cara até então, tem sua importância reduzida e, em razão disso, passa a ser central, na Teoria e na Filosofia do Direito, o estudo das mais diversas versões do positivismo jurídico.

4.1.3 O jusnaturalismo contemporâneo de Leo Strauss, John Finnis e Lon L. Fuller

Em certa medida, a reação a uma suposta preocupação exacerbada quanto aos critérios formais por parte das teorias juspositivistas em detrimento do conteúdo material das normas jurídicas conduziu ao ressurgimento, na segunda metade do Século XX, de teorias descritivas e/ou normativas do direito de viés jusnaturalista. Esse ressurgimento acabou, em Filosofia do Direito, recebendo o nome de **jusnaturalismo contemporâneo** ou **neojusnaturalismo**.

Os principais representantes dessa retomada do interesse científico pelo Direito Natural na Moderna Filosofia do Direito são Leo Strauss, John Finnis e Lon L. Fuller.

A abordagem neste tópico iniciará com aquele que, na modesta visão deste autor, é o mais importante deles: John Finnis.

172 Filosofia do Direito

Finnis, como visto durante exposição feita no Capítulo 1, extrai das lições do jusnaturalismo clássico teológico a base fundante de seu pensamento para reconhecer que não basta apenas a preocupação formal com o fenômeno jurídico, uma vez que o direito não se resume a normas exaradas de uma autoridade. O fenômeno jurídico, diz, é mais do que isso. Sob esse viés, afirma Finnis que a expressão "direito natural" deve ser pensada e significada a partir de duas afirmações centrais: de um lado, do ponto de vista conceitual, "direito natural" deve ser entendido como um conjunto de princípios práticos básicos a indicar as formas de "florescimento humano" em termos de sua própria evolução histórica como **bens** a serem buscados, alcançados e transformados em realidade prática; por outro lado, do ponto de vista metodológico, um conjunto de requisitos de **racionalidade prática** a servir de parâmetro básico para distinguir valorativamente entre atos que são moralmente razoáveis (isto é, aceitáveis ou corretos do ponto de vista moral) e atos que são desarrazoados, vale dizer, moralmente errados. O amálgama dessas duas afirmações centrais permite, segundo Finnis (2007), que se identifique um **conjunto de padrões morais gerais** – a própria tradução do que o "direito natural" efetivamente é.

Colocando em segundo plano o debate a respeito da afirmação sobre se "leis injustas são leis", Finnis (2007) declara expressamente que a principal preocupação para uma teoria do direito natural é explorar e identificar os requisitos de razoabilidade prática em relação ao viver bem dos seres humanos que, por se tratarem de seres sociáveis convivendo em comunidade, são permanentemente colocados frente a problemas relacionados a justiça, proteção e exercício de seus direitos, exercício da autoridade, validade das leis e conteúdo das obrigações.

Em objetiva síntese, o direito enquanto fenômeno social deve ser capaz de garantir a todos exercer as condições de alcance do bem comum, esta última categoria significando um complexo de bens e valores básicos (vida, conhecimento, sociabilidade, "razoabilidade prática") capazes de permitir que os indivíduos sejam capazes de chegar ao estágio de **florescimento humano** necessário a uma vida que se pretenda com sentido.

Leo Strauss foi outro autor contemporâneo de grande produção intelectual tanto para a Filosofia Política quanto para o debate acerca de um "possível direito natural" numa perspectiva de Filosofia do Direito. Algumas de suas obras, como *Direito Natural e História* (1950) e *Uma Introdução à Filosofia Política* (1989), procuram responder ao argumento constituinte da chamada **crítica histórica ao Direito Natural**, tratada no tópico *supra*.

Grosso modo, em uma síntese muito breve, Strauss defende a visão de que "direito natural" não deve ser compreendido como um conjunto delimitado de normas morais extraídas de um fundamento metafísico, mas o produto de um processo de investigação racional a respeito do que é correto ou justo por natureza, por definição última de si, incondicional e intrinsecamente bom. Suas pretensões claramente se voltam contra a ciência moderna e contra esse obstáculo científico de que é impossível determinar, sem uma grande parcela de relativismo, o que é "belo e justo", ao modo de Aristóteles. Segundo expressamente aduz Strauss (2016), "a história provou-se radicalmente incapaz de cumprir o que foi prometido pela escola histórica" e, em decorrência disso, "o historicismo culminou em niilismo". Em consequência disso, conclui que "o historicismo é a consequência última da crise do moderno direito natural".

Por fim, uma palavra também sobre a contribuição de Lon L. Fuller, professor norte-americano de teoria do direito com passagens pelas Universidades de Illinois, Duke e Harvard. Segundo Marcondes e Struchiner, "No Brasil, a sua fama se deve a **O caso dos exploradores de cavernas** (originalmente publicado em 1949 e traduzido para o português em 1976), que continua sendo um trabalho quase que obrigatório para os iniciantes do curso de direito". Sobretudo, em razão do famoso debate "Hart-Fuller" estabelecido a partir de 1958, Fuller se coloca como um dos mais emblemáticos teóricos críticos do positivismo jurídico. Em sua obra *The Morality of Law* (1964), Fuller também apresenta-se como partidário da corrente a reconhecer uma relação inafastável entre direito e moral; todavia, sua descrição dessa relação é peculiar: não se trata da imposição de limites morais substantivos impostos ao direito pela moral, mas o reconhecimento de uma moralidade **procedimental** que é interna ao Direito, vale dizer, que o molda internamente (MORBACH, 2019). Como qualquer criação humana, também o direito tem um propósito definido, que é permitir que o comportamento humano seja submetido a um grupo determinado de regras. Em razão disso, compreende o fenômeno jurídico como uma empreitada intencional de submeter a conduta humana a um governo de regras a garantir ordem social. Toma Fuller como base certas premissas: em primeiro lugar, o reconhecimento de que sistemas jurídicos são empreendimentos humanos; de outra banda, que atividades humanas são dirigidas para o alcance de fins específicos; e, por fim, como produto das duas primeiras premissas, que as atividades humanas somente podem ser adequadamente entendidas se entendidos também os propósitos visados por tais atividades (MORBACH, 2019).

Para justificar essa moralidade **interna e procedimental** do direito, Fuller apresenta uma interessante distinção entre "moralidade de dever" e "moralidade da aspiração (ou de ideias)". A moralidade do dever está relacionada com a observância das regras estabelecidas pelo direito, e que seriam assim exigências morais mínimas – o próprio Hart, em artigo voltado a comentar a obra de Lon L. Fuller, anteriormente referida, menciona que o objetivo desse primeiro tipo de moralidade em Fuller quer significar que "temos que lidar não com as alturas da excelência da moralidade, mas com um mínimo de moralidade" (HART, 2010). Diz Sgarbi (2013) que

> Entende Fuller, essas moralidades, a moralidade do dever e a moralidade da aspiração, determinam os fins de uma escala moral que começa por exigências morais básicas (a moral do dever) ou mínimas até se chegar ao plano ideal mais elevado (a moral da aspiração). A moral do dever seria, portanto, como as regras da gramática; a moral de aspiração pode ser comparada com as regras para se obter o sublime na composição.

Já na moralidade da aspiração, a preocupação não está nas regras mínimas de observância obrigatória verificáveis no direito, mas nas ideias definidas para que o ser humano viva a melhor das vidas e para que aja com o que tem de melhor à disposição – a busca da excelência na forma de viver e se relacionar, aspiração indispensável da humanidade, segundo Fuller.

Ao definir a "moral que faz possível o direito", Fuller pensa o direito como atividade racional a ter como função alcançar e preservar a ordem social, e todo sistema jurídico que despreza os princípios mínimos de moralidade interna não é capaz de cumprir sua função, tornando-se, assim, inviável de ser reconhecido como um **sistema jurídico válido**.

4.2 Positivismo jurídico

4.2.1 O positivismo jurídico e o estudo acadêmico no Brasil

Parece não haver dúvida de que a linha teórica comum na academia brasileira a respeito da temática decisiva de Teoria do Direito adotou a tese de que o juspositivismo encontra-se superado pelo chamado "pós-positivismo" ou "neoconstitucionalismo", e que se tornou anacrônico e ultrapassado, nesse panorama acadêmico-jurídico, discutir com seriedade os postulados fundamentais do positivismo jurídico, suas variadas vertentes (positivismo jurídico inclusivo, exclusivo, normativo, epistemológico, ideológico, analítico, metodológico) e sua real capacidade de descrever o fenômeno "direito".

O cenário, então, é bem próximo do descrito por Dimioulis (2006) quando assinala que, nesse contexto, os juspositivistas são apresentados como "partidários de visões equivocadas" que se preocupam apenas com a questão formal das normas jurídicas e não devotam nenhuma atenção para com o seu conteúdo, inclusive ignorando "sentimentos inerentes na natureza humana" e desprezando qualquer tipo de anseio de se promover justiça.

O equívoco dessa abordagem é evidente, e temos como um dos propósitos de pesquisa científica refinar a crítica que permite reconhecer tal equívoco. Senão por outros fatores, no mínimo pelo apontado por Ronaldo Porto Macedo Junior em recente exposição[1]: a porta de entrada do positivismo jurídico para a teoria do direito parece ser preferível a outras entradas, sobretudo para o conceito de direito, em especial por sua associação a um estilo filosófico analítico. E essa vertente filosófica que marca o positivismo jurídico traz inúmeros benefícios para a cultura filosófica em geral e, ainda mais, para a cultura formal jurídica bacharelística (de atuação prática cotidiana, portanto), para além da própria ênfase dada pelo juspositivismo a uma preocupação metodológica

---

[1.] II Colóquio de Crítica Hermenêutica do Direito – Painel 3, transmitido e acompanhado em 29 jun. 2017. Disponível em: https://www.youtube.com/watch?v=QLpBLu0Xap4.

rigorosa, observada desde os positivistas jurídicos clássicos até os juspositivistas mais contemporâneos.

Pretender definir **positivismo jurídico** é, antes de mais nada, reconhecer o intenso grau de disputa que envolve o conceito. As diversas correntes acerca do juspositivismo (sem considerar seu antagonismo com o jusnaturalismo e a tentativa de sua superação por parte de autores ditos pós-positivistas) atestam essa disputa e indicam a dificuldade de tal definição. Esse primeiro passo é importante para o propósito da delimitação que se pretende fazer neste livro voltado a um propósito específico: auxiliar profissionais do direito a resolver problemas de ordem prática em sua atividade cotidiana, bem como auxiliar interessados em realizar concursos públicos a se preparar adequadamente para a tarefa, de forma segura, abrangente e objetiva, com o intuito último de organizar minimamente as ideias em torno do atual e sofisticado debate no mundo ocidental a respeito do que se pode definir como **positivismo jurídico**. Para tanto, pretendemos desenvolver este tópico em três partes, mais precisamente para tratar (i) da contextualização histórica e das características fundamentais; (ii) das teses e premissas centrais do positivismo jurídico; e (iii) dos diferentes tipos de positivismo jurídico identificáveis no discurso teórico, e seus autores mais destacados.

4.2.2 Contextualização histórica e características fundamentais

A compreensão do contexto em que se procurará delimitar as premissas e as teses centrais do positivismo jurídico parte do ponto de que se trata o juspositivismo de uma construção teórica **descritiva** do direito, vale dizer, procura descrever o funcionamento do fenômeno jurídico tal como este se apresenta, não sendo, portanto, uma construção valorativa ou avaliativa do direito ou, mais diretamente, do melhor ou mais justo direito possível (DIMIOULIS, 2006). O positivismo jurídico caracteriza-se, então, como a corrente teórica que estuda a existência e a validade do direito positivo, tanto das regras jurídicas como dos ordenamentos jurídicos em si. Entender essa construção teórica como descritiva é passo fundamental. Ainda, a partir de H. L. A. Hart, é indispensável desenvolver um enfoque analítico do positivismo jurídico de modo a atestar se alguma de suas alegadas teses fundamentais é realmente parte do conteúdo mínimo do positivismo jurídico (epistemológico) e se tais teses são logicamente independentes umas em relação às demais de modo a atestar se, racionalmente, a rejeição de determinada tese juspositivista importaria como negação das demais teses e se a verificação de sua própria procedência faria ruir a viabilidade do juspositivismo como empreendimento teórico epistemológico (RODRIGUES, 2017).

Antes, todavia, um recorte histórico se mostra premente de modo a se indicar, em complemento do que já restou dito, como as teorias jurídicas que compõem o positivismo jurídico se consolidaram durante esse processo de evolução temporal.

Assim como fora feito quando se tratou anteriormente a respeito do jusnaturalismo, o enfoque também aqui está voltado à percepção da questão na contemporaneidade, a partir da Era Moderna, e do que em relação à matéria foi produzido nesta quadra do tempo.

Consequentemente, o primeiro nome a merecer registro nesse sentido é Thomas Hobbes.

Como já mencionado no Capítulo 1, é com Hobbes que ganha *status* filosófico a premissa básica de que as leis humanas positivadas impõem-se aos homens e os obrigam à observância justamente porque são membros de uma comunidade política – como já referido, não deste ou daquele Estado, mas de um

Estado. Não é exagero reafirmar, como sustentam vários autores, que Hobbes se coloca como o pensador que personifica o início da Idade Moderna na Filosofia Política e na Filosofia do Direito quando vincula a criação do direito a uma convenção social que, por sua vez, encontra seu lastro em outra forma de convencionalismo – a renúncia de parcela da autonomia e liberdade dos indivíduos em prol da autoridade do Estado, que, por sua vez, velará pela preservação da vida, da liberdade, da propriedade e da integridade física e psicológica de seus integrantes.

Abrimos espaço para os insuperáveis esclarecimentos de Michel Villey (2009):

> Em suma, notamos que a preocupação com os direitos subjetivos do indivíduo governou de ponta a ponta toda a doutrina de Hobbes. Não eram apenas a fonte da filosofia civil, não sobreviveram apenas à criação do Leviatã; eram o **objetivo** da política – não só princípios, mas **valores** e finalidades do sistema. Leviatã não é apenas instituído **pelo** indivíduo, é-o **para** os indivíduos. Aqueles que leem Hobbes do ponto de vista da história das ideias políticas dizem que seu objetivo é a instauração da **paz**; até concordo, mas, do ponto de vista da história do pensamento jurídico e num sentido mais positivo, diria antes que esse objetivo é a promoção, a realização, a segurança (a paz é apenas um meio para a **segurança** dos direitos) dos **direitos subjetivos** de cada um.
>
> Fora essa a razão do pacto. Fora esse o cálculo racional, interesseiro, do indivíduo, que o determinara a concluir o contrato social: fazer valer seu direito natural. Como um agente publicitário, Hobbes empenha-se em fazê-lo compreender os benefícios do negócio, em provar-lhe que este mesmo possui todos os direitos.

180 Filosofia do Direito

(...).

Portanto, para concluirmos sobre o sistema jurídico de Hobbes, ele não é mais **ciência da justiça** (como, nas palavras de Ulpiano, o direito romano visava ser), ciência da harmonia social. Não há nada mais ausente da obra de Hobbes que a ideia de justiça social, de justiça distributiva, de partes justamente distribuídas entre membros de um grupo social. Como um discípulo de Ockham e de Galileu poderia se propor como objetivo a harmonia de um todo que para ele não tem existência natural? O sistema jurídico de Hobbes é uma **ciência dos direitos subjetivos**, direitos dos soberanos e dos súditos, e do que decorre desses direitos: os pactos, o Estado e a lei que incide sobre os direitos, remodela-os e lhes confere a força e a segurança ligadas ao estatuto dos direitos civis no corpo político. É nisso que se transformou o objeto do "**jurídico**" para os modernos. Aos outros, aos juristas técnicos, aos romanistas, aos pandectistas, caberá elaborar (nem sempre exatamente na linha de Hobbes – também na de Grócio, de Locke, mais tarde de Wolff, de Kant etc.) definições pesadas; classificar os diferentes tipos de direitos privados em gêneros e espécies; descrever seus modos de aquisição, seu teor, sua sanção precisa... Mas a política de Hobbes, melhor do que qualquer outra, conferiu a essa nova ciência jurídica suas bases filosóficas.

Com a passagem do "estado de natureza" para um outro patamar e a consequente constituição de uma sociedade civil politicamente organizada (convencionalmente acordada), a figura do Estado Moderno surge e se estabelece não apenas como o único autorizado a utilizar oficialmente a força e a violência, mas também como o responsável por fornecer uma fórmula objetiva, não metafísica e produto da racionalidade humana, para enfrentar os problemas de ordem social: a **lei humana positi-**

Jusnaturalismo, positivismo jurídico e pós-positivismo jurídico   181

vada, apta a regular situações e permitir a solução de conflitos concretos a partir da mediação de um julgador para o caso.

Como aqui já comentado, a visão política e jusfilosófica de Thomas Hobbes o coloca como o elaborador dos primeiros elementos da linha teórica que ficou conhecida como **positivismo jurídico**. É mesmo um truísmo afirmar-se que sua teoria influenciou decisivamente toda a construção juspositivista desde então.

Jeremy Bentham (outro representante do "positivismo jurídico clássico"), além da defesa da estrita separabilidade entre direito e moral, reconhece que, em não havendo espaço para desacordos teóricos sobre o que os súditos subordinados a um soberano poderiam ou não poderiam fazer, a função precípua do direito somente poderia ser a de assegurar a paz por meio da certeza produzida pelo direito, exatamente em razão de sua origem representada pela figura da autoridade soberana.

Por seu turno, também John Austin é diretamente influenciado por Hobbes na medida em que entende que, como o direito é um conjunto de ordens ou comandos emanados de um soberano, não se pode ter outra conclusão que não identificar essa origem como sendo a fonte oficial portadora da legitimidade para a regulação do convívio social em uma dada comunidade política.

A "Escola da Exegese" é outra etapa histórica importante do pensamento juspositivista. A premissa central dessa escola hermenêutica ligada à perspectiva dogmática consistia na absoluta identificação do direito com a lei, e no correspondente lógico de que apenas o Estado possui autoridade normativa para produzir leis e, via de consequência, produzir o direito. A legislação oficial produzida pelo Estado, assim, era considerada a única fonte legítima do direito. Como visto no Capítulo 2,

182 Filosofia do Direito

essa forma de pensar o fenômeno jurídico foi predominante, em especial, na França do Século XIX.

A influência do pensamento de Hobbes estende-se à Alemanha e tem papel importante na formação do pensamento de outra escola hermenêutica de destaque – a chamada "Escola Histórica". Como explica Dimioulis (2006), ao mesmo tempo que seus integrantes mais destacados rejeitam o jusnaturalismo e as pretensões universalizantes do direito, são duros críticos da centralização absolutizante da produção normativa nas mãos do Estado e reconhecem o importante papel desenvolvido pelos costumes específicos da cultura de cada comunidade política na formação das normas jurídicas e também na própria noção de obrigatoriedade dessas normas.

Um dos pontos altos da tradição juspositivista se dá com Hans Kelsen – o **apogeu do formalismo modernista**, nas palavras de António M. Hespanha (2012). A depuração de temas sociais, políticos ou morais para o estudo do direito e a preocupação formalista de um objeto "puro" da ciência jurídica – em que a validade do direito tem relação exclusivamente com o preenchimento dos requisitos de ordem formal previamente estabelecidos pelo próprio direito para conferir legitimidade às normas integrantes de um dado sistema jurídico – constituem a base da "Teoria Pura do Direito" sustentada por Kelsen (2009).

No Capítulo 2, a preocupação consistiu em apresentar a contribuição de Kelsen para o reconhecimento da validade das normas jurídicas e dos sistemas jurídicos (universalmente considerados) a distingui-los, destarte, de outras normas sociais e de outras ordens reguladoras de comportamentos. Os **critérios de validade jurídica** apresentados por Kelsen e sua ideia central de **norma hipotética fundamental** como uma premissa suposta capaz de, justamente por conta disso, conferir legitimidade ao sistema como um todo, são elementos teóricos da mais alta relevância para todo o debate sobre norma jurídica e sistema jurídico.

Neste capítulo, o foco da abordagem é diverso. Com a "Teoria Pura do Direito", Kelsen tem por objetivo eliminar do âmbito de preocupação do cientista do direito aspectos outros que não aquilo que estritamente compõe a Ciência do Direito, vale dizer, o Direito posto, o Direito positivado. Com isso, sua pretensão era evitar a todo custo que a discussão jurídica ganhasse ares "ideológicos", ou seja, que o debate jurídico em torno de determinada questão se transmudasse para um debate **não** jurídico.

De modo distinto do que procediam os partidários da Escola da Exegese, que defendia a ideia de que a lei continha todo o direito, Kelsen desenvolve raciocínio semelhante e chega a conclusão similar por meio de uma abordagem metodologicamente superior. Uma passagem (crítica) de Lenio Streck pode auxiliar a esclarecer esse ponto – a análise da crítica em si desenvolvida por antipositivistas como Streck e Dworkin será objeto de mais detido exame no tópico seguinte. Por ora:

> Quando falamos em positivismos e pós-positivismos, torna-se necessário, já de início, deixar claro o "lugar de fala", isto é, sobre "o quê" estamos falando. Com efeito, de há muito minhas críticas são dirigidas primordialmente ao positivismo normativista pós-kelseniano, isto é, ao positivismo que admite discricionariedades (ou decisionismos e protagonismos judiciais). Isso porque considero, no âmbito dessas reflexões, **superado o velho positivismo exegético** (ou o positivismo nas suas três vertentes – francesa, alemã e inglesa do século XIX). Ou seja, não é (mais) necessário dizer que o "juiz não é a boca da lei" etc.; enfim, podemos ser poupados, nessa quadra da história, dessas "descobertas polvolares". Entretanto, essa "descoberta" não pode implicar um império de decisões solipsistas, das quais são exemplos as posturas caudatá-

rias da Jurisprudência dos Valores (que foi "importada" de forma equivocada da Alemanha), os diversos axiologismos, o realismo jurídico (que não passa de um "positivismo fático"), a ponderação de valores (pela qual o juiz literalmente escolhe um dos princípios que ele mesmo elege *prima facie*) etc. (STRECK, 2014 – grifos nossos).

Com efeito, Kelsen prima pela autonomia do saber jurídico, pela sua distinção e isolamento completo em termos de ciência humana em relação às demais, e pelo reconhecimento de que, para tanto, haveria que se exigir respeito absoluto aos critérios formais de legitimidade do Direito.

É óbvia a preocupação metodológica de Kelsen em construir uma teoria do positivismo jurídico atenta sobretudo ao formalismo decorrente da observância dos critérios de validade, ao reconhecimento de um sistema hígido e fechado fulcrado na norma hipotética fundamental e completamente imune às discussões sociológicas ou antropológicas a respeito do que o direito "deveria ser", focado exclusivamente naquilo que o direito, de fato, é – sem preocupações valorativas a respeito da justiça como algum fator ou mesmo critério relevante para a validade ou legitimidade das normas jurídicas. Uma abordagem mais cuidadosa mostrará que a teoria kelseniana, nesse ponto, apresenta importante dubiedade, na medida em que, ao mesmo tempo, Kelsen aduz que as normas jurídicas são construídas a partir de como os seres humanos devem se comportar (mundo do dever-ser, portanto), ao passo que o objeto definido da Ciência do Direito é necessariamente aquilo que está posto e, assim, o direito tem de ser estudado como ele, de fato, é na realidade (mundo do ser). O foco aqui não é explorar as divergências, mas apresentar uma descrição adequada das teorias mencionadas; essa dubiedade, embora relevante, não impede de reconhecer a preocupação metodológica de Kelsen em isolar o objeto da Ciência do Direito e tratá-lo sem qualquer tipo de influência externa, seja de ordem moral, política, social, antropológica etc.

Em uma época histórica fortemente marcada pelo decisionismo e a tendência a se legitimar o direito por meio de decisões de puro poder político, Kelsen representa a pretensão de uma defesa do direito frente ao autoritarismo e sua subversão por uma política autoritária, que vê no direito um mecanismo de legitimação do exercício abusivo do poder político por parte de governos e regimes pouco deferentes ao pluralismo democrático. Conforme explica Hespanha (2012), o formalismo apregoado por Hans Kelsen, a rigor, significa uma "recusa de deixar que a validação do direito decorra de pontos de vista filosóficos ou políticos cuja efetividade (consensualidade, aceitação) era menor do que a da Constituição".

O impacto da Teoria Pura do Direito de Hans Kelsen, em termos de evolução da própria Filosofia do Direito, foi imenso e global. No Brasil, ao lado de Miguel Reale (em especial, com seu *Lições Preliminares de Direito*) e Norberto Bobbio (em especial com o seu *Teoria do Ordenamento Jurídico*), a *Teoria Pura do Direito* é obra de leitura quase obrigatória na disciplina de Introdução ao Estudo do Direito nos inúmeros Cursos de Graduação das Faculdades de Direito espalhadas por todo o país. O ensino jurídico pátrio mostra-se ainda, de fato, respeitoso quanto à abordagem metodológica do estudo do direito por parte de Kelsen e à importância única que a Ciência Jurídica alcança com sua teoria a partir do destaque dado por Kelsen à característica do formalismo jurídico.

Por um lado, o foco no formalismo permitia que a teoria pura pudesse ser aplicada para o estudo dos mais diversos sistemas jurídicos, visto que sua aplicação independe de critérios de caráter valorativo. De outra parte, o excessivo rigor da teoria pura com a cientificidade do direito, sua abordagem atenta àquilo que floresceu com a Era Moderna, é também fator de relevo ante a enorme apreciação que a abordagem científica possui para a cultura jurídica moderna em geral (HESPANHA, 2012).

Por fim, essa longa tradição de desenvolvimento do positivismo jurídico e que se inicia com Thomas Hobbes encontra em H. L. A. Hart o seu nome mais importante entre todos (talvez), e o jurista responsável por uma virada metodológica que marcará a Filosofia do Direito de maneira única e irreversível (certamente).

Em momento anterior, foi explicado que o positivismo jurídico de Hart defende a ideia de que o conjunto de normas que integram o sistema jurídico de uma determinada sociedade (e por isso podendo ser qualificadas como **jurídicas**) tem sua validade confirmada pela regra de reconhecimento e por serem formalmente emanadas de uma autoridade soberana detentora de poder aceito por essa mesma sociedade e pelas instituições que a constituem, conjugando dentro de um contexto geral as chamadas normas jurídicas primárias e normas jurídicas secundárias.

Do mesmo modo como com Kelsen, na primeira parte procurou-se apresentar o pensamento de Hart relativamente ao conceito de norma jurídica e de sistema jurídico. Nesse momento, igualmente, o foco segue sendo outro: é sua preocupação, em primeiro lugar, com o papel da linguagem na sua construção teórica a respeito do fenômeno jurídico, e em segundo lugar, com a metodologia do estudo do direito.

É nítido na obra de Hart (em especial com a publicação do seu *O Conceito de Direito*, em 1961) uma aproximação entre o positivismo jurídico e os estudos de linguística a fim de investigar como a compreensão do processo de significação linguístico incidente sobre a interpretação da norma jurídica poderia contribuir com a apresentação de limites objetivos ao julgador na construção dos significados interpretativos de determinada norma jurídica ("N"). Hart e Wittgenstein, cada um a seu modo, sustentarão que a própria atribuição de significado à norma é um processo social, e não meramente individual e isolado, ou seja, não se trata de construir um exercício individual de correspondência norma-significado, mas, sim, de extrair da interpretação significado(s) da norma jurídica com a mecânica própria de uso de símbolos e expressões correspondentes.

Do ponto de vista metodológico, sobretudo pela influência dos movimentos filosóficos ligados à "filosofia da linguagem", em especial a filosofia analítica enraizada em Oxford e com L. Wittgenstein à frente, é Hart quem modifica definitivamente os termos teóricos do debate científico a respeito da compreensão do direito, sobretudo ao incorporar à teoria do direito problemas relacionados à formação da linguagem filosófica teórica e, via de consequência, à formação da própria linguagem **descritiva** do direito (MACEDO JUNIOR, 2013).

Essa releitura de temas clássicos da teoria do direito tomando-se como prisma uma abordagem por meio da filosofia analítica da linguagem será determinante para o programa de Hart como professor da Universidade de Oxford. Como já anteriormente exposto, Hart delineia sua compreensão a respeito do fenômeno jurídico sustentando que o direito corresponde a um **conjunto de regras primárias e secundárias**. É o momento de avançarmos nessa compreensão, mas de um modo diferente. Dissecamos a ideia de conjunto de normas para Hart, bem como suas definições sobre regra primária e regras secundárias – seus tipos e definições. Nesse ponto, o que se pretende é expor, de maneira minimamente compreensível (tarefa árida), como Hart constrói **metodologicamente** sua compreensão de direito na forma anteriormente indicada.

Hart entende que o conceito de direito, diferentemente de outros conceitos que podem ser determinados pelo gênero e diferença específica necessariamente deve ser delineado a partir da identificação das **práticas sociais** com as quais ele se relaciona (ou mesmo determina). O conceito de direito não pode ser alcançado isoladamente, ou de forma meramente verbal, mas conectada às relações práticas para as quais ele (o direito) se volta e encontra sua própria justificativa de existência autônoma.

Tomam-se de empréstimo a explicação e as referências de Ronaldo Porto Macedo Junior (2013), *verbis*:

> A influência da filosofia analítica de Wittgenstein na passagem é manifesta (...). Hart propõe uma forma para se chegar ao conceito de direito. Para ele, essas práticas que nos serviriam para a determinação do conceito social de direito (*i.e.*, não um conceito meramente estipulativo e/ ou arbitrário, ou ainda, *per genus et differentiam* que qualquer um poderia propor, mas sim um conceito descritivo do sentido socialmente associado a essa prática), seriam as práticas de coerção que envolvem deveres fixados por regras instituídas por algum tipo especial de poder (autoridade ou dominação). Ademais, tal conceito envolve algum tipo de distinção em relação ao conceito de **moralidade**, a despeito dos pontos de contato que possam existir entre ambos, na medida, por exemplo, em que regras jurídicas podem, e frequentemente são morais etc. (Grifo nosso.)

Um detalhe essencial dessa nova postura metodológica inaugurada por Hart em comparação, por exemplo, a Hans Kelsen, Norberto Bobbio e mesmo Alf Ross, reside em que, a despeito de também considerar o positivismo jurídico uma teoria descritiva do direito, Hart desde sempre procura chamar a atenção para que essa concepção descritiva do direito não se restrinja a uma descrição de meros fatos do mundo, isto é, a excluir completamente qualquer análise valorativa do direito exatamente porque essa pretensão parte da premissa de que é possível se obter um conhecimento absoluto da realidade objetiva (ou uma "concepção absoluta de mundo"), algo que Hart nega (MACEDO JUNIOR, 2013).

Mas nega baseado não em alguma divergência ou discordância com as teses centrais definidoras do direito na leitura juspositivista (próximo item deste tópico), mas, sim, adotando uma concepção metodológica e epistemológica distinta do que a filosofia do direito – e em especial a tradição do positivismo jurídico, desde Hobbes até o momento pré-hartiano – adotava até então.

Esse é realmente um problema filosófico complexo na definição de direito em H. L. A. Hart. Muito embora não seja um dos objetivos deste livro debruçar-se sobre questão de tamanha complexidade, seu registro é indispensável para se compreender bem o que significa o positivismo jurídico contemporâneo.

Vale ainda ressaltar, por fim, uma outra diferença metodológica importante no positivismo jurídico hartiano. Tal diferença consiste na rejeição de Hart ao que ele denominou "ceticismo sobre as regras", ou seja, a postura de desqualificar a capacidade das regras – e Hart compreende do direito como um conjunto delas, conforme já tratado – em resolver os problemas concretos das relações sociais. Essa postura, então, sustenta que, em verdade, o direito, de fato, se resume à predição de como os juízes e tribunais vão decidir os casos e, claro, às próprias decisões das autoridades judiciais (HART, 2012). Com sua posição contrária ao ceticismo, Hart ao mesmo tempo reforça o formalismo jurídico que é recorrente nas teorias juspositivistas (mas sob uma proposta metodológica diferente do que até então era apresentado), e também rebate os argumentos baseados no ceticismo sobre as regras, especialmente vindos do realismo jurídico escandinavo e norte-americano.

4.2.3 As teses centrais do positivismo jurídico

Pretende-se tratar agora das três premissas (teses) tidas como centrais para o positivismo jurídico, tendo como universo de referência (DIMIOULIS, 2006) o direito moderno consolidado no mundo ocidental nos últimos dois séculos e que, assim, marca também a própria ciência do direito contemporânea. Vale recordar que as teorias que compõem o positivismo jurídico estão voltadas especialmente para a busca de uma explicação global dos critérios de validade jurídica – ou seja, uma explicação geral que se aplique a todos os sistemas jurídicos assim reconhecidos.

Metodologicamente, tal abordagem não se restringirá às cinco compreensões dadas por H. L. A. Hart a respeito do positivismo jurídico, muito embora se busque maior objetividade ao concentrar dois ou mais argumentos em uma única premissa/tese, e em certa medida se tentará de algumas dessas afastar-se ao justificar que sua presença não é indispensável à definição do juspositivismo. Apenas a título de esclarecimento inicial, Hart, nessas cinco "definições" acerca do juspositivismo, assinalou que, para a compreensão descritiva do fenômeno jurídico, (a) o direito é um conjunto de mandamentos humanos; (b) não está o direito positivo necessariamente vinculado à moral; (c) o estudo do direito vigente independe de análise sobre sua adequação originária a preceitos de justiça universal ou de sua adequação moral; (d) o direito é um sistema lógico fechado que apresenta sempre uma resposta a cada caso concreto a partir das normas jurídicas válidas que o integram como ordenamento de forma completamente independente de considerações políticas ou morais; e, por fim, (e) que juízos de ordem moral não podem ser fundamentados objetivamente e, portanto, é impossível que o direito se vincule à moral (HART, 2012).

Tendo essas referências iniciais como ponto de partida, a abordagem aqui se restringirá a três premissas que, a rigor, são entendidas como as **teses centrais do positivismo jurídico**, ou, de outro modo, aquilo que Kenneth Himma (2002) menciona como "**três compromissos do fundamento conceitual do positivismo jurídico**": 1ª) a tese dos fatos sociais (ou fontes sociais); 2ª) a tese da autoridade; e 3ª) a tese da separação entre direito e moral (ou da não conexão conceitualmente necessária entre eles).

Serão tratadas em pontos separados, nessa ordem.

1. Tese dos fatos sociais (ou das fontes sociais)

A tese dos fatos sociais ou das fontes sociais (*The Social Facts Thesis*) sustenta o postulado de que a existência e o conteúdo do direito de uma dada sociedade dependem exclusivamente da atuação de membros dessa sociedade, da construção normativa por parte de instituições destinadas à regulamentação dos comportamentos sociais, e, por conta disso, o direito dependeria de fatos/fontes sociais para ser "produzido". Ainda sobre a teoria os fatos sociais, Dimioulis (2006) diz que

> Esse posicionamento é designado no debate nas últimas décadas com três denominações: – **tese do fato social** ou simplesmente **tese social** (*social fact thesis* ou *social thesis*); – **tese da fonte** (*source thesis*) ou tese das **fontes sociais** (*social sources of the law*); – **tese convencionalista** (*conventionality thesis*). (Grifos do original.)

Hart é categórico ao pontuar que há uma relação importante a ser reconhecida entre esta "tese das fontes sociais do direito", a considerar que o último critério de validez jurídica é determinado por alguma forma de prática social, e a "tese da separação conceitual entre direito e moralidade". De acordo com a primeira tese, a existência do direito somente se torna possível por meio de certos tipos de fatos sociais (HIMMA, 2011). Esta é a tese básica e mais fundamental do positivismo jurídico: o direito não tem sua origem em algum evento ou entidade metafísicos, mas é um fenômeno de criação social, um produto da atividade humana, algo produzido exclusivamente pela racionalidade humana.

O fato de ser uma criação social e um produto da atividade humana denota que o direito, portanto, é resultado de uma dada convenção social estabelecida entre os integrantes de uma determinada comunidade política com o propósito de regular comportamentos, estabelecer parâmetros para certas condutas e permitir, caso necessário, a solução de litígios decorrentes das relações humanas via aplicação da norma jurídica. Todavia, essa conclusão precisou enfrentar algumas mudanças na compreensão do que, de fato, significa "fato social".

Com efeito, para Austin, por exemplo (mas também para Bentham e, em última análise, para Hobbes), o fato social que explica a existência de qualquer sistema jurídico é a presença de um soberano disposto e capaz de impor algum tipo de sanção ante o descumprimento dos comandos contidos nas normas (jurídicas) que dele são emanadas (HIMMA, 2011).

Contudo, tanto para Hans Kelsen como para H. L. A. Hart, essa ideia a respeito das fontes sociais é equivocada. Tanto para o positivismo jurídico kelseniano e sua norma hipotética fundamental como para o positivismo jurídico hartiano e sua regra de reconhecimento, a ideia basilar é de que ambas

(norma hipotética fundamental e regra de reconhecimento) são "questões de fato" que em última medida funcionam como um padrão unificador e garantidor da identidade genética jurídica do todo sistêmico, não sendo elas mesmas validadas, mas antes **aceitas** como um fato social (MACEDO JUNIOR, 2013) – vale dizer, não seriam normas postas e válidas, mas supostas justamente para conferir validade a todas as demais, posto que a validade de uma norma jurídica depende necessariamente de sua relação com outra norma (hierarquicamente superior), independentemente do seu conteúdo e de sua substância, reconhecendo-se importante cisão, a partir desse ponto, entre inclusivistas e exclusivistas, debate que se pretende enfrentar em momento futuro do texto.

As diferenças mais basilares entre norma fundamental e regra de reconhecimento já foram apresentadas em momento anterior. Para fins de explicação desta tese juspositivista, e considerando também que a resposta ao fundamento último da validade das normas jurídicas está na tese das fontes sociais, procuraremos seguir analisando o ponto pela perspectiva da teoria de Hart.

Com a explicação de Hart (2012) sobre a distinção entre normas primárias e normas secundárias, estando entre estas a regra de reconhecimento, passa-se a compreender então que o que autoriza a criação e a existência de um dado sistema jurídico não é a presença de um soberano capaz de obrigar a observância de seus comandos, mas a presença de uma regra de reconhecimento vinculante.

Mas, para o positivismo jurídico contemporâneo a partir de H. L. A. Hart, a relevância da tese dos fatos sociais é ainda maior. O fato social convencionado capaz de permitir a existência do direito e representado pela regra de reconhecimento se coloca como **aceito** quando restam satisfeitas duas condições:

em primeiro lugar, quando os critérios de validade das normas jurídicas contidos nas normas secundárias são reconhecidos e aplicados pelos funcionários do respectivo sistema de justiça; e em segundo lugar, quando os cidadãos da comunidade política reconhecem a existência e geralmente seguem as regras primárias cuja validade, justamente, extrai-se da regra de reconhecimento (HIMMA, 2011).

2. Tese da autoridade

A tese da autoridade (*Authoritative Sources Thesis*) apresenta a ideia de que o direito, além de ser produzido, verificado e confirmado por meio de fontes sociais, deriva e é produzido por fontes que são dotadas de autoridade normativa identificadas por meio de critérios fornecidos pela regra de reconhecimento ou pela norma hipotética fundamental (quer a linha seja hartiana ou kelseniana), e por meio de uma prática complexa que envolve tribunais, instituições essenciais à função de distribuir justiça, autoridades oficiais vinculadas a tribunais/instituições e mesmo particulares na identificação do direito a partir de certos preceitos fornecidos justamente pelo fato social que confere validade ao próprio sistema. "Porém, de outro lado, tanto a norma fundamental quanto a regra de reconhecimento cumprem uma função normativa, ao outorgar validade ao produto da fonte identificada como dotada de autoridade" (MARANHÃO, 2012).

Fontes objetivamente convencionadas, por meio da regra de reconhecimento ou norma fundamental, atribuem autoridade a instituições responsáveis por decidir casos concretos com base em normas que tenham força de direito – produzidas também por instituições dotadas de autoridade para sua produção em caráter geral e abstrato –, ainda que se valendo interpretativamente de razões que em tese possam ser consideradas jurídicas, muito embora não positivadas expressamente naquele ordenamento de que fazem parte tais instituições (autoridades).

É possível enxergar aqui um complemento à primeira tese: com efeito, com base na tese do fato social (que, nesta abordagem, reconhece e toma como pressuposto a característica da convencionalidade – o direito somente sendo possível por meio da convergência independente de conduta e atitude entre indivíduos aceita e expressada por meio de uma convenção social), o positivismo jurídico enquanto linha teórica cumpre o papel que declara ser o seu de descrever objetivamente o que é o Direito. Todavia, estabelecer o objeto filosófico de estudo a partir desse ponto de vista acarreta o ônus de restringir consideravelmente os limites deste objeto, na medida em que acaba por manter o foco da preocupação na forma, e não no conteúdo do direito (em especial nas hipóteses de falta de clareza da norma, ou da sua "zona de penumbra"). A saída, então, pode se dar justamente pela tese da autoridade das fontes: as autoridades objetivamente convencionadas (tanto para ser fonte da produção normativa como para integrar a prática complexa anteriormente mencionada) têm poder para deliberar e decidir sobre os temas, inclusive com base em razões extrajurídicas (convergência com a tese da discricionariedade), desde que a regra de reconhecimento ou o critério de validade último daquele determinado sistema jurídico autorizem essa prática (MARANHÃO, 2012). E, também, para Dimioulis (2006),

> Mais concretamente, afirma-se que o direito constitui produto de atos de vontade da autoridade legislativa (cujos titulares e procedimentos dependem do período histórico – e da leitura feita por cada pensador) e apresenta caráter vinculante – evidentemente sem prejuízo da controvérsia sobre o grau de liberdade que será reconhecida aos órgãos encarregados da aplicação de tais normas.

196 Filosofia do Direito

3. Tese da separabilidade entre direito e moral (ou da não conexão conceitualmente necessária entre direito e moral)

Por fim, a terceira e última tese central do positivismo jurídico a ser abordada neste capítulo. Com efeito, a tese da separação entre direito e moral fundamentalmente é compreendida como a inexistência de uma conexão **conceitualmente necessária** entre direito e moral. O direito enquanto sistema regulador da vida social existe independentemente de correspondência ou adequação com princípios exteriores morais ou de justiça que possam ser válidos e acessíveis à razão humana, muito embora, para o juspositivismo, isso não signifique o afastamento peremptório de tais princípios de ordem moral. Robert Alexy adverte, a nosso ver com acerto, que a tese da separação não pode e não deve ser confundida com o argumento de que o conceito de direito deve necessariamente ser definido sem preferência a preceitos de ordem moral (ALEXY, 2015). A conexão entre direito e moral pode existir de forma contingente, mas não é essa conexão necessária para definir o próprio direito; vale dizer, para se reconhecer um dado sistema como ordenamento jurídico ou uma dada regra como norma jurídica não é indispensável determinar sua adequação e submissão a comandos morais, sendo esse o ponto determinante de divergência entre teorias jusnaturalistas e teorias juspositivistas.

A clássica passagem explicativa de Hart (2012) merece transcrição:

> Assim, não se pode negar em sã consciência que o desenvolvimento do direito tem de fato sido influenciado, em todos os tempos e lugares, tanto pela moral quanto pelos ideais convencionais de grupos sociais específicos, e também por formas esclarecidas de crítica moral ofe-

recidas pela insistência por alguns indivíduos cujo horizonte moral transcendeu a moral comumente aceita. Mas é possível compreender erroneamente essa verdade, vendo-a como autorização para uma afirmação diferente: a de que um sistema jurídico deve **necessariamente** mostrar alguma conformidade específica com a moral ou a justiça, ou basear-se **obrigatoriamente** numa convicção amplamente difundida de que existe a obrigação moral de obedecer à lei. Mais uma vez, embora essa afirmação possa ser verdadeira em certo sentido, isso não significa que os critérios de validade jurídica das leis específicas usadas num sistema jurídico devam necessariamente incluir, expressa ou mesmo tacitamente, uma referência à moral ou à justiça.

Em síntese: não é uma condição necessária que o direito satisfaça exigências emanadas da moralidade, ainda que com frequência isso, de fato, ocorra (HART, 2012).

Desse modo, uma norma ou um sistema jurídico pode perfeitamente contrariar preceitos de ordem moral sem que, com isso, deixem de ser qualificados como **jurídicos**. De outra parte, parece importante registrar que o jusnaturalismo, em sua forma mais contemporânea (como indicado em tópico anterior), afirma não que as normas jurídicas em vigor se encontrem sempre em consonância com os imperativos morais, mas, sim, que considera que isso ocorre em razão de um trabalho de seleção e harmonização feito pelo intérprete, ao que se inclui tanto o afastamento de normas moralmente reprováveis como a modificação do sentido de outras normas com o intuito de adaptá-las a juízos morais (DIMIOULIS, 2006). Portanto, o positivismo jurídico como tradição do pensamento jurídico nega a afirmação de que o reconhecimento da validade das normas jurídicas e do próprio ordenamento jurídico dependa de sua vinculação a valores e mandamentos de ordem moral.

Em outros termos, "a validade jurídica de uma norma não implica necessariamente sua validade moral, e a validade moral de uma norma não implica necessariamente sua validade jurídica" (BULYGIN, 2006). A despeito de sua conexão contingente – algo não negado pelos teóricos do positivismo jurídico, ao menos pela parcela que adota a chamada "tese fraca" –, o que o juspositivismo nega é que a conexão entre Direito e Moral seja necessária (indispensável) para a configuração de validade de uma norma jurídica ou de um ordenamento que se pretenda jurídico. É o que Juliano Maranhão, por exemplo, denomina "normatividade característica do direito", que funciona de forma absolutamente independente da normatividade de outras práticas sociais baseadas em regras e que, desse modo, constituiria um postulado metodológico substancial para diferenciar o direito de outras ciências sociais (Hans Kelsen) e, assim, então, sem a compreensão da própria "estrutura normativa da sociedade" seria impossível construir o conceito de direito (MARANHÃO, 2012).

Essa talvez seja a tese mais marcante e mais relevante do positivismo jurídico frente a outras teorias de abordagem metodológica diferente. As teorias juspositivistas **negam** o reconhecimento de uma **conexão necessária e intrínseca entre direito e moral**. Por consequência, ao negar a conexão necessária, o positivismo jurídico abre a possibilidade teórica de que tal conexão pode se estabelecer de forma contingente ou não necessária, ou de que tal conexão jamais se estabelece.

Hart se posiciona no campo do positivismo jurídico, que reconhece a possibilidade de algum tipo de conexão entre direito e moral, desde que a regra de reconhecimento de um determinado sistema jurídico admita como critério de validade das normas alguma forma de razão extrajurídica. É nesse sentido que se deve compreender o que Hart chamou de **"conteúdo mínimo de direito natural"**. Segundo Hart, existem condições mínimas para a própria convivência social de uma dada comunidade e, sem tais condições, nem o direito e nem a moral poderiam possibilitar o objetivo mínimo de sobrevivência que os indivíduos almejam quando decidem associar-se uns aos outros em uma comunidade política. Uma vez que reste ausente esse "conteúdo mínimo", os sujeitos não teriam quaisquer razões (aqui é possível remeter ao "estado de natureza" de Hobbes) para obedecer a quaisquer normas existentes e, diz Hart (2009), "sem um mínimo de cooperação voluntária por parte daqueles que descobrem que a submissão às normas e sua preservação coincidem com seus interesses, seria impossível a coerção sobre os outros, que não obedeceriam voluntariamente".

Esse conteúdo mínimo é formado pelos seguintes **valores** (Hart chama de "truísmos" verificados em fatos expostos), assim denominados (HART, 2012):

a) "**A vulnerabilidade humana**": proteção da vida e da integridade física dos indivíduos.

b) "**A igualdade aproximada**": mecanismos sociais que visem garantir um mínimo de participação nas decisões políticas do grupo social, vez que os indivíduos são aproximadamente iguais e essa igualdade precisa ser respeitada.

c) "**Altruísmo limitado**": limitação da autonomia/liberdade do indivíduo para que a convivência social possa acontecer. Portanto, as normas básicas de direito e de moral seriam um meio-termo entre dois extremos a possibilitar que um "sistema de abstenções mútuas" seja ao mesmo tempo necessário e aceitável.

200 Filosofia do Direito

d) "**Recursos limitados**": proteção da propriedade ante o dado incontestável de que os recursos do planeta são finitos.

e) "**Compreensão e força de vontade limitadas**": o reconhecimento de que normas primárias precisam necessariamente contar com a previsão de sanções jurídicas para balizar e eventualmente punir comportamentos humanos.

Dimioulis (2006) diz que:

Hart afirma que normas que correspondem a esses objetivos devem integrar o sistema jurídico independentemente da vontade dos legisladores. O autor justifica essas regras antropologicamente, inspirando-se na visão de Hobbes sobre organização social. O raciocínio é o seguinte: diante da compleição dos seres humanos e das necessidades de convívio nas sociedades historicamente conhecidas, a falta dessas regras destruiria a ordem social. Além disso, a experiência indica que as regras em questão sempre se encontram nos sistemas jurídicos, demonstrando que a liberdade do legislador é limitada. Antes de rotular Hart como um jusnaturalista, como fazem com certo júbilo autores moralistas, devemos pensar na relevância normativa que Hart atribui a essas regras "e direito natural". (...). Hart se refere somente a uma "necessidade natural", que não influencia a validade da norma nem sua interpretação. Limita-se a indicar uma relação causal e racional: dadas suas atuais características, as sociedades humanas devem regulamentar esses assuntos se quiserem sobreviver. Finalmente, não exclui a possibilidade de configuração de uma sociedade do futuro, na qual algumas dessas regras serão desnecessárias. Isso seria possível se um dia fosse instaurada, por exemplo, uma sociedade comunista caracterizada pela

Jusnaturalismo, positivismo jurídico e pós-positivismo jurídico 201

igualdade e pela abundância de recursos naturais que tornariam supérflua a tutela da propriedade. Disso resulta que a referência de Hart ao direito natural não vale em sua literalidade, ou será considerada inapropriada, por não corresponder ao uso do termo pelos próprios partidários do jusnaturalismo, ou se entenderá, como nos parece crível, que desempenha uma função crítica – se não claramente irônica. Hart não afirma que esse conteúdo mínimo influencia a validade do direito, deixando claro, por um lado, que a referência ao direito natural carece de relevância jurídica e, por outro lado, que as supostas regras de direito natural não possuem cunho normativo (moral ou jurídico), mas são puras constatações fáticas. Em paralelo, indicando um mínimo de vinculações reputadas antropológicas, deixa claro que o legislador possui absoluta liberdade de decisão nos demais casos, inclusive na concretização dessas regras mínimas. Considerar, por exemplo, necessária a previsão de sanções em caso de homicídio não indica quais homicídios devem ser punidos, nem qual é a penalidade adequada, de acordo às peculiaridades de cada caso. Mesmo assim, Hart rejeita a tese kelseniana de que a norma válida pode ter qualquer conteúdo, isto é, depende exclusivamente da vontade do legislador. Mas a contestação hartiana não é formulada em termos normativos e moralistas. Baseia-se em constatações de cunho antropológico, alegando necessidades das sociedades humanas que o legislador sugue de forma "natural", tal como os seres vivos respiram e comem não porque vislumbram um dever moral, mas porque seguem um instinto de sobrevivência.

A especificação de Hart a respeito de um "conteúdo mínimo do direito natural" remete à questão já tratada neste trabalho: a tarefa de conceituação do que é o direito não deve ser caracterizada pelas eventuais propriedades valorativas do objeto, mas apenas por suas propriedades descritivas. Vale dizer: em princípio, para se reconhecer um sistema normativo como ordem jurídica ou uma regra como norma jurídica, não se faz necessário determinar sua adequação a princípios exteriores morais e de justiça. Um sistema que não se ajuste previamente a tais princípios pode, perfeitamente, ser classificado como **jurídico**. O grau absoluto dessa afirmação (sentido forte ou sentido fraco da afirmação) é questão polêmica dentro da teoria do direito juspositivista, e conduz à divisão do positivismo jurídico em **exclusivo** e **inclusivo** – distinção das mais relevantes em termos de filosofia do direito.

Para o **positivismo jurídico inclusivo**, é conceitualmente possível sistemas jurídicos nos quais os critérios de validade jurídica incluam ou incorporem razões extrajurídicas – vale dizer, sistemas jurídicos podem ser formados também por princípios de ordem moral, ou melhor, normas jurídicas podem ser informadas por princípios morais. Já o **positivismo jurídico exclusivo** nega tal possibilidade, ou seja, nega-se a existência de sistemas jurídicos pautados por fundamentos de ordem moral – a identificação desses sistemas se faz tão somente por meio de fatos sociais e nunca por critérios morais de validade.

Há, portanto, uma profunda divisão na contemporaneidade entre a posição inclusivista e a posição exclusivista do positivismo jurídico, acerca do ponto central sobre se podem existir sistemas jurídicos que admitam critérios morais de validade jurídica. Para os positivistas jurídicos inclusivos (Kenneth E. Himma, Wilfrid Waluchow, Matthew Kramer e o próprio H. L. A. Hart), é clara a possibilidade de existir um sistema jurídico com critérios morais de validade – ou seja, é conceitualmente possível um sistema jurídico em que os critérios de validade jurídica incluam certas posições extrajurídicas, quer dizer, posições de ordem moral. Para os positivistas jurídicos excludentes (Joseph Raz, Andrei Marmor, Scott Shapiro), por seu turno, a tese das fontes sociais em seu sentido forte (*strong social thesis*) se coloca como uma barreira intransponível para a eventual possibilidade de existir um sistema jurídico com critérios morais de validade (HIMMA, 2011; MACEDO JUNIOR, 2013).

Para o positivismo jurídico exclusivo (*hard positivism*), não se admite sob nenhuma hipótese a utilização de padrões morais para se identificar o que é direito, como critérios de validade jurídica das normas. Sustenta, destarte, uma versão forte da completa separabilidade entre Direito e Moral e da impossibilidade de conexão de qualquer ordem entre os dois campos. Sendo assim,

> o direito é estabelecido única e exclusivamente por fatos sociais (...) Mesmo quando uma norma jurídica se refere expressamente à moral, isso não juridifica a moral. O único elemento juridicamente relevante é a norma que foi criada por uma fonte autorizada, independentemente de seu conteúdo e das intenções de seu criador (DIMIOULIS, 2006).

A verificação da validade jurídica de uma dada norma se faz pelos critérios definidos pela convenção decorrente dos fatos sociais, norma essa emanada de uma autoridade normativa.

Para o positivismo jurídico inclusivo (*soft positivism*, ou positivismo jurídico moderado), é conceitualmente aceitável a ideia de que em determinadas sociedades se delibere convencionalmente admitir a existência de critérios de ordem moral que confiram validade jurídica a uma dada norma. Observando-se as práticas sociais de uma certa sociedade, admitindo-se con-

204 Filosofia do Direito

ceitualmente a possibilidade de critérios morais de validade jurídica, verifica-se plausível, para essa linha teórica, o fato de padrões morais servirem para se atestar a validade jurídica.

> Pode ocorrer que, em determinado território e momento, sejam reconhecidos como jurídicos regulamentos feitos "conforme a justiça", "promovendo o bem-estar de todos", "segundo valores morais da comunidade", segundo a "moralidade política", ou, nas palavras de Hart, "conforme os princípios morais e valores substantivos (DIMIOULIS, 2006).

Considerando a divisão anteriormente explicada, necessário se faz também um rápido comentário a respeito de outros tipos de positivismo jurídico apresentados pela melhor doutrina no tema. São interessantes classificações:

- Positivismo jurídico ideológico: nesta perspectiva, sustenta-se que tudo o que é positivado juridicamente é moralmente aprovado e, portanto, tem-se como obrigação moral de todo indivíduo obedecer e observar tudo aquilo que se encontra disposto ou determinado pelo direito

- Positivismo jurídico teórico: corresponde à ideia de **formalismo jurídico**, vale dizer, o direito é um sistema composto "exclusiva ou predominantemente por preceitos legislativos" (NINO, 2010), onde não se admite a possibilidade teórica de lacunas ou antinomias, uma vez que se constitui em uma ordem completa e livre de ambiguidades ou contradições.

- Positivismo jurídico normativo: de acordo com essa perspectiva, reconhece-se o compromisso do direito em observar um conjunto mínimo de preceitos morais e políticos de maneira a sustentar a própria existência de um ordenamento que se pretenda jurídico.

- Positivismo jurídico metodológico: compromisso irremediável com a ideia de que o direito, para ser reconhecido como tal, não depende de qualquer tipo de abordagem valorativa, mas possui foco em uma posição descritiva comprometida unicamente com a análise do que, de fato, existe empiricamente no mundo.

Importante mencionar aqui algo a respeito do realismo jurídico, ao menos em sua versão mais conhecida. O realismo jurídico defende uma postura de ceticismo a respeito das normas jurídicas ao assentar que a ambiguidade linguística das normas impede de se alcançar o exato comando ou estrutura que elas pretendem oferecer, razão pela qual não se pode sustentar a ideia do direito como um conjunto de normas. Para o realismo jurídico, o que caracteriza o direito é a produção jurisprudencial feita por juízes e tribunais, bem como a especulação acerca da previsão do que juízes e tribunais decidirão sobre uma certa causa quando forem chamados a se posicionar.

O próximo tópico deste capítulo voltar-se-á para o estudo da chamada **crítica antipositivista**, quer dizer, das teorias jurídicas que se colocam em oposição ao positivismo jurídico, bem como para a identificação das dificuldades impostas pelos adversários teóricos do positivismo jurídico mais célebres e importantes.

4.3 O chamado pós-positivismo

4.3.1 Esclarecimentos iniciais

A reação antipositivista às teorias desenvolvidas em especial por Hans Kelsen e H. L. A. Hart, em contraposição ao positivismo jurídico por eles representado, aperfeiçoa-se e ganha

206 Filosofia do Direito

enorme terreno após a segunda metade do Século XX – a ponto de uma parcela significativa da doutrina especializada, inclusive no Brasil, declarar o "fim teórico" do positivismo jurídico.

A identificação absoluta do positivismo jurídico com sua vertente ideológica e o equívoco de sua compreensão teórica a partir da imputação de que se trata de uma teoria que valoriza excessivamente a perspectiva formalista (sobretudo a Teoria Pura do Direito de Hans Kelsen) contribuíram para a enorme onda de ataques – boa parte desses ataques consistentes em críticas teóricas pertinentes, mas parte significativa expressando mero desprezo retórico, carente de maior qualificação argumentativa – sofrido pelas teorias juspositivistas. Mais ainda, a suposta relação entre o positivismo jurídico e a ascensão de regimes totalitários na Europa do Século XX (esse ponto foi analisado com maior detalhamento no item n° 3.2, *supra*) também ajudou a construir uma visão a respeito do positivismo jurídico como uma vertente teórica ultrapassada e politicamente perigosa (expressão utilizada por Dimitri Dimioulis), o que deveria então levar à sua superação e construção de novas linhas de teoria do direito capazes de enfrentar regimes autoritários.

As posturas fatalistas provenientes da crítica antipositivista não interessam a este trabalho. Em razão da finalidade proposta pela Coleção, procurar-se-á focar nas construções teóricas mais importantes e que, de fato, por seu conteúdo jusfilosófico, restaram marcadas na Teoria do Direito e na Filosofia do Direito contemporâneas.

Com efeito, Ronald Dworkin, sem dúvida, é o responsável pela crítica contemporânea mais dura e certeira ao positivismo jurídico por meio do seu "ataque direto" ao positivismo jurídico hartiano. No clássico "Modelo de Regras I", Dworkin (2010) discrimina as bases fundantes ("esqueleto") do positivismo jurídico para construir a ideia de que o positivismo é uma teoria que descreve o direito como sendo um sistema de regras, algo que Dworkin nega e, por negar, acaba rejeitando duas das teses centrais do positivismo jurídico, quais sejam, a tese dos fatos sociais e a tese da autoridade – ambas contendo em seu núcleo a ideia de convencionalidade. Dworkin, como se verá logo a seguir, rejeita a tese de que seria possível determinar o conteúdo do direito com base exclusivamente em suas fontes sociais, independentemente de qualquer consideração de ordem moral (MACEDO JUNIOR, 2013). Há ainda diversas outras posições de Dworkin em divergência ao positivismo jurídico, das quais também se pretende tratar objetivamente.

John Finnis (cujas ideias já foram apresentadas no item nº 4.1.3 *supra*) também merece registro ao construir uma crítica ao positivismo jurídico a partir de uma teoria analítica do direito responsável por resgatar o discurso jusnaturalista na contemporaneidade – o que denomina "direito em sentido focal" – baseada da identificação de bens humanos que somente o direito seria capaz de garantir preservação e da objetividade de elementos de razoabilidade prática que somente o direito poderia alcançar.

Por fim, Robert Alexy é outro teórico contemporâneo do direito a defender a ideia de que o positivismo jurídico falha ao sustentar como uma de suas teses centrais a separabilidade entre direito e moral e, por consequência, a inexistência de uma conexão necessária entre direito e moral, em especial a partir do que chama de "**argumento da injustiça**" (com base em Gustav Radbruch) e do denominado "**argumento da correção**", ambos formulações teóricas com capacidade de aplicação analítica tanto para normas isoladas de um sistema jurídico como a sistemas jurídicos tomados integralmente.

Antes, todavia, uma palavra e um breve panorama sobre o estudo da Teoria do Direito no Brasil atualmente.

208 Filosofia do Direito

4.3.2 O antipositivismo no Brasil

Um ponto preliminar importante nesta abordagem é o destacado por Dimitri Dimioulis na apresentação brasileira da obra de Neil MacCormick, *H. L. A. HART*: a partir da década de 1990, na doutrina jurídica bacharelesca e jusfilosófica brasileira tornaram-se mais intensos os ataques ao positivismo jurídico. Em especial, destacou-se nesse aspecto a crítica lastreada em uma abordagem moralista do direito, sobretudo por influência de Ronald Dworkin em seu ataque ao positivismo jurídico hartiano, mas também valendo-se de escritos elaborados, por exemplo, por Robert Alexy, J. J. Gomes Canotilho, dentre outros.

Essa nova visão antagonista ao positivismo jurídico passou a ser reconhecida como **pós-positivismo** ou **neoconstitucionalismo**, tendo como premissa principal a "relevância de normas principiológicas e de elementos valorativos não positivados na escolha das 'melhores soluções' em casos controvertidos" (MCCORMICK, 2010). Representante mais proeminente dessa posição jusfilosófica em solo brasileiro parece ser o Ministro (*Justice*) do Supremo Tribunal Federal, Luís Roberto Barroso. Para tal conclusão, tomam-se aqui dois de seus textos: *Neoconstitucionalismo e Constitucionalização do Direito* (BARROSO, 2005), e *O Começo da História: A Nova Interpretação Constitucional e o Papel dos Princípios no Direito Brasileiro* (BARCELOS; BARROSO, 2007).

Na primeira obra, Barroso aponta que o pós-positivismo busca ir além da legalidade estrita que acarretou (segundo sua visão de mundo) a derrocada do positivismo jurídico com o constitucionalismo do pós-guerra após a segunda metade do Século XX sem, todavia, desprezar-se o direito posto, ao mesmo tempo em que procura estabelecer uma leitura moral do direito mesmo que pretensamente sem se valer de categorias

Jusnaturalismo, positivismo jurídico e pós-positivismo jurídico **209**

de ordem metafísica (BARROSO, 2005) – desse modo, a legitimidade de uma decisão judicial, para Barroso, é extraída de sua vinculação a uma deliberação majoritária precedente, seja do constituinte, seja do legislador ordinário (BARROSO, 2005). Na sequência, pondera:

> Em suma: o neoconstitucionalismo ou novo direito constitucional, na acepção aqui desenvolvida, identifica um conjunto amplo de transformações ocorridas no Estado e no direito constitucional, em meio às quais podem ser assinalados, (i) como **marco histórico**, a formação do Estado constitucional de direito, cuja consolidação se deu ao longo das décadas finais do século XX; (ii) como **marco filosófico**, o pós-positivismo, com a centralidade dos direitos fundamentais e a reaproximação entre Direito e ética; e (iii) como **marco teórico**, o conjunto de mudanças que incluem a força normativa da Constituição, a expansão da jurisdição constitucional e o desenvolvimento de uma nova dogmática da interpretação constitucional (BARROSO, 2005).

No segundo texto (escrito em coautoria com a professora de Direito Constitucional da UERJ, Ana Paula Barcellos), assevera que o positivismo jurídico foi resultado da importação, para o campo do direito, do positivismo filosófico, embebido em uma crença exacerbada no poder do conhecimento científico que, fulcrado na realidade observável e não na maturação filosófica, teria apartado o direito da moral e dos valores transcendentes, reduzindo-o à lei que ao mesmo tempo emana do Estado, possui caráter imperativo e força coativa (BARCELOS; BARROSO, 2007).

Outro importante representante da crítica antipositivista em terras brasileiras é Paulo Bonavides, que contribuiu de maneira significativa para a consolidação do discurso teórico antipositivista no cenário nacional, conferindo significado decisivo na teoria do direito brasileira aos termos **neoconstitucionalismo** e do **pós-positivismo** (RODRIGUES, 2017). Bonavides se notabilizou, além de um ser um grande constitucionalista, por ser crítico ferrenho do positivismo jurídico e da abordagem teórica feita pelos juspositivistas. A título de exemplo, assinala que o positivismo jurídico formal entende a Constituição normativa como um "sistema unitário, completo, absoluto, sem contradições ou incongruências", a exigir do intérprete/aplicador do Direito uma atuação eminentemente silogística por meio de uma subsunção que, em sua visão, afastaria completamente toda necessidade de busca de premissas materiais ou de conteúdo extraídas da própria Constituição, ou mesmo qualquer análise de fundo a respeito dos fins e valores transformados justamente em normas jurídicas positivadas (BONAVIDES, 2011). Além disso, assevera que o juspositivismo teria falhado em reconhecer a normatividade dos princípios de ordem constitucional, vez que, ao fazer dos princípios de natureza constitucional simples pautas programáticas supralegais o positivismo jurídico acabaria por retirar deles sua própria normatividade, impondo-lhes, portanto, total irrelevância jurídica. Destarte, em superação ao positivismo jurídico, sustenta a ideia de que surge então uma terceira fase acerca da juridicidade dos princípios – capaz de relegar o juspositivismo a uma mera categoria histórica da teoria do direito – com a inserção destes nos textos constitucionais da maior parte dos países do mundo ocidental no Século XX, fase esta por ele (e outros) denominada **pós-positivismo jurídico**, a corresponder justamente aos "grandes momentos constituintes das últimas décadas do Século XX" e quando então "as novas Constituições promulgadas acentuam a hegemonia axiológica dos princípios, convertidos em pedestal normativo sobre o qual assenta todo o edifício jurídico dos novos sistemas constitucionais" (BONAVIDES, 2011).

Paulo Bonavides talvez tenha sido o principal responsável, no Brasil, pela associação entre o positivismo jurídico (enquanto teoria descritiva do direito) e a afirmação de regimes totalitários em solo europeu no Século XX – em especial nazismo alemão e fascismo italiano –, e pela conclusão de que a queda de tais regimes corresponderia, no campo da Filosofia do Direito, à superação do positivismo jurídico tanto por seu equívoco teórico como por sua completa falência política com o final da Segunda Grande Guerra, basicamente ao argumento de que a instalação de tais regimes no poder de países como Alemanha e Itália deu-se em grande medida em razão do reconhecimento de legitimidade dos ordenamentos jurídicos construídos a partir desses projetos de poder por meio do discurso juspositivista – sobretudo o kelseniano (GARCIA AMADO, 2012). Portanto, o argumento mais recorrente do "neoconstitucionalismo brasileiro" para declarar superadas na contemporaneidade as teorias identificadas como de linha juspositivista relaciona-se com a ideia de que, ao igualar o direito à lei (à semelhança do que faziam no Século XIX os partidários da Escola da Exegese), e que qualquer conteúdo poderia ser objeto de regulamentação normativa, uma vez que o positivismo jurídico teria sua preocupação exclusivamente voltada ao formalismo jurídico, teria ele legitimado as atrocidades e as violações da dignidade humana cometidas pelos Estados totalitários por meio da lei durante o Século XX.

Gerações de juristas, professores e operadores do direito foram formadas a partir dessa visão a respeito das grandes linhas teóricas do direito durante a segunda metade do Século XX pelas faculdades de direito do Brasil. É bem verdade, toda-

212 Filosofia do Direito

via, que o avanço da comunicação e das trocas de informação, a chegada ao país de autores e obras mais conectados com o estudo mais denso dessas questões, e um maior volume de intercâmbios acadêmicos de professores brasileiros em universidades renomadas em todo o mundo, permitiram que esse debate de cunho jusfilosófico ganhasse uma nova dimensão e profundidade, muito mais afeto às discussões filosoficamente mais relevantes. Há uma geração de novos juristas estudiosos do positivismo jurídico e das vertentes antipositivistas no Brasil que, sem dúvida, vem trazendo novas perspectivas ao conhecimento jurídico produzido e lecionado no país (OMMATI; TORRANO, 2018).

Ao tratar desses "equívocos" de percepção a respeito do que é o positivismo jurídico e quais são suas teses centrais, em especial no Brasil, Dimioulis (2006) sugere um "positivismo jurídico caricaturado", uma imagem caricatural da teoria juspositivista que, a rigor, não encontra paralelo com os escritos juspositivistas mais importantes do Século XX.

Com esse singelo registro sobre a compreensão acadêmica brasileira a respeito dessa temática central da Teoria e da Filosofia do Direito, pretendemos detalhar com maior acuidade os fundamentos mais importantes das principais críticas dirigidas ao positivismo jurídico por autores que, por se caracterizarem especialmente pela aversão ao juspositivismo, comumente são agrupados em uma categoria de autores "**pós-positivistas**", ainda que suas críticas e suas perspectivas epistêmicas sejam muito distintas.

4.3.3 As críticas antipositivistas mais importantes

O pós-positivismo jurídico teria surgido para combater e derrotar o velho positivismo ortodoxo ou legalista que predominava até meados do Século XX. É então com a "idade do pós--positivismo que tanto a doutrina do Direito Natural como a do velho positivismo ortodoxo vêm abaixo, sofrendo golpes profundos e crítica lacerante, capitaneada sobretudo por Dworkin, jurista de Harvard" (BONAVIDES, 2011).

Esta nova forma de produzir teoria do direito – o pós--positivismo – significa, a rigor, um rompimento radical com o positivismo jurídico tanto de matriz kelseniana (em especial a partir de Friedrich Müller e Robert Alexy) quanto de matriz hartiana (em especial com Ronald Dworkin) e se encontra ligado a um retorno dos valores ao direito por meio do reconhecimento da normatividade dos princípios agora inseridos em Constituições formadoras de Estados, produzindo-se, portanto, uma nova hermenêutica que coloca em primeiro plano o aspecto substancial e axiológico do direito, descartando uma função meramente formal e legalista que, na concepção antipositivista, caracteriza de maneira indelével o positivismo jurídico.

Como referido no item anterior, Ronald Dworkin é o responsável pela crítica contemporânea incisiva ao positivismo jurídico, e é justamente por ele que se inicia a análise das posições antipositivistas.

Ao delinear o esqueleto do positivismo jurídico nos textos *Modelo de Regras I* e *Modelo de Regras II*, Dworkin (2011) delineia três preceitos-chave que, em sua visão, definem tal vertente teórica do direito: 1º) o direito seria um conjunto de regras especiais utilizadas por uma determinada comunidade para definir comportamentos aceitáveis ou não (aqueles não aceitáveis podendo ser reprimidos ou coagidos à correção), regras especiais essas que, para sua identificação, dependem de que sejam formalmente aprovadas por testes que assegurem essa característica de "especialidade" das regras do direito – Dworkin chamou tais verificações de "**testes de *pedigree***", a dis-

Filosofia do Direito

tinguir, segundo ele, "regras jurídicas válidas de regras jurídicas espúrias (regras que advogados e litigantes erroneamente argumentam ser regras de direito) e também de outros tipos de regras sociais (em geral agrupadas em como "regras morais") que a comunidade segue mas não faz cumprir através do poder público" (DWORKIN, 2011); 2°) a possibilidade dada pelo positivismo jurídico de que se vá "além do direito" na busca de solução para um determinado caso concreto quando não há prévia previsão legal ou quando esta é insuficiente para resolver o caso; e 3°) a noção de obrigação jurídica, que está a depender de uma regra jurídica válida a exigir que o sujeito faça ou deixe de fazer algo (DWORKIN, 2011).

Partindo então dessa posição, ao avançar agora para uma análise do positivismo jurídico de H. L. A. Hart (visto que reputa a descrição deste último mais complexa e completa que a de John Austin, no que tem absoluta razão), Dworkin delineia então três teses centrais do positivismo jurídico hartiano.

A primeira delas (Dworkin as chama de "doutrinas positivistas") é a tese de que o direito de uma comunidade se caracteriza por se distinguir de outros padrões sociais de comportamento por meio de um "**teste de *pedigree***" atrelado à ideia hartiana de **regra de reconhecimento** que justamente "toma a forma de uma regra suprema" (DWORKIN, 2011). Assim, padrões jurídicos de comportamento normativo como os **princípios**, afirma Dworkin, não poderiam ser aceitos como referência para a aplicação do direito em geral e para a prolatação de decisões judiciais em particular, posto que não possuiriam *pedigree*, ou seja, não seriam reconhecidos como tais pela regra de reconhecimento, a despeito de serem cotidianamente utilizados por aplicadores do direito e juízes para a elaboração de suas argumentações jurídicas. Assim, caso a tese das fontes sociais seja reconhecida como premissa necessária do positivis-

Jusnaturalismo, positivismo jurídico e pós-positivismo jurídico 215

mo jurídico e universalmente válida, vale dizer, caso realmente se coloque como inafastável, para fins de validade, a existência de um teste definitivo para a identificação de normas jurídicas, afirma Dworkin (2011) que os princípios, então, não se revestiriam de obrigatoriedade de observância. O fato de que existem inúmeras decisões judiciais que se utilizam de padrões extrajurídicos ("princípios) para fundamentar suas posições, somado ao fato de que eles emanam não de uma autoridade normativa dotada de poder para tal, mas, sim, da "compreensão do que é apropriado, desenvolvida pelos membros da profissão e pelo público ao longo do tempo" (DWORKIN, 2011), leva à conclusão de que a tese das fontes sociais – base metodológica do positivismo jurídico – encontra-se impossibilitada de reconhecer validade jurídica a tais padrões, e, portanto, não consegue realizar seu compromisso de descrever o direito como ele, de fato, é (MACEDO JUNIOR, 2013).

A segunda é a "doutrina positivista do poder discricionário judicial", encerrada na ideia de que, quando regras jurídicas válidas não fornecem uma solução para um caso determinado, o juiz se encontra livre para fazer sua escolha dentre um leque de possibilidades decisórias factíveis do ponto de vista teórico. Para Dworkin, o positivismo jurídico autoriza que o julgador, em caso de lacuna ou inexistência de um padrão normativo aferido pelo **teste de _pedigree_**, possa decidir de acordo com sua convicção de maneira discricionária. O juiz que não encontra à disposição uma regra jurídica para o caso concreto colocado à sua análise possui poder discricionário no sentido de não estar obrigado à observância de quaisquer padrões dotados de caráter autoritativo – Dworkin (2011) denomina este processo como "teoria do poder discricionário judicial em sentido forte".

Por fim, a terceira e última tese do positivismo jurídico hartiano, de acordo com a leitura de Dworkin, é a de que, para

216 Filosofia do Direito

essa linha do juspositivismo, o direito é composto exclusivamente de regras – vale dizer, portanto, que existe uma "doutrina positivista da obrigação jurídica" a afirmar que temos uma obrigação de fazer algo quando existe uma regra jurídica que determine tal comportamento" (MACEDO JUNIOR, 2013):

> Essas teses constituem o positivismo como uma teoria que pode ser definida como um **sistema de regras**. Segundo Dworkin, de acordo com tais teses, "o positivismo (...) é um modelo de e para um sistema de regras, e a sua noção central é a de que um teste fundamental único para o direito nos leva (**force**) a esquecer importantes papéis dos *standards* que não são regras. (Grifos do original.)

E tal doutrina sustenta, destarte, que se verifica "uma obrigação jurídica existente quando (e apenas quando) uma regra de direito estabelecida impõe tal obrigação" (DWORKIN, 2011).

Nessa medida, assinala Dworkin, há uma conexão direta e imediata entre a segunda e a terceira ideias do positivismo jurídico (hartiano) consoante por ele descrito, porque sempre em um caso difícil (quando não há regra jurídica preestabelecida ou esta é claramente insuficiente) não existe obrigação jurídica enquanto o juiz não **criar** uma regra jurídica que resolva o conflito de interesses entre as partes envolvidas no litígio, o que seria legislar *ex post facto* e não reconhecer e tornar efetiva uma obrigação jurídica existente antes da discussão judicial.

Grosso modo, e aqui abordando o tema de maneira superficial dado o propósito deste trabalho, Dworkin ataca a primeira das doutrinas/ideias do positivismo jurídica hartiana ao afirmar que o direito não é composto exclusivamente de regras jurídicas, mas também de princípios, mesmo quando não internalizados pelo processo formal de normatização (conforme exposto em tópico do Capítulo 2, *supra*). Na perspectiva dworki-niana, princípio é um padrão que não é regra jurídica formal, mas que mesmo assim deve ser e é frequente e diariamente observado por juízes e tribunais, seja porque sua aplicação à solução de casos concretos é uma exigência de justiça ou equi-dade, seja por conta de alguma outra exigência decorrente do plano da própria moralidade. Formando o direito ao lado das regras, destarte, os princípios delas se distinguiriam lógica e ontologicamente. Assim,

> (...) os dois conjuntos de padrões apontam para decisões particulares acerca da obrigação jurídica em circunstân-cias específicas, mas distinguem-se quanto à natureza da orientação que oferecem. As regras são aplicáveis à ma-neira de tudo-ou-nada. Dados os fatos que uma regra estipula, então ou a regra é válida, e neste caso a resposta que ela fornece deve ser aceita, ou não é válida, e neste caso em nada contribui para a decisão. (...). Os princí-pios possuem uma dimensão que as regras não têm – a dimensão do peso ou importância. Quando os princí-pios se intercruzam (por exemplo, a política de proteção aos compradores de automóveis se opõe aos princípios de liberdade de contrato), aquele que vai resolver o con-flito tem de levar em conta a força relativa de cada um (DWORKIN, 2011).

A insustentabilidade teórica desse postulado do posi-tivismo jurídico redundaria, na visão de Dworkin, na negativa dos dois outros postulados. Em decorrência da aceitação do ar-gumento de que o direito não é composto exclusivamente por regras jurídicas, não haveria, destarte, uma regra de reconheci-mento a diferenciar regras dessa natureza de outras integran-tes de outros sistemas normativos sociais, corrompendo deci-sivamente a premissa talvez mais relevante do juspositivismo.

Descrever o direito como um sistema de regras em sentido estrito, cuja aplicação ocorre a partir da chave lógica do "tudo ou nada" e não da ponderação e interpretação, acabaria por "esconder" a natureza moral de uma gramática mais complexa da linguagem jurídica que não opera nessa relação "tudo-nada", mas que envolve algum modo de ponderação e/ou balanceamento que somente pode se desenvolver por força de justificação argumentativa (MACEDO JUNIOR, 2013).

Há, outrossim, três outros pontos decisivos que, numa consideração geral, constituem o cerne da crítica antipositivista de Ronald Dworkin ao positivismo jurídico.

Em primeiro lugar, Dworkin (2014) rejeita a metáfora do jogo de xadrez utilizada pelos positivistas para representar figurativamente o direito, e afirma, em seu lugar, que a metáfora que corretamente descreve o direito não é o xadrez, mas, sim, a **cortesia**, a **prática da cortesia**, ou seja, uma prática social que demanda interpretação e que ao mesmo tempo define o próprio direito. Essa prática interpretativa é o núcleo da concepção de direito para Ronald Dworkin e permite vislumbrar a interpretação jurídica como um empreendimento dialético de formação de conceitos e elaboração de teses jurídicas.

O segundo ponto diz respeito ao conceito de **interpretação** que Dworkin desenvolve, em especial, em *O Império do Direito* (1986). Destaca-se:

> Precisamos começar a refinar a interpretação construtiva, transformando-a em um instrumento apropriado ao estudo do direito enquanto prática social. Teremos de estabelecer uma distinção analítica entre as três etapas da interpretação que apresentaremos a seguir, observando como são necessários, em uma comunidade, diferentes graus de consenso para cada etapa quando se tem em

Jusnaturalismo, positivismo jurídico e pós-positivismo jurídico   219

vista o florescimento da atitude interpretativa. Primeiro, deve haver uma etapa "pré-interpretativa" na qual são identificados as regras e os padrões que se consideram fornecer o conteúdo experimental da prática. (...). Em segundo lugar, deve haver uma etapa interpretativa em que o intérprete se concentre numa justificativa geral para os principais elementos da prática identificada na etapa pré-interpretativa. Isso vai consistir numa argumentação sobre a conveniência ou não de buscar uma prática com essa forma geral. A justificativa não precisa ajustar-se a todos os aspectos ou características da prática estabelecida, mas deve ajustar-se o suficiente para que o intérprete possa ver-se como alguém que interpreta essa prática, não como alguém que inventa uma nova prática. Por último, deve haver uma etapa pós-interpretativa ou reformuladora à qual ele ajuste sua ideia daquilo que a prática "realmente" requer para melhor servir à justificativa que ele aceita na etapa interpretativa. Um intérprete da comunidade hipotética em que se pratica a cortesia, por exemplo, pode vir a pensar que uma aplicação coerente da melhor justificativa dessa prática exigiria que as pessoas tirassem os chapéus tanto para soldados que voltam de uma guerra quanto para os nobres. Ou que ela exige uma nova exceção a um padrão estabelecido de deferência: isentar os soldados das demonstrações de cortesia quando voltam da guerra, por exemplo. Ou, talvez, até mesmo que uma regra inteira estipulando deferência para com todo um grupo (ou toda uma classe) de pessoas deva ser vista como um erro à luz daquela justificativa (DWORKIN, 2014).

Para Dworkin, uma teoria interpretativa deve se voltar à interpretação das práticas sociais. A interpretação de uma prática social, para Dworkin, é semelhante à interpretação artística no sentido de que ambas pretendem interpretar algo criado pelas pessoas como uma entidade distinta delas, e não o que essas mesmas pessoas dizem sobre a prática. Assim, a interpretação das práticas sociais e a interpretação artística voltam seu foco às intenções das regras, suas finalidades, e não suas causas.

Em terceiro lugar, com clara inspiração na obra de Hans--Georg Gadamer, Dworkin (2005) lança a ideia de que a interpretação do direito é similar à interpretação literária e, portanto, o sentido interpretativo dado por um aplicador do direito deve se assemelhar ao encadeamento de capítulos de um romance, em que há uma coerência interna interpretativa de modo a se alcançar (Dworkin sustenta que isso é possível) a única resposta possível a um caso concreto, a partir desse processo interpretativo. Relaciona em sentido forte o direito e a literatura, para sustentar uma aproximação metodológica entre a interpretação literária e a interpretação jurídica. Nesse sentido, com relação à interpretação literária, assinala que em um romance a ser escrito por diversos escritores onde compete a cada um deles escrever um capítulo isolado, cada qual deve criar e interpretar os capítulos anteriores de modo a dar continuidade coerente àquilo que já foi estabelecido pelos autores precedentes.

Dworkin defende a tese de que os juízes estão sob as mesmas condições desses escritores quando estão frente a um caso concreto para decidir, especialmente se este for um "caso difícil", vale dizer, aquele tipo de caso em que não existe uma regra diretamente aplicável onde, justamente por isso, o julgador deve se valer de princípios e valores de ordem moral para dar ao caso concreto um desfecho aceitável e satisfatório do ponto de vista argumentativo. Em situações como essa (onde um caso difícil exige decisão), o juiz então deve conhecer todas as decisões antecedentes que de algum modo se relacionam com o caso, de modo a conferir uma sequência coerente de maneira análoga ao romance, ou seja, produzindo uma decisão que seja uma sequência de outras já produzidas por seus pares. Nas palavras de Dworkin (2005), cada juiz funciona como um romancista na corrente, devendo considerar-se como um "parceiro de um complexo empreendimento em cadeia, do qual essas inúmeras decisões, estruturas, convenções e práticas são a história; é seu trabalho continuar essa história no futuro por meio do que ele faz agora".

As críticas de Ronald Dworkin ao positivismo jurídico são extremamente relevantes, densas e incisivas. Muito embora a apresentação aqui tenha se limitado a uma indicação panorâmica de suas teses principais, ela pode servir como um contato introdutório e, mais que isso, talvez como uma sinalização prévia do quão interessante e fundamental são os trabalhos de Dworkin, tanto para a Filosofia do Direito como para a Filosofia Moral e os debates políticos.

Por seu turno, outro que nessa ótica merece destaque é Robert Alexy (2015), sobretudo por sustentar categoricamente a existência de uma **conexão necessária entre direito e moral** em relação à qual o positivismo jurídico terminaria por falhar ao tentar se constituir como uma teoria geral (abrangente), derivando dessa falha o reconhecimento correlato de sua legitimidade limitada enquanto teoria (mesmo descritiva) do direito. Nega, com isso, a terceira tese central do positivismo jurídico, anteriormente explicada.

Para Alexy (2015), é indispensável a uma correta Teoria do Direito que esta, além de abranger as ideias de autoridade e eficácia social do direito – próprias do positivismo jurídico –, também compreenda a ideia de que o direito contenha elementos morais de forma tal que seja possível reconhecer a existência de uma conexão necessária entre direito e moral. A tese da separação entre direito e moral, de acordo com o positivismo jurídico, comportaria sustentação teórica se a inclusão de elementos morais na compreensão do conceito de direito fosse conceitualmente impossível ou inviável em todas as suas utilizações. Como não é o que se verifica de qualquer abordagem analítica de ordenamentos jurídicos, haveria uma grande dificuldade teórica para os juspositivistas em refutar, em um nível analítico, a existência em alguma medida de uma conexão conceitualmente necessária entre direito e moral. Alexy se vale de dois argumentos centrais de modo a sustentar a tese de que, de fato, há essa conexão necessária (entre direito e moral): o argumento da injustiça e o argumento da correção.

Sob a denominação de **"argumento da injustiça"**, tomando por inspiração Gustav Radbruch, Alexy afirma que, do ponto de vista normativo, é necessário realizar uma ponderação entre os valores **justiça** e **segurança jurídica** e que, desse modo, a inserção de elementos de ordem moral no próprio conceito de direito seria imprescindível para permitir aos juristas e autoridades públicas enfrentar e combater normas jurídicas formadoras de um estado injusto (ou de um ordenamento jurídico **não justo**).

> A famosa fórmula de Radbruch, inclusive, é construída sobre base positivista (como se sabe, Radbruch sobrepunha o valor de segurança jurídica à justiça perfilhando o positivismo até testemunhar os horrores do nazismo): o direito positivo decorrente do poder constituído tem precedência ainda que seja injusto ou falhe em beneficiar o povo, a não ser que o conflito entre a lei e a justiça alcance grau intolerável. Alexy fica bem próximo disso, ao tentar conciliar a tese positivista das fontes sociais à pretensão de correção moral, que estaria na base da relação comunicativa das autoridades com os sujeitos normativos (MARANHÃO, 2012).

Partindo da compreensão do ponto de vista de um observador externo que considera o direito exclusivamente um sistema de normas, Alexy incorpora uma leitura de Radbruch para afirmar de modo condensado, sob a forma de argumento da injustiça, duas das teses centrais do jusnaturalismo, quais sejam, a defesa da existência de princípios morais e de justiça universalmente válidos e acessíveis à razão humana, e a defesa da ideia de que um sistema normativo não pode ser classificado como "jurídico" se estiver em desacordo com aqueles princípios morais e de justiça universais.

Justamente em razão dessa abordagem é que Alexy (2015) questiona: "o que diferencia o sistema de domínio do sistema de malfeitores e do sistema de bandidos?". Segundo ele, o critério dessa diferenciação não está fulcrado no fato de que quaisquer regras gerais são válidas, ou mesmo no fato de o sistema de domínio ser vantajoso para todos na mesma medida, mesmo que somente no nível mínimo da proteção da vida, da liberdade e da propriedade. A verificação da **injustiça** é, a despeito de decisivo, apenas um primeiro passo: verificar a incompatibilidade entre um determinado sistema jurídico e um sistema moral coloca o observador externo em condições de reconhecer que se constituiu um Estado injusto, algo que deve ser reparado em favor da própria evolução da convivência social. Isso demanda a utilização do segundo argumento por Alexy: o "**argumento da correção**".

Essa **pretensão de correção**, segundo Alexy, traduz-se a partir da ideia de que é imanente ao direito uma pretensão de justiça de modo a corrigir um estado de coisas estatal inaceitavelmente injusto, e que, por essa razão, um sistema jurídico tomado de modo geral enquanto ordenamento, uma norma jurídica isolada ou uma decisão judicial proferida em um caso concreto "que não pretendam ser justos e não o sejam, ou não

224 Filosofia do Direito

são direito, quando seu choque com tal pretensão imanente e necessária supere o limiar da extrema injustiça, ou então, se são jurídicos, o são de maneira deficiente, defeituosa" (GARCIA AMADO, 2012). O argumento da correção é exposto por Alexy por meio de três teorias: a "teoria da pretensão", a "teoria dos princípios" e a "teoria do discurso".

Pela teoria da pretensão, Alexy (2015) sustenta que sistemas normativos, normas isoladas ou decisões judiciais que não defendam a pretensão de correção de injustiça explícita ou implicitamente não podem ser considerados sistemas e/ou normas "jurídicos" (tendo, portanto, um significado definitório), bem como ainda que sistemas normativos, normas isoladas ou decisões judiciais que, a despeito de levantarem tal pretensão, não a cumprem corretamente são sistemas, normas ou decisões juridicamente defeituosos.

Pela teoria dos princípios, assinala que, diferentemente de regras, princípios são comandos de otimização que podem ser cumpridos em graus diversos e que, por isso, precisam necessariamente ser ponderados para que sejam, de fato, aplicados à solução de um determinado caso concreto (ALEXY, 2015).

Por fim, pela teoria do discurso, assevera o filósofo do direito alemão que a conexão necessária entre direito e moral (uma "moral correta") deriva das exigências modernas da igualdade discursiva e da universalidade que permeiam o campo jurídico e que, por sua vez, constituem o fundamento de uma teoria da moralidade formalística procedimental fulcrada na ideia de generalizabilidade, conhecida no campo filosófico como "ética discursiva ou da argumentação", a ter em Jürgen Habermas e Karl-Otto Apel seus representantes mais proeminentes (ALEXY, 2015).

A conjugação dos argumentos da injustiça e da correção e das teorias de fundo seriam suficientes para demonstrar, de

Jusnaturalismo, positivismo jurídico e pós-positivismo jurídico **225**

maneira irrefutável, a conexão necessária entre direito e moral a partir, em especial, da pretensão de correção – a conexão necessária decorrente dessa pretensão fulminariam o positivismo jurídico como teoria apta a descrever corretamente o direito justamente porque o positivismo jurídico tem como tese central a separação conceitual entre direito e moral – a despeito de possível conexão contingente, como defendem os adeptos do positivismo jurídico inclusivo.

De outro lado, não é possível deixar de destacar também a famosa "teoria da ponderação" de Robert Alexy, que tanto influenciou e segue influenciando juristas, magistrados e tribunais na solução de casos concretos a envolver choques e contraposições entre valores fundantes da sociedade brasileira que se encontram, inclusive, inseridos na CF/1988.

A teoria da ponderação de Alexy propõe-se a solucionar os problemas decorrentes dos conflitos que se estabelecem com a contraposição de direitos fundamentais, ou, mais especificamente, entre princípios que expressam direitos fundamentais. Segundo Alexy (2008), regras são normas que são sempre satisfeitas ou não satisfeitas a conter determinações no âmbito daquilo que é fática e juridicamente possível; por seu turno, princípios, em sua terminologia, são "mandamentos de otimização" que se diferenciam pela característica de poderem ser satisfeitos em variados graus e também pela ideia de que sua satisfação adequada depende não apenas de suas possibilidades fáticas, mas também de suas possibilidades jurídicas.

Para o propósito deste trabalho, importa, de fato, a compreensão de Alexy para a maneira como se diferenciam **o conflito** entre regras e **o conflito** entre princípios.

O conflito de regras é solucionado por meio da introdução, em uma das regras, de uma cláusula de exceção apta

226 Filosofia do Direito

justamente a eliminar o conflito, ou na hipótese de ao menos uma das regras ser declarada inválida de modo a ser retirada do ordenamento jurídico e deixar de ser medida apta a solucionar eventuais casos concretos. Validade jurídica não é um valor graduável e, destarte, ou uma norma jurídica é válida, ou não é; não sendo, deixa de ser apta à aplicação pelo julgador. Já o que se passa em termos de solução de conflito entre princípios é algo bem diverso.

Verificando-se que dois princípios estão em situação de conflito (quando, no exemplo de Alexy, um princípio dispõe que algo é proibido e outro princípio dispõe que esse algo é permitido), não se conclui que um deles perderá necessariamente sua validade, assim como ocorre no conflito de regras. Certo é que um deles deverá ceder em favor do outro, vale dizer, um deles terá preferência em face do outro de acordo com as condições caracterizadoras do conflito em si.

Caso sejam outras as condições que materializam a própria colisão, é possível que aquele princípio que foi afastado em face da prevalência do outro princípio retome sua força e se faça prevalecer agora. Desse modo, os princípios têm pesos diferentes em decorrência das condições verificadas no caso concreto posto à análise e, para sua solução, aquele princípio com maior peso tem precedência na aplicação, solucionando-se, portanto, segundo uma dimensão de peso, e não segundo uma dimensão de validez, esta última própria do conflito de regras. Conforme explica Josep Juan Moreso (2007), a dimensão de peso na solução do conflito entre princípios configura o núcleo da teoria da ponderação. Há em Alexy uma óbvia conexão entre a teoria dos princípios e a ideia ("máxima") da proporcionalidade, restando à ponderação entre princípios o fornecimento do resultado final decorrente da contraposição estabelecida entre eles. Vale lembrar que, no Posfácio à obra *Teoria dos Direitos Fundamentais*, o próprio Alexy explicita como tese central deste debate que os direitos fundamentais, independentemente de sua formulação mais ou menos precisa, têm natureza de princípios e são mandamentos de otimização, a serem entendidos, portanto, a partir da satisfação possível de seus conteúdos, mormente em situação de contraste entre si (entre direitos fundamentais). Apenas a título de registro, denota-se que a aplicação concreta da teoria da ponderação de Alexy demanda o percurso de três etapas. A primeira compreende a aferição do grau de não satisfação do primeiro princípio envolvido no quadro de colisão. A segunda compreende a aferição do grau do segundo princípio envolvido no quadro de colisão e que conflita com o primeiro. A terceira e última etapa do processo teórico consiste em avaliar se a importância de satisfação do segundo princípio justifica a ausência de satisfação (a sua não incidência no caso concreto) do primeiro, em uma gradação que forma uma escala de níveis com as categorias "leve", "moderado" e "sério".

A ponderação visa justamente maximizar no maior grau possível a valorização de um princípio que veicule norma de direito fundamental quando em confronto com outro princípio de mesma natureza, de modo a autorizar (ou não) sua incidência frente a um caso concreto em que a colisão seja empírica e argumentativamente verificável (ASSUNÇÃO, 2019).

Por fim, dedicam-se também algumas linhas à crítica ao positivismo jurídico produzida pela linha teórica do jusnaturalismo contemporâneo.

Nesse ínterim, John Finnis surge como referencial teórico importante dentro do movimento de oposição às teses centrais do positivismo jurídico. Tomando-se como referência sua obra mais difundida, *Lei Natural e Direitos Naturais*, parte Finnis da crítica às teorias juspositivistas de Bentham, Austin, Kelsen e Hart – metodologicamente descritivas do objeto "direito", vale dizer, livre de qualquer consideração a respeito de valores ou o impacto destes na definição desse objeto de conhecimento. Para Finnis, é metodologicamente impossível uma teoria descritiva desgarrada de qualquer valoração do que é bom ou ruim para os integrantes de um determinado corpo social, a exigir, portanto, razoabilidade prática daquele que se coloca nesse tipo de empreitada teórica. A convivência humana, para Finnis, depende do próprio **direito natural**, o qual, por sua vez, é formado por valores básicos da existência humana aferíveis por uma teoria do direito natural e identificáveis, por sua vez, por meio da razoabilidade prática (em si, um valor básico). A relação entre lei positiva e lei natural, nessa perspectiva, estabelece-se entre "leis particulares de sociedades particulares e os princípios permanentemente relevantes da razoabilidade prática" (FINNIS, 2007). A ausência dessa compreensão por parte dos teóricos do positivismo jurídico atestaria a insuficiência desta teoria e a vantagem do jusnaturalismo ao tratar (normativamente) o Direito.

Esses registros simplórios sobre as principais críticas produzidas por teorias antipositivistas têm o objetivo de tentar estabelecer um padrão minimamente organizado das ideias centrais que caracterizam o positivismo jurídico e, em especial, das principais críticas construídas por teorias antipositivistas a tais ideias. A despeito da finalidade desta Coleção, como já pontuado, resta colocada certa obrigação de se dispor metodologicamente os problemas e, a partir daí, identificar seus pontos fulcrais e argumentos mais relevantes, e foi exatamente o que se procurou desenvolver. É sintomático que boa parte das escolas jurídicas do Brasil tratem apenas superficialmente ou sequer abordem as temáticas versadas neste capítulo. Refletir o ensino jurídico no país e seu aperfeiçoamento é ponto obrigatório para quem tem interesse em Filosofia do Direito, e esta rápida reflexão crítica tem a intenção de destacar tal propósito.

5

Teorias contemporâneas da Justiça

5.1 Introdução

Inegavelmente, um dos mais significativos e importantes temas de Filosofia do Direito – a implicar uma relação direta com o exercício prático da atividade dos operadores do sistema de justiça em todo o mundo, e também no Brasil – é referente ao estudo das denominadas "Teorias da Justiça".

As discussões a respeito da identificação entre direito e justiça, o que é justiça enquanto **valor**, sua potencial universalidade, o seu papel no cotidiano dos sistemas de justiça em funcionamento, a distribuição dos recursos materiais limitados, a preservação da estabilidade social, a construção de instituições políticas capazes de regular a vida em sociedade e que não sejam em si injustas, a maneira como os sujeitos lidam com suas escolhas e as respectivas consequências tendo em vista o conjunto de direitos e bens pertencentes aos demais membros do corpo social com quem ele convive, dentre muitas outras questões, constituem um dos núcleos centrais e mais importantes

230 Filosofia do Direito

da Filosofia do Direito, razões estas que levaram à escolha da temática "Teorias da Justiça" para constituir um dos capítulos desta obra.

Já nas primeiras linhas deste livro procurou-se colocar em destaque o debate central lançado por Platão em *A República*. Como visto, Platão procura defender a tese utópica da **cidade ideal** a ter como critério definidor justamente o valor justiça. A ideia de "justiça" enquanto **valor** e significando, em seu núcleo duro, a harmonia (entre as partes da cidade e entre as diversas esferas do **eu** do indivíduo), caracteriza uma das primeiras tentativas filosóficas em se apresentar uma compreensão do direito, e a escolha dessa explicação em Platão se colocou a partir do próprio significado de justiça.

Não são, todavia, apenas os debates acerca de uma possível definição do valor justiça que compõem a importância do tema. É também no âmbito das discussões a respeito das teorias da justiça que se coloca uma outra questão fundamental à Filosofia do Direito: **por que devemos obedecer a certas regras (inclusive morais)?**

A procura por essa resposta, de forma mais ou menos intensa, permeou toda a apresentação desta obra – voltada, registre-se novamente, para atividades forenses do cotidiano e preparação para concursos públicos. Não é a pretensão aqui enfrentar rigorosamente este tema no âmbito mais específico do presente trabalho.

A despeito disso, será a partir de uma obra especialmente admirada por enfrentar esse questionamento sob uma perspectiva de teoria de justiça que se procurará desenvolver explicações objetivas e diretas a respeito das linhas teóricas contemporâneas mais relevantes. Uma vez mais, e assim como feito para outros temas também abordados, metodologicamente se optará por deixar de lado as discussões teóricas a respeito do valor justiça estabelecidas antes do início da Era Moderna (Antiguidade e Idade Média), e se buscará focar a apresentação naquelas teorias que dominam a discussão contemporânea na Filosofia do Direito, sobretudo a partir da segunda metade do Século XX.

A obra anteriormente mencionada trata-se de *Uma Teoria da Justiça*, de John Rawls (2000b). Também podemos destacar outra obra do mesmo autor, *O Liberalismo Político*. Em seu propósito teórico de produzir uma concepção de "justiça como equidade", Rawls apresenta, em certo sentido, respostas à indagação destacada parágrafos antes. Nesse sentido, em primeiro lugar, assinala Rawls que a moral exige que cumpramos com as obrigações que, de acordo com a teoria contratualista de Thomas Hobbes e Jean-Jacques Rousseau, nos comprometemos a cumprir quando aceitamos viver em uma comunidade. Em segundo lugar, de outra banda, porque a partir do contratualismo o dever de obedecer a certas regras se dá motivado pela circunstância de que de algum modo estamos todos nós **comprometidos pela convenção** a cumprir determinados deveres e obedecer a certos comandos contidos em regras (jurídicas sobretudo, mas também morais, religiosas etc.). Como o contratualismo ocupa um lugar muito significativo na teoria da justiça de John Rawls, tal característica o aproxima de Rousseau e das discussões sobre a relação bem comum e vontade geral, ainda que sobre base epistemológica diversa – e que será analisada também com detalhamento. Rawls sustentará a existência de um "contrato hipotético", o que permite pensar a vontade geral tendo como norte o maior ganho individual permitido (a ter o direito justamente como o limitador dessa pretensão) para todos os integrantes da sociedade.

Fixada a premissa que balizará o desenvolvimento deste capítulo, o estudo das teorias da justiça será focado na

232 Filosofia do Direito

compreensão de seis vertentes teóricas mais expressivas, quais sejam:

a) o Liberalismo Igualitário;

b) o Libertarismo (Liberalismo não Igualitário);

c) o Republicanismo;

d) o Comunitarismo;

e) o Marxismo; e

f) a própria teoria da justiça de John Rawls.

Nos termos propostos por Roberto Gargarella, devemos admitir que essa classificação e escolha não são peremptórias e nem pretendem excluir outras teorias dessa natureza, mas apenas um modo de facilitar o estudo a partir da importância do debate sobre "teorias da justiça" nos pensamentos jusfilosófico e filosófico-político contemporâneo.

Para tal propósito, e procurando revestir da máxima qualidade na informação não apenas para a preparação para concursos públicos, mas também para, de alguma maneira, contribuir para uma maior qualidade do debate público em termos argumentativos e, ainda, um melhor entendimento e funcionamento das instituições que compõem o sistema de justiça brasileiro, tomar-se-á como marco teórico e como referência duas obras de fundamental importância para o estudo sobre **teorias da justiça**, ambas publicadas no Brasil: *As Teorias da Justiça depois de Rawls: um breve Manual de Filosofia Política*, do Prof. Roberto Gargarella (2008), e *Filosofia Política Contemporânea: uma introdução*, do Prof. Will Kymlicka (2006).

Serão esses trabalhos que auxiliarão na explicação dos pontos mais importantes a respeito de cada uma das teorias da justiça anteriormente discriminadas.

5.2 Liberalismo Igualitário

A perspectiva de teorias da justiça da linha **Liberalismo Igualitário** pressupõe, basicamente, o objetivo de reconhecer o patrimônio jurídico individual, mas voltado ao propósito de igualar as pessoas em suas circunstâncias de modo a torná-las responsáveis por suas escolhas e pelas respectivas consequências. O fim último é construir uma teoria da justiça que no limite consiga equilibrar os valores **liberdade** e **igualdade** de modo que, ao mesmo tempo, não se reduza demasiadamente o campo de escolha livre do sujeito, mas também não o coloque em nível de desigualdade extremo em relação aos demais membros da comunidade política. Desse modo, todos os bens primários sociais devem ser distribuídos igualmente, exceto se uma distribuição desigual de um ou de todos os bens primários seja de alguma forma vantajosa para os menos favorecidos do grupo – posição que Rawls compartilha com liberais igualitários (KYMLICKA, 2006).

Em certo sentido, portanto, o Liberalismo Igualitário busca se colocar como uma alternativa de consenso entre os libertários em um extremo – defensores da preponderância da liberdade, e os marxistas em outro – estes, defensores da preponderância da igualdade. Logo, é possível reconhecer com tal busca de consenso um apreço dos liberais igualitários por tudo aquilo que representa o "Estado de bem-estar social", a combinar as liberdades e desigualdades capitalistas com as políticas igualitárias próprias de um regime de bem-estar social (KYMLICKA, 2016). O Liberalismo Igualitário pretende justificar, ao mesmo tempo, a existência de um livre-mercado econômico (a considerar as pessoas **responsáveis** por suas escolhas), e o reconhecimento dos limites desse mesmo livre-mercado quando ele desfavorece e prejudica os indivíduos por razões

234 Filosofia do Direito

outras que não as consequências de suas próprias escolhas – a questão da responsabilidade pelas escolhas, anteriormente referida (KYMLICKA, 2016).

O Liberalismo Igualitário parece pressupor uma comunidade política (uma nação) que ao mesmo tempo apresente desenvolvimento econômico e políticas de combate à desigualdade social. O problema contemporâneo do formato de bem-estar social tem se revelado grave em várias partes do mundo – incluindo o Brasil: o Estado de bem-estar social necessita de uma economia em desenvolvimento para poder fazer frente a seus programas de redistribuição de renda e oportunidades (com ações afirmativas, políticas tributárias específicas, educação superior pública etc.); contudo, a estrutura da economia de livre-mercado é de tal modo constituída que o desenvolvimento econômico pilar do *welfare* só pode ser alcançado por meio de políticas econômicas incompatíveis com os princípios de justiça igualitária que fundamentam teoricamente o Estado de bem-estar social (KYMLICKA, 2006).

Assim, em breve resumo, são fundamentos centrais do Liberalismo Igualitário:

■ A ideia de que um dos objetivos primordiais do Liberalismo Igualitário é buscar reduzir ao máximo as desigualdades existentes entre os indivíduos de modo a permitir que estes sejam responsáveis em termos morais, jurídicos e políticos pelos resultados decorrentes de suas opções. Em uma situação de relativa igualdade entre os indivíduos, apenas eles próprios podem ser responsáveis por suas escolhas, boas ou más. Em sentido reverso, políticas sociais lastreadas em uma perspectiva de Liberalismo Igualitário não podem ser pensadas no sentido de arcar com escolhas individuais que sejam particularmente custosas a toda a comunidade (GARGARELLA, 2008).

■ Em contraposição às propostas utilitaristas, não se deve tomar como medida de aferição de desenvolvimento social o sentimento subjetivo de satisfação da felicidade ou bem--estar que cada um possa alcançar a partir de suas escolhas. Essa medida deve, ao contrário, levar em conta os recursos disponíveis na comunidade e a parcela deles que cada pessoa possui em posição de disponibilidade – e o que fazem com esses recursos em termos de melhoria das condições de convivência social.

■ A ideia de que uma concepção de justiça pensada sob a égide do Liberalismo Igualitário não admita que o direito seja de algum modo utilizado para fixar um padrão moral de convívio a exigir que todos os integrantes da comunidade se comportem, em sua vida privada, de acordo com o que estabelece esse padrão moral – no mais das vezes imposto pelos grupos política e economicamente dominantes. Não deve o Estado, em nome do aperfeiçoamento do convívio social, estabelecer que forma de vida é aceitável ou desprezível de ser vivida pelas pessoas que integram a comunidade. A posição de "neutralidade moral" é muito cara aos principais expoentes do Liberalismo Igualitário (GARGARELLA, 2008).

Ainda segundo Gargarella (2008),

> (...). Dworkin procura mostrar quais são as características que devem distinguir uma concepção igualitária plausível: as pessoas devem ter a possibilidade de iniciar suas vidas com iguais recursos materiais, e devem ter igual possibilidade de se garantir contra eventuais desvantagens. Aqui também, como no caso de Rawls, o objetivo é reduzir o peso de fatores arbitrários de um ponto de vista moral.

236   Filosofia do Direito

■ Por fim, a capacidade de converter os recursos disponíveis e com acesso materialmente igualitário na medida do possível deve estar voltada ao reforço do valor liberdade dentro de um dado grupo social, capaz assim de reforçar a responsabilidade das escolhas de um ponto de vista moral.

Como principais expoentes do Liberalismo Igualitário na Filosofia Política e na Filosofia do Direito, destacam-se Ronald Dworkin (2005) e Amartya Sen (2011).

5.3 Libertarismo (Liberalismo não Igualitário)

Enquanto linha de pensamento que se coloca como uma "teoria da justiça", o Libertarismo ou Liberalismo não Igualitário coloca nos termos sua premissa fundamental: defesa total da liberdade de mercado e exigência de limitações ao uso do Estado para implementação de políticas sociais de combate à desigualdade (KYMLICKA, 2006). Nega, portanto, qualquer obrigação moral por parte das autoridades integrantes do aparato estatal em implementar medidas redistributivas de renda e receita voltadas à redução da desigualdade social verificada em uma dada comunidade.

Seu principal representante filosófico é Robert Nozick, autor de *Anarquia, Estado e Utopia* (1974). É pela ótica de Nozick que se abordará esta segunda "teoria da justiça".

Como explica Gargarella (2008):

> (...) segundo Rawls, uma sociedade justa precisava de um Estado muito ativista – um Estado cujas instituições fundamentais deveriam contribuir para a primordial tarefa de igualar as pessoas em suas circunstâncias básicas. Nozick direciona a parte essencial de seu principal trabalho

– Anarchy, State and Utopia – para uma crítica a teorias da justiça como a de Rawls, e à defesa de uma teoria da justiça muito diferente da defendida pelo igualitarismo. A teoria de Nozick – perante outras, como a de Rawls – vai requerer um Estado bem menos ambicioso quanto a suas pretensões: um Estado Mínimo (como ele denomina) dedicado exclusivamente a proteger as pessoas contra o roubo, a fraude e o uso ilegítimo da força, e a amparar o cumprimento dos contratos celebrados entre esses indivíduos.

Nas palavras de Nozick (1991):

O Estado guarda-noturno da teoria liberal clássica, limitado às funções de proteger seus cidadãos contra a violência, o roubo, a fraude e à fiscalização do cumprimento de contratos etc., é aparentemente redistributivo. Podemos imaginar pelo menos um arranjo social intermediário entre o plano de associações de proteção privada e o Estado guarda-noturno. Uma vez que este último é muitas vezes denominado Estado mínimo, designaremos essa outra versão como Estado **ultramínimo**. O Estado ultramínimo mantém o monopólio do uso da força, exceto a necessária à autodefesa imediata, e dessa maneira exclui a retaliação privada (ou de alguma agência) por lesões cometidas e exigência de indenização. Mas proporciona serviços de proteção e cumprimento de leis **apenas** àqueles que adquirem suas apólices de proteção e respeito às leis. Pessoas que não adquirem junto ao monopólio um contrato de proteção nenhuma proteção recebem. O Estado (guarda-noturno) mínimo equivale ao Estado ultramínimo, combinado com um plano de **cupons** (claramente redistributivo) friedmanesco, financiado pela receita de impostos. De acordo com esse plano todas as

238 Filosofia do Direito

pessoas ou algumas delas (por exemplo, as que se encontram em estado de necessidade) recebem comprovantes financiados por impostos que podem ser usados apenas para que comprem uma apólice de proteção junto ao Estado ultramínimo.

Os teóricos do libertarismo são contrários a mecanismos de redistribuição de renda, de tributação redistributiva ou a qualquer tipo de ação afirmativa que assegure maiores condições de igualdade social, especialmente se tais mecanismos de alguma maneira conturbarem o livre-mercado e reduzirem sua capacidade de produzir desenvolvimento econômico. Do mesmo modo, se as pessoas têm o inerente direito de dispor de seus pertences e propriedades da forma como julgam melhor, a interferência estatal nesse ato dispositivo do indivíduo é equivalente ao trabalho forçado, vale dizer, uma violação de um direito moral básico do indivíduo (KYMLICKA, 2006). A única tributação legítima e aceita pelos adeptos do libertarismo (figurando Nozick como sua expressão intelectual mais destacada) é aquela que tem por escopo amealhar recursos para a manutenção de instituições públicas oficiais necessárias para proteger o sistema de mercado de "livre troca justa", tais como as instituições policiais ostensiva-repressiva e investigativa, e o sistema de justiça (KYMLICKA, 2006).

Kymlicka (2006) ainda explica, no que tange à relação entre justiça e mercado, *verbis*:

> A afirmação central na teoria de Nozick, como na maioria das outros teorias libertárias, é esta: se supusermos que todos são titulares dos bens que possuem atualmente (suas "posses"), então, uma distribuição justa é simplesmente qualquer distribuição que resulte das trocas livres das pessoas. Qualquer distribuição que resulte de uma

situação justa por meio de transferências livres é, por sua vez, justa. O governo tributar estas trocas contra a vontade de qualquer um é injusto, mesmo que os tributos sejam usados para compensar os custos extraordinários das deficiências naturais imerecidas de alguém.

A relevância da abordagem libertária em termos de teoria da justiça se dá em razão de sua relação com a busca pela igualdade dentro de comunidades políticas. Com efeito, Nozick não se opõe à ideia de igualdade, mas, sim, à possibilidade de que sejam erigidas normas jurídicas que pretendam impô-la por meio do uso da violência oficial por parte do Estado. Um Estado que se estabeleça em bases normativas como essas não pode corresponder ao Estado mínimo imaginado por Nozick e outros libertários, razão pela qual, sob esse raciocínio, sua própria formação sofre de um irremediável desacordo moral. Sendo assim, sustenta Nozick que a busca pela igualdade promovida contra a vontade de alguns dos membros da comunidade política não é só moralmente criticável, mas é também um esforço inútil, dado que a desigualdade entre sujeitos é característica própria da natureza humana, a nos acompanhar desde sempre e até o fim dos dias da humanidade.

A ideia de um modelo distributivo amplo dos limitados recursos disponíveis implica que uma parcela da sociedade tenha seus bens retirados pelo Estado para que outros setores sociais sejam materialmente beneficiados. Políticas públicas baseadas nesse modelo distributivo (ou **redistributivo**) violam sempre direitos fundamentais das pessoas, e, assim, são práticas moralmente inaceitáveis – segundo Nozick, não há justificativa moral para a implementação de qualquer tipo de Estado mais amplo voltado a funções que não a preservação dos direitos mais básicos dos indivíduos (quando eles possam pagar pela prestação do serviço respectivo).

240 Filosofia do Direito

Assim, apenas um Estado rigorosamente mínimo é moralmente aceitável; qualquer proposta de estrutura estatal mais ampla que a entrega da proteção dos mais básicos direitos dos cidadãos acabará invariavelmente violando o direito das pessoas de não serem forçadas a fazer certas coisas das quais discordem – em especial a redistribuição forçada de renda e riqueza com os menos favorecidos componentes da comunidade. Destarte, "não há nenhuma educação pública, nenhuma assistência médica pública, transporte, estradas nem parques" (KYMLICKA, 2006) – os custos com estas despesas implicam a imposição de tributos forçados, o que em última análise viola o patrimônio jurídico das pessoas.

A teoria da justiça de Robert Nozick, enquanto expressão do Libertarismo ou Liberalismo não Igualitário, especificamente do ponto de vista do direito não se mostra contrária à ideia de igualdade entre indivíduos; ela é contrária apenas à formulação de normas jurídicas, políticas públicas, instituições políticas, que pretendam impor essa igualdade ao custo de violação de direitos de integrantes dessa sociedade (GARGARELLA, 2008). Com efeito, para a teoria da justiça do Liberalismo, o que se mostra moralmente injustificável e inaceitável é que políticas de cunho igualitário sejam impostas a toda a sociedade, quer por meio da tributação redistributiva, quer por ações afirmativas voltadas a corrigir desigualdades sociais de alguma ordem.

5.4 Republicanismo

O **Republicanismo** é outra teoria da justiça contemporânea com a qual se pode estabelecer algum tipo de diálogo ou comparação com a teoria da justiça defendida por John Rawls. A retomada teórica de sua importância no Século XX, sem dúvida, foi relevante para o aperfeiçoamento desse debate em termos de Filosofia do Direito e de Filosofia Política.

Essa concepção de teoria de justiça tem suas bases vinculadas tanto junto ao Comunitarismo como junto ao Liberalismo. O postulado fundamental fornecido por aquilo que se pode denominar "velho Republicanismo" se assenta na ideia de que um governo republicano exige que as **instituições básicas** da sociedade (o modo como se organiza o sistema de governo, o modo como se regula a economia, o modo como se constitui o sistema de justiça etc.) fiquem sob influência direta dos cidadãos, e sejam orientadas em favorecer o ideal de cidadania assumido por tais integrantes. O Estado e suas instituições devem atrelar suas políticas para permitir aceitar tal influência.

Em consequência disso, torna-se acessível para essa concepção de **justiça** utilizar o aparato coercitivo do Estado diretamente para o **cultivo de certas virtudes e desestímulo de outras**. Desse modo, para o Republicanismo, é aceitável que o Estado se comprometa realmente de forma ativa com certos modelos de excelência humana para uma "vida boa" de toda a comunidade (GARGARELLA, 2008).

Dois pontos fundamentais de contraste entre o Republicanismo e o Liberalismo Igualitário (ou clássico):

a) o Republicanismo procura dissipar qualquer distinção drástica entre o âmbito do público e do privado, com o Estado podendo interferir na esfera privada do indivíduo para fomentar nele aspectos elementares de cidadania (a partir da visão do próprio Estado); por seu turno, para o Liberalismo, o fundamental é distinguir, do modo mais peremptório possível, as esferas do público e do privado, do político e do pessoal;

b) para o Liberalismo, os direitos individuais reconhecidos como integrados ao patrimônio jurídico do sujeito devem ser vistos como triunfos contra a vontade da maioria – "liberdade contra a vontade democrática"; já para o Republicanismo, os direitos devem encontrar seu limite nas políticas voltadas à satisfação do maior número – o Republicanismo, nesse aspecto, reitera o argumento utilitarista e também se apoia na vontade majoritária para a legitimação de escolhas acerca da relação Estado-indivíduo (GARGARELLA, 2008).

Ainda na mesma obra, Gargarella (2008) diz que

> Para o liberalismo, os indivíduos preexistem a qualquer organização social, e são mais importantes que os grupos aos quais podem pertencer. Como seres "independentes" e "separados" entre si, merecem ser protegidos contra qualquer sacrifício que se pretenda impor-lhes em nome dos demais. Nesse sentido, o liberalismo exige comumente que o Estado não interfira na moral privada dos indivíduos. Em particular, o liberalismo interessa-se em "blindar" ou "encouraçar" a vida pessoal de cada um contra as preferências circunstanciais que sobre isso um governo de plantão possa ter (exigindo, por exemplo, cidadãos ativos, ou valorosos, ou religiosos, ou castos). Esse tipo de exercício a favor da neutralidade faz com que se associe o liberalismo a uma "arte da separação". Isso em contraposição a uma visão orgânica da sociedade, mais afim com o republicanismo, na qual a sociedade é vista como um todo cujas partes devem conviver de maneira harmônica e integradas entre si.

Em suma, o Republicanismo enquanto "teoria republicana de justiça" sustenta uma concepção de liberdade fundada na não dominação, mas, também, um senso comunitário voltado para o enaltecimento de determinadas virtudes componentes de um "caráter cívico do indivíduo". O respeito à vontade da maioria como fator decisivo para a vida em sociedade é uma marca do Republicanismo, que enxerga nesse mecanismo um modo de a comunidade sempre buscar enaltecer virtudes cívicas importantes para a evolução do corpo social. O Republicanismo compartilha com a perspectiva comunitarista (a ser tratada no tópico seguinte) sua crítica às teorias liberais que adotam, de acordo com os críticos, uma noção de liberdade individualista que no fundo é incompatível com a ideia de vida em sociedade e com a ideia de bem comum (GARGARELLA, 2008):

> Para honrar as virtudes que privilegiam (e a partir da visão que têm sobre o conceito de bem comum – direitos individuais), tanto o republicanismo como o comunitarismo aceitam que o Estado esteja comprometido com uma certa concepção de bem e propõem que abandone sua pretensão de neutralidade valorativa. Para essas correntes de pensamento, não é insensato que o Estado faça uso de seu poder coercitivo no âmbito da (que seria denominada pelo liberalismo) moral privada; que organize as instituições políticas e a economia de tal modo que sejam postas a serviço de certo ideal da cidadania; que estimule ou desestimule, assim, determinadas concepções do bem.

Políticas de Estado devem atender não a defesa da liberdade ou um propósito igualitário a todo custo, mas devem ser pensadas tendo como base a noção de virtude, de compromisso cívico com o corpo social e de bem comum enquanto definidor dos critérios definidores das relações sociais de uma comunidade.

O autor contemporâneo mais destacado a defender uma teoria republicana da justiça é Philip Pettit (destaque para suas

244 Filosofia do Direito

obras: *Republicanism: a Theory of Freedom and Government* e *Just Freedom: a Moral Compass for a Complex World*).

5.5 Comunitarismo

Para o **Comunitarismo**, em óbvia oposição ao Liberalismo Igualitário, a nossa identidade como pessoas encontra-se profundamente marcada pela circunstância de, como seres sociáveis, **pertencermos a certos grupos sociais**. Nascemos inseridos em determinadas comunidades e envoltos em práticas sociais e costumes sem os quais deixaríamos de ser quem somos. Esses vínculos aparecem, assim, como "vínculos valiosos e essenciais" para a definição da própria identidade dos indivíduos – portanto, a noção de liberdade não pode ser alcançada desconsiderando essa conclusão.

O Comunitarismo também contesta o pressuposto tomado por John Rawls no sentido de que as pessoas escolhem seus fins, seus objetivos vitais, sob o "véu da ignorância" (esta característica será explicada no item 5.7 deste capítulo, *infra*). Para os autores comunitaristas, tal compreensão implica deixar de lado uma visão mais adequada e real da pessoa (do ser humano), visão essa que reconhece a importância que tem, para cada um, o conhecimento dos valores próprios de sua própria comunidade – **valores** que, segundo os comunitaristas, as pessoas não escolhem, mas "descobrem", reconhecem ao "olhar para trás", para os hábitos e as tradições de sua comunidade, para as práticas sociais dos grupos aos quais pertencem. Outro ponto de discórdia entre o Comunitarismo e a visão liberal (tanto os igualitários como Rawls) se dá com relação à atribuição de importância dada ao valor **justiça**. Para Rawls, por exemplo, esse é o centro das preocupações de uma proposta teórica voltada a uma melhor convivência social. Já para os comunitaristas, a justiça surge porque não se permite ou não se favorece o desenvolvimento de outras virtudes mais espontâneas, mais ligadas a valores como fraternidade ou solidariedade. Pequenas comunidades ou grupos sociais, por exemplo, sabem resolver seus conflitos internos sem a necessidade de um "árbitro justo". Nesse sentido, destarte, para os comunitaristas a ideia de "comunidade" tem a possibilidade de substituir a ideia de "justiça" (GARGARELLA, 2008).

Um ponto de concordância entre as visões comunitarista, republicana e liberal em seus diversos matizes – em contraposição, de outra parte, com a visão marxista de justiça –, diz respeito ao fato de que todas acreditam na tese de que se promove e se trata melhor os interesses dos seres humanos ao deixar que escolham por si mesmos que tipo de vida querem levar, que tipo de vida querem para si. Assim, concordam em um ponto importante, qual seja, o de que negar às pessoas essa autodeterminação da própria vida é deixar de tratá-las como iguais entre si (KYMLICKA, 2006).

Outra questão importante que aproxima comunitaristas e defensores do Republicanismo, afastando-os da proposta libertarista, por exemplo, é a oposição à figura do "Estado neutro". A abordagem comunitarista acredita que a neutralidade deve ser abandonada em nome de uma "política do bem comum", a qual consiste na busca de um formato de vida em sociedade que privilegie uma concepção substantiva de "vida boa", enaltecedora de qualidades e virtudes que tornem o espaço social mais estável, seguro, protegido e voltado à preservação dos seus integrantes. Assim, o "bem comum", em vez de se ajustar e se moldar a partir do padrão das preferências individuais das pessoas, fornece esse padrão para o qual, então, as preferências individuais deverão se adequar (KYMLICKA, 2006):

246 Filosofia do Direito

Em uma sociedade comunitária, porém, o bem comum é concebido como uma concepção substantiva da boa vida que define o "modo de vida" da comunidade. Este bem comum, em vez de ajustar-se ao padrão das preferências das pessoas, provê um padrão pelo qual estas preferências são avaliadas. O modo de vida da comunidade forma a base para uma hierarquização pública de concepções do bem e o peso dado às preferências de um indivíduo depende do quanto ele se conforma com o bem comum ou em que medida contribui para este. A busca pública dos objetivos compartilhados que definem o modo de vida da comunidade não é, portanto, limitada pela exigência de neutralidade. Ela tem precedência sobre o direito dos indivíduos aos recursos e liberdades necessários para que busquem suas próprias concepções do bem. Um Estado comunitário pode e deve encorajar as pessoas a adotar concepções de bem que se ajustem ao modo de vida da comunidade, ao mesmo tempo em que desencoraja concepções do bem que entrem em conflito com aquelas.

Uma posição forte dos comunitaristas em relação à compreensão e ao papel do **valor justiça** para a humanidade relaciona-se ao fato de que, para esta teoria, em uma sociedade em que os laços de solidariedade e apreço entre os homens são enfraquecidos, qualquer insistência na aplicação (mesmo impositiva) de certas "regras de justiça" resulta não apenas em uma tarefa inútil quanto ao seu objetivo de uma sociedade mais civilizada e desenvolvida, mas também em algo, no fim, contraproducente (GARGARELLA, 2008).

Há uma clara negligência da perspectiva comunitarista em construir uma ideia sobre o valor **justiça** a partir da realidade contemporânea de comunidades hipercomplexas, globalizadas, hiperconectadas e que desejam soluções rápidas, ade-

Teorias contemporâneas da Justiça 247

quadas e pragmáticas. A crítica de Sandel (1982), por exemplo, ao que ele chama de "prioridade do eu" para o Liberalismo (em sentido deontológico), neste quadro, parece não fazer muito sentido. Todavia, e mais uma vez, discutir os pontos problemáticos das teorias e visões de mundo não é o propósito deste trabalho, voltado à indicação descritiva delas como facilitador de consulta e estudo.

Como principais expoentes do Comunitarismo na Filosofia Política e na Filosofia do Direito, destacam-se Charles Taylor (2005), Alasdair MacIntyre e Michael Sandel (1982).

5.6 Marxismo

Para a perspectiva marxista (em especial para o chamado "Marxismo Analítico" – GARGARELLA, 2008), as instituições, os padrões de comportamento e os processos sociais podem, em princípio, ser explicados em termos exclusivamente de indivíduos, ou seja, a partir de uma perspectiva individualizante. Por conta disso, ganha destaque nessa perspectiva a chamada "teoria da escolha racional", pela qual se assume que os indivíduos, em suas condutas costumeiras, tendem a escolher o curso da ação que em sua opinião é racionalmente melhor; vale dizer: pela ideia marxista de escolha racional, a ação é considerada racional enquanto e desde que seja a **preferida** pelo sujeito em questão de acordo com seus desejos e crenças, e considerando as informações que lhe estão disponíveis (GARGARELLA, 2008).

Há, todavia, um aspecto ainda mais importante.

Como explica Gargarella, a percepção de que a sociedade moderna, de fato, não avançava de modo determinado e inevitável para o comunismo e para uma sociedade completamente

248 Filosofia do Direito

igualitária sem classes fez com que uma parcela importante de teóricos marxistas passasse a se preocupar com o estudo teórico de questões relacionadas à justiça e à igualdade (GARGARELLA, 2008). Nessa medida, a principal crítica do Marxismo às teorias da justiça liberais, ao Republicanismo e à teoria da justiça apresentada por John Rawls é a de que tais linhas teóricas reforçam a igualdade formal e voltam suas atenções tão somente a ela, posto que preocupadas apenas com a igualdade de oportunidades ou com o asseguramento de direitos civis e políticos iguais, desprezando por completo a existência de desigualdades materiais representada pelo acesso desigual aos recursos limitados disponíveis no mundo (KYMLICKA, 2006).

Dessarte, diferentemente de uma abordagem marxista mais tradicional, uma teoria da justiça marxista contemporânea entende importante estabelecer uma discussão entre "justiça" e "igualdade", mas, diferentemente das teorias de justiça liberais ou do Republicanismo, sustenta que o alcance de um verdadeiro padrão de justiça social é incompatível com a propriedade privada dos meios de produção. Nesse sentido, justiça social é decorrência direta e inafastável da coletivização dos meios de produção e da socialização igualitária de seu produto, a ser compartilhado pela comunidade considerada como um todo.

Aqui vale um breve registro a respeito de como o próprio Karl Marx entendia o que significava o **valor justiça**. É possível apresentar três concepções nesse sentido.

Para a primeira delas, Marx simplesmente não se interessava pelas questões de justiça porque pensava que, com a afirmação definitiva do comunismo, os conflitos sociais reduziriam-se até o ponto de desaparecer e se tornar, via de consequência, desnecessário qualquer apelo à justiça como redistribuição de recursos. Em contrapartida, para uma segunda visão, de acordo com uma parcela de autores marxistas, Marx mantinha uma profunda rejeição a qualquer discurso ou discussão teórica sobre justiça, e em nada o interessava qualquer reflexão nesse sentido. Por fim, para uma terceira visão, na verdade, Marx sustentava uma implícita teoria da justiça a partir da premissa "a cada um de acordo com sua contribuição", o que representaria a própria visão de Marx sobre o próprio entendimento de uma "justiça socialista", a servir como contraposição justamente ao modelo de distribuição material capitalista vigente (GARGARELLA, 2008). E também:

> Os liberais enfatizam a justiça porque veem uma ligação estreita entre ela e a ideia básica de igualdade moral. Os liberais promovem a igualdade moral das pessoas formulando uma teoria da igualdade jurídica, que articula os direitos de cada indivíduo às condições que promovem o seu bem-estar. Muitos marxistas, por outro lado, não enfatizam a justiça e, na verdade, opõem-se à ideia de que o comunismo é baseado em um princípio de justiça. Neste aspecto, estão seguindo o próprio Marx, que atacou as ideias de "direito igual" e "distribuição justa" como "lixo verbal obsoleto" (Marx e Engels, 1968: 321). Esta é a conclusão que Marx extrai de sua análise do "princípio da contribuição" – isto é, a afirmação de que os trabalhadores têm direito aos produtos do seu trabalho. Embora muitos socialistas de seu tempo vissem o princípio da contribuição como um importante argumento a favor do socialismo, Marx diz que ele tem muitos "defeitos" que o tornam, na melhor das hipóteses, um princípio de transição entre o capitalismo e o comunismo. O princípio da contribuição dá às pessoas um "direito igual", já que todos são medidos por um padrão igual (isto é, o trabalho). Contudo, algumas pessoas têm talentos naturais maiores, de modo que este direito igual torna-se um "direito desigual por trabalho desigual" (KYMLICKA, 2006).

250 Filosofia do Direito

Conforme já referido, dentro de uma perspectiva contemporânea, o Marxismo compreende necessário discutir teoricamente o que significa o valor justiça e como a justiça social pode, de fato, ser alcançada. A definição da máxima igualdade social como pilar central de sua proposta teórica, o compartilhamento total dos meios de produção e de seu produto, identificar e combater a opressão à classe trabalhadora e outras classes sociais economicamente menos favorecidas, buscar mecanismos que ao menos tornem menos desigual a relação entre as classes, todos esses são propósitos que colmatam e moldam a visão marxista contemporânea de justiça, a se colocar em contraposição às teorias da justiça liberais e em especial à teoria da justiça idealizada por John Rawls.

5.7 A teoria da justiça de John Rawls

Do ponto de vista do estudo normativo, e dentro dos campos de estudo da Filosofia do Direito e da Filosofia Política, a obra de John Rawls, *Uma Teoria da Justiça* (1971), é um verdadeiro marco divisor de águas nos estudos sobre direito e justiça, e a exposição prévia dos principais aspectos das teorias rivais nos itens anteriores serviu também como uma forma de tornar neste momento a teoria de Rawls mais palatável. O estudo das teorias da justiça contemporâneas invariavelmente toma a obra de Rawls como referência central, vez que se trata da proposta teórica mais apta a dialogar com as demais, sejam as liberais, a republicana, a comunitarista ou a marxista.

Existem alguns pontos determinantes no melhor entendimento da teoria da justiça de John Rawls, e aqui se tratará de cada um deles separadamente, para tornar mais factível a dimensão de sua complexa proposta teórica.

O primeiro desses pontos parte da exigência de se entender que o que Rawls pretende é se colocar em contraposição à linha teórica que, segundo ele, marcou o debate sobre o **valor justiça** em toda a Era Moderna: o utilitarismo (entendido a partir da ideia central das ações ou políticas capazes de garantir o bem-estar do maior número de pessoas, e, assim, capazes de possibilitar a maximização da felicidade geral). Contrapor-se ao utilitarismo, segundo Rawls, corresponde a reconhecer que existem outros compromissos de manutenção do tecido social mais relevantes do que simplesmente agir por "intuicionismo" e pelo mero atendimento de nossas inclinações pessoais, sobretudo quanto à preservação de bens e direitos de igual importância e medida para todos os seres humanos, mas que pela proposta utilitarista são negados (ou consideravelmente reduzidos) para uma determinada parcela da sociedade – minorias sociais, em particular. O utilitarismo, ao menos em sua versão originária da filosofia política britânica do século XIX, aceita a possibilidade de negação dos direitos de grupos minoritários quando tal postura corresponde à garantia do bem-estar do maior número.

O segundo ponto diz respeito à circunstância de Rawls elencar o que ele chama de "bens primários" sociais ou naturais. Segundo ele, uma concepção teórica de justiça (a de Rawls é fulcrada na ideia de "justiça como equidade", conforme a seguir se verá) deve ter como premissa que os bens primários – em especial direitos, liberdade e oportunidades, assim como bens materiais e riquezas – devem ser distribuídos igualmente entre todos os integrantes de uma comunidade política, exceto se uma distribuição desigual de qualquer um ou de todos os bens primários seja no geral mais vantajosa para aqueles menos favorecidos (RAWLS, 2000b). Segundo Rawls (2000b), bens primários são "bens sociais em vista de sua ligação com a estrutura básica: as liberdades e oportunidades são definidas pelas regras das instituições mais importantes, e a distribuição de renda e riqueza é por elas regulada". Rawls, explica Kymlicka, vincula a ideia de justiça à distribuição de uma parcela igual de bens primários para os membros de uma comunidade, mas ressalta, por sua vez, que se certas desigualdades beneficiarem toda a comunidade, ao possibilitarem o aparecimento de talentos e energias socialmente úteis, então serão aceitáveis para a comunidade como um todo (KYMLICKA, 2006).

São palavras do próprio John Rawls:

> Na medida do possível, então, a justiça como equidade analisa o sistema social a partir da posição de cidadania igual e dos vários níveis de renda e riqueza. Algumas vezes, entretanto, pode ser necessário que outras posições sejam levadas em consideração. Se, por exemplo, há direitos básicos desiguais fundados em características naturais físicas, essas desigualdades selecionarão posições relevantes. Uma vez que essas características não podem ser mudadas, as posições definidas por elas contam como lugares de partida na estrutura básica. Distinções baseadas no sexo entram nessa categoria, assim como as que dependem de raça e cultura. Dessa forma, se os homens são favorecidos na atribuição de direitos básicos, essa desigualdade só é justificada pelo princípio da diferença (na interpretação geral) se trouxer vantagens para as mulheres e for aceitável do ponto de vista delas. E a condição análoga se aplica à justificação dos sistemas de castas, ou das desigualdades raciais ou étnicas. Essas desigualdades multiplicam as posições relevantes e complicam a aplicação dos dois princípios. Por outro lado, essas mesmas desigualdades raramente trazem, se é que chegam a trazer, vantagens para os menos favorecidos, e, portanto, em uma sociedade justa o menor número de posições relevantes seria em geral suficiente (RAWLS, 2000b).

O fato de haver redução indevida da parcela equitativa de cada cidadão, ou de ser possível uma elevação da parcela equitativa individual sobre um determinado bem ainda que isso não se reproduza para os demais indivíduos membros da comunidade, ou ainda a circunstância de alguns desses bens primários colocarem-se em conflito, são algumas das problemáticas questões envolvendo esta parte da teoria de Rawls.

Em terceiro lugar, de fundamental destaque registrar o quão significativo é para a teoria da justiça de Rawls a noção de **contratualismo**, extraída dos moldes teóricos de Thomas Hobbes e Jean-Jacques Rousseau.

Ao construir sua teoria da justiça, Rawls utiliza-se da ideia de "contrato hipotético" para se referir a um tipo de contrato social muito peculiar e específico, consubstanciado em uma espécie de acordo que os membros de uma dada comunidade política fariam sob certas condições ideais, sempre respeitada a circunstância fundamental do reconhecimento de sermos livres e iguais (GARGARELLA, 2008). É certo que essa postura teórica de Rawls o aproxima de Rousseau e das discussões a respeito da conexão entre **bem comum** e **vontade geral**, ainda que sobre uma base epistemológica distinta, aqui compreendida como uma vertente do Liberalismo Igualitário, anteriormente comentado. Rawls sustenta assim a existência de um contrato hipotético, o que permite pensar a vontade geral em uma perspectiva idealizada do contratualismo, conferindo assim à vontade geral também um caráter idealizador, e, nessa medida, possível ainda a discussão entre os indivíduos sobre as formas de se construir (e não apenas "encontrar") possibilidades e respostas aos problemas de convivência social tendo como norte o maior ganho individual permitido (com o direito funcionando justamente como um limitador), desde que preservados os bens primários de todos.

Esse contrato hipotético a que se refere John Rawls se assenta em duas ideias centrais de sua teoria da justiça. A primeira delas é o contrato hipotético, que está fundamentado na premissa de uma igualdade moral entre os indivíduos, a indicar, portanto, a existência de uma **posição original de igualdade**. A segunda delas é que os sujeitos que Rawls imagina como integrantes de uma certa comunidade política estão obrigatoriamente condicionados por um contexto inafastável. De acordo com Rawls, tais sujeitos nascem e convivem estando sob um por ele chamado de **véu de ignorância**, que os impede de conhecer qual é sua classe social, bem como a fortuna ou a má sorte que tiveram ao nascer na distribuição de seus talentos e aptidões pessoais, ou outras características personalíssimas tais como inteligência ou perspicácia. Referidos sujeitos desconhecem por completo qualquer informação que lhes permita orientar suas ações pessoais ou decisões morais a respeito da condução de sua vida em seu próprio favor ou benefício (GARGARELLA, 2008).

O quarto e último ponto de destaque da teoria da justiça de Rawls que aqui se mostra salutar apresentar diz respeito ao cerne de sua proposta teórica, por ele chamado de **justiça como equidade**. Tomando como parâmetro o conceito de princípios de justiça – o que Rawls (2000b) explica como aqueles princípios que "pessoas livres e racionais, preocupadas em promover seus próprios interesses, aceitariam numa posição de igualdade como definidoras dos termos fundamentais de sua associação", vale dizer, como princípios de ordem geral capazes de nortear e regular não apenas a convivência entre indivíduos, mas sobretudo a cooperação social –, Rawls (2000b) sustenta que uma proposta teórica que defenda a ideia de justiça como equidade deve considerar de plano a possibilidade ampla e genérica de que membros de uma comunidade política tenham a capacidade de escolha dos primeiros princípios que irão regular a convivência social, as instituições sociais e a distribuição equitativa dos limitados recursos disponíveis. Justamente por isso, Rawls (2000b) dedica capítulos inteiros de sua obra *Uma Teoria da Justiça* exatamente para determinar que princípios norteadores ("de justiça") seriam escolhidos numa posição original de formação do corpo social de uma comunidade política, e como essa difícil tarefa se vincula diretamente a uma teoria contratualista, nos moldes anteriormente discriminados:

> Sustentarei, ao contrário, que as pessoas na situação inicial escolheriam dois princípios bastante diferentes: o primeiro exige a igualdade na atribuição de deveres e direitos básicos, enquanto o segundo afirma que desigualdades econômicas e sociais, por exemplo desigualdades de riqueza e autoridade, são justas apenas se resultam em benefícios compensatórios para cada um, e particularmente para os membros menos favorecidos da sociedade.

De forma objetiva, é possível assim descrever a proposta teórica de John Rawls: em breve síntese, Rawls defende uma vertente do Liberalismo Igualitário em contraposição aos postulados das teorias do Liberalismo clássico, da ideia de Estado que faz mínima intervenção nas relações do corpo social e de uma sociedade que regula por si suas relações. Para Rawls, uma sociedade que se pretenda justa exige um Estado ativista e com grande poder de intervenção nas relações de convivência da sociedade – vale dizer, um Estado cujas instituições devem contribuir para a primordial tarefa de igualar os sujeitos em suas circunstâncias básicas, mantendo-as na sua posição original de igualdade. É sob o prisma da **justiça como equidade** e de **Liberalismo Igualitário** que estão os três principais objetivos da teoria da justiça de John Rawls, explica Kymlicka: respeitar

256 Filosofia do Direito

a igualdade moral das pessoas, reduzir os efeitos de desvantagens moralmente arbitrárias e aceitar a responsabilidade pelas nossas escolhas – as desigualdades de renda e riqueza são aceitáveis desde que respeitados o acesso de oportunidades aos bens primários e o resultado das escolhas moralmente livres feitas pelos indivíduos (KYMLICKA, 2006).

Em breve síntese, como forma de facilitar o estudo dessa complexa proposta, elencam-se a seguir os principais fundamentos teóricos da teoria da justiça de John Rawls:

- Sua oposição ao utilitarismo como doutrina a partir do qual se entende o valor justiça.
- A noção de "bens primários".
- A noção de "contrato social hipotético".
- A defesa da tese de "posição original de igualdade".
- A noção de "véu de ignorância".
- O fundamento central de sua proposta teórica, consubstanciado na tese de "justiça como equidade".
- A compreensão de que sua teoria da justiça apresenta-se como uma vertente do chamado Liberalismo Igualitário.

Nas palavras do próprio John Rawls (2000b):

> Também trato, para fins de esclarecimento e contraste, das concepções clássicas de justiça – a utilitária e a intuicionista – e considero algumas das diferenças entre essas visões e a da justiça como equidade. O objetivo que me norteia é elaborar uma teoria da justiça que seja uma alternativa para essas doutrinas que há muito tempo dominam nossa tradição filosófica.

Como último comentário, importante mencionar que um estudo rigoroso a respeito de teorias da justiça não tem implicações apenas teóricas ou voltadas à constituição da socie-dade, à formação das instituições políticas ou à elaboração de políticas públicas como forma de assegurar a convivência social de uma comunidade ou mesmo como forma de buscar algum sentido de cooperação social para o grupo.

A preocupação também está dirigida para aquilo que Tercio Sampaio Ferraz Junior chamou de "senso de justiça" (FERRAZ JUNIOR, 2009) do aplicador do Direito, em especial por parte de juízes – responsáveis pela prestação jurisdicional e por solucionar casos concretos de maneira definitiva. Rawls utiliza essa mesma expressão no Capítulo VIII de sua obra *Uma Teoria da Justiça*.

As relações entre direito e moral e entre direito e jus-tiça permearam grande parte deste trabalho, e é significativo que assim seja. Se já não se fala, como nos tempos da Escola da Exegese, em um juiz preocupado apenas com o processo de subsunção e a aplicação da norma geral e abstrata ao caso concreto, também não se deve admitir que o juiz adote uma perspectiva estritamente subjetivista e não argumentativa para conferir, **de per si**, significado a expressões, princípios e valores positivados que, a rigor, têm sua origem na compreensão da moralidade e do senso de justiça. Discussões sérias a respeito de conceitos como igualdade, liberdade, bem comum, virtude cívica, comunidade, vontade geral, distribuição de recursos – estritamente relevantes, aliás, para uma prestação jurisdicional de qualidade –, além de outros como vida, propriedade privada, integridade física, respeito a promessas e contratos firmados, formatos de exercício de liberdade de expressão do pensamen-to etc., não podem em absoluto prescindir de uma incursão a respeito das teorias de justiça contemporâneas e o que seu debate implica termos de formação da opinião pública e de adequada interpretação de normas jurídicas.

Aqui a preocupação com o "senso de justiça" parece se mostrar de modo mais claro, e que, como visto, é ponto fundamental da teoria de John Rawls (2000b): a ideia de que a justiça deve ser compreendida como o valor central, decisivo, determinante de uma comunidade, por meio do qual todos os outros valores são entendidos e aplicados como argumentos de razão prática pelos operadores do direito e, em específico, por juízes.

Uma preocupação que se volta para a possibilidade de os indivíduos adquirirem um senso de justiça – entendido como o "desejo normalmente efetivo de aplicar os princípios de justiça e de agir segundo suas determinações, pelo menos num grau mínimo" (RAWLS, 2000b), mas que também se volta à adequada prestação jurisdicional por parte de juízes capazes de construir argumentativamente alternativas de solução para casos concretos "na medida em que [se] consegue delimitar os conteúdos normativos, conforme um princípio material abrangente de inclusão ou exclusão" (FERRAZ JUNIOR, 2009). E continua:

> A justiça desta ordem está na razão da delimitação dos conteúdos normativos a partir de um critério de supremacia (o justo como absoluto), não importa a competência da autoridade ou o grau da autonomia de ação de um sujeito em face de outro. Donde o **reconhecimento como justa** de uma sentença que se expressa como a afirmação em nível de supremacia e diante de qualquer circunstância, de um **elenco de direitos e valores fundamen-**

tais materiais (vida, propriedade, liberdade, segurança, igualdade), resumidos na **dignidade da pessoa humana.** (Grifos do original.)

Ter em mente que o debate sobre "senso de justiça" depende dessas duas variáveis é um mero indicador da enorme dificuldade e relevância dos estudos sobre teorias da justiça. Aqui se encontra um breve roteiro dos pontos principais, o que, entende-se, já é suficiente para uma boa reflexão acerca dos problemas envolvidos.

6

A Resolução nº 423/2021 do Conselho Nacional de Justiça (CNJ) e a Filosofia do Direito: preocupações com a formação humanística dos futuros magistrados brasileiros

O CNJ, em 24 de setembro de 2021, aprovou novo ato normativo, mais especificamente a Resolução CNJ nº 423/2021, publicada em 05.10.2021, que alterou a Resolução CNJ nº 75/2009, a qual trata do teor e da forma de elaboração de questões para os concursos públicos voltados ao ingresso na carreira da magistratura em todos os ramos do Poder Judiciário nacional. Essa alteração normativa fez inserir algumas mudanças nas exigências dos concursos públicos para a magistratura nacional, em especial em seus "Anexos", que especificam as re-

262　Filosofia do Direito

lações mínimas de disciplinas dos concursos para provimento de cargos de juízes nos mais diversos âmbitos da magistratura brasileira. Uma dessas modificações ocorreu no "Anexo VI" da Resolução n° 75, que por sua vez trata acerca de "Noções Gerais de Direito e Formação Humanística". O presente item tem por preocupação tratar das temáticas que foram incorporadas ao "Anexo VI", especialmente em sua alínea G.

Como selecionar juízes e o modo como a preparação para quem pretende ingressar na magistratura tem marcado a atuação do CNJ neste campo há mais de uma década, com essa última alteração, o colegiado fez reforçar normativamente sua preocupação com a formação teórica e filosófica dos futuros integrantes da magistratura, de forma a que detenham recursos intelectivos capazes de compreender que conflitos jurídicos de interesses no mais das vezes não se encerram em disputas patrimoniais ou litígios de interesses individuais, mas envolvem uma cada vez maior necessidade de se entender e compreender os valores morais compartilhados por nossa comunidade política e que estão positivados na Constituição da República. De fato, é uma preocupação legítima o aperfeiçoamento da formação dos futuros magistrados. A melhor capacidade intelectual e humanística da compreensão dos problemas apresentados à apreciação judicial e o correto entendimento de que a atuação judicial deve conciliar independência funcional, liberdade para decidir, necessidade inafastável de fundamentação racional de cada decisão e compreensão de que toda atuação judicial encontra-se disposta em um sistema de precedentes, são exigências factuais que justificam plenamente essa preocupação, e, portanto, conferem-lhe legitimidade.

Entretanto, essa ampliação de temáticas exigíveis nos concursos da magistratura traz consigo também alguns aspectos que são inquietantes e que merecem reflexão – e é sobre tal constatação que estas considerações iniciais serão lançadas. Como precisamente apontam Rachel Herdy e Janaina Matida (2021), em artigo de opinião recentemente publicado, com o qual aderimos totalmente, a inclusão de temáticas complexas e que exigem grande esforço para sua compreensão nos exames para a magistratura pode acabar por "resultar na simplificação de discussões sofisticadas". É bem evidente que um maior aprimoramento filosófico dos candidatos fatalmente se refletirá em uma atuação profissional prática mais qualificada, mais comprometida com a preservação dos valores morais compartilhados por nossa comunidade política e mais atenta aos direitos fundamentais. Todavia, é preciso também reconhecer que temas como **consequencialismo**, **pragmatismo**, **antifundacionalismo**, **racionalismo**, **empirismo**, **utilitarismo** e **análise econômica do direito** são por vezes extremamente complexos e exigem grande maturidade intelectual na compreensão de seus aspectos centrais e de suas peculiaridades. O Presidente do CNJ (e também Presidente do STF), Ministro Luiz Fux, assentou em seu voto – com absoluta razão, registre-se – que, "[t]ranscorrida mais de uma década, evidencia-se a necessidade de atualização à luz das transformações sociais e tecnológicas ocorridas", bem como também que "merece destaque a Lei de Introdução às normas do Direito Brasileiro (Decreto-Lei nº 4.657/1942) e as alterações insculpidas pela Lei nº 13.655/2018, consagrando o pragmatismo e seus alicerces: antifundacionalismo, contextualismo e consequencialismo" (CNJ, 2021).

Pretende-se na sequência abordar com objetividade e rigor teórico possível – visto que, como já apontado, são temáticas extremamente complexas às quais muitos pesquisadores sérios dedicam toda sua vivência acadêmica a compreender cada uma delas – alguns dos principais pontos trazidos à realidade prática da preparação para a magistratura com a Resolução CNJ nº 423/2021.

264 Filosofia do Direito

6.1 Função judicial. Consequencialismo, pragmatismo e antifundacionalismo

---

Consequencialismo (ou Ética de Resultados) é uma proposta teórica acerca da moralidade em que uma dada conduta humana pode ser considerada **boa** ou **correta**, ou melhor, **uma conduta valorativamente positiva do ponto de vista moral**, quando produz resultados bons, quando alcança um resultado considerando **bom**. Destarte, uma ação humana é considerada correta (ou boa, ou justa) quando seu resultado integralmente considerado for o melhor possível. Com o consequencialismo, portanto, a consideração da conduta não se dá por ela mesma, concretamente realizada – diferentemente do kantismo e da teoria moral por ele sustentada, passe-se agora a avaliar e considerar a conduta pelo **resultado** produzido. Assim, se uma conduta vale pelo seu resultado, conclui-se que ela não é considerada exclusivamente por ela mesma, concretamente realizada; se a consequência é boa, tem-se então um agir valorado como bom moralmente.

Sendo assim, o que importa definir para a proposta teórica consequencialista é o que exatamente se compreende como "bom resultado" ou "boa consequência". Essa preocupação conduz ao reconhecimento de duas vertentes teóricas de base nitidamente consequencialista (ao menos para este autor) e que pretendem justificar as escolhas morais dos sujeitos agentes: de um lado, o **pragmatismo**; de outro, o **utilitarismo**. Aqui pretende-se tratar mais detidamente sobre pragmatismo (e sobre antifundacionalismo).

Antes, todavia, uma constatação que se revela importante: o novo ato normativo que modificou a Resolução CNJ n° 75/2009 fala em "função judicial e pragmatismo". Isso não se dá por acaso. Mais uma vez relevante mencionar o que o

Presidente do CNJ fez consignar no voto condutor da deliberação colegiada que aprovou a Resolução CNJ nº 423/2021, *verbis*:

> Para tal, os julgadores devem proferir suas decisões conscientes do contexto em que se dão, bem como das consequências sociais e dos reflexos que causarão, seja na seara criminal, cível, empresarial, constitucional ou administrativa. Nesse diapasão, o pensamento pragmático pode se tornar um paradigma jurisdicional contemporâneo, sendo seus pilares, isto é, o antifundacionalismo, o contextualismo e consequencialismo, alicerces também da atividade judicante (CNJ, 2021).

A perspectiva vencedora para a aprovação da nova resolução, especificamente nessa parte, tomou como premissa – talvez até um truísmo – a ideia de que os magistrados (em especial as futuras gerações de juízes) para cumprir com adequação sua missão institucional conforme estabelecida pela Constituição da República precisam ter ciência do impacto de suas decisões na sociedade e – principalmente – devem decidir considerando sempre as "consequências sociais" e os "reflexões que causarão" seus julgamentos. Sob esse prisma, um juiz incapaz de refletir sobre os argumentos trazidos em um dado conflito jurídico de interesses e de ponderar antecipadamente o impacto e os efeitos que uma decisão sua em um dado sentido pode trazer à comunidade política não está preparado para a função por não saber "lidar com as transformações sociais".

Ou seja, quando falamos em "função judicial", sem dúvida se está falando sobre essa capacidade racional e argumentativa exercida de modo especial por juízes (aprovados em concurso público de provas e títulos em regra, mas que porventura podem vir a integrar cortes de justiça por algum outro mecanismo constitucional) no atendimento de suas funções institucionais

266 Filosofia do Direito

definidas pela Constituição e pelo ordenamento jurídico próprio, com o fito de conferir solução aos conflitos de interesses que lhes são apresentados. Isso implica necessariamente sua condição de avaliar provas e argumentos em busca da verdade relacionada ao caso concreto e sua solução jurídica – valendo-se aqui das palavras de Luiz Guilherme Marinoni (2021), a "importância de se buscar a verdade no Estado Constitucional". Trataremos a seguir, em breves palavras, sobre o problema da verdade e as condições de sua verificação. Entretanto, desde logo, importante comentar o tema rapidamente, para se poder compreender o que virá em sequência.

Talvez o primeiro questionamento a ser feito aqui seja: dentre tantas possibilidades teóricas plausíveis de serem adotadas pelo Poder Judiciário brasileiro para nortear o processo decisório de seus membros, por que conferir primazia ao pragmatismo? Por que o CNJ optou por colocar o pragmatismo (uma teoria normativa da moralidade) como vertente teórica central da atuação "do julgador e da julgadora do Século XXI"? Essa mesma constatação fazem Herdy e Matida (2021), no artigo anteriormente citado, ao afirmar ser possível de plano criticar a ênfase dada pelo CNJ à preferência do estudo do pragmatismo em detrimento de outras correntes do pensamento filosófico moderno que rivalizam com a proposta pragmática.

Uma possível resposta talvez possa ser identificada nas recentes alterações promovidas em face da "LINDB", por meio da entrada em vigor da Lei Federal nº 13.655/2018. Referida lei federal fez incluir na LINDB, entre outros, os arts. 20 e 21, que prescrevem o seguinte:

> Art. 20. Nas esferas administrativa, controladora e judicial, não se decidirá com base em valores jurídicos abstratos sem que sejam consideradas as consequências práticas da decisão.

Parágrafo único. A motivação demonstrará a necessidade e a adequação da medida imposta ou da invalidação de ato, contrato, ajuste, processo ou norma administrativa, inclusive em face das possíveis alternativas.

Art. 21. A decisão que, nas esferas administrativa, controladora ou judicial, decretar a invalidação de ato, contrato, ajuste, processo ou norma administrativa deverá indicar de modo expresso suas consequências jurídicas e administrativas.

Parágrafo único. A decisão a que se refere o *caput* deste artigo deverá, quando for o caso, indicar as condições para que a regularização ocorra de modo proporcional e equânime e sem prejuízo aos interesses gerais, não se podendo impor aos sujeitos atingidos ônus ou perdas que, em função das peculiaridades do caso, sejam anormais ou excessivos.

Com efeito, **pragmatismo**, compreendido como uma **corrente filosófica**, é uma teoria que se preocupa fundamentalmente com aquilo que Warburton (2021) denomina "valor prático do pensamento", vale dizer, com as consequências práticas de uma determinada conclusão verificada como verdadeira. Nesse diapasão, da perspectiva do pragmatismo, a verdade somente pode ser definida como aquilo "que funciona", ou seja, que tenha relevância prática e que aponte distinções entre essa conclusão e para outras conclusões com resultados também diversos. Discussões abstratas sem relevância prática incapazes de permitir uma distinção entre ações e resultados no mundo natural são desnecessárias e "destituídas de sentido" (WARBURTON, 2021), afirmam os teóricos do pragmatismo. A verdade, para ser definida, depende da capacidade de uma dada conclusão se converter em uma "crença útil", em algo que funcione para a comunidade política ou ao menos para parte

268 Filosofia do Direito

substancial dela. Como principais expoentes da corrente filosófica do pragmatismo, possível citar Charles Sanders Peirce, William James, Susan Haack e Richard Rorty. Este último, aliás, exerce grande influência sobre as discussões a respeito do chamado **pragmatismo jurídico**, estritamente conectado ao realismo jurídico e que tem uma preocupação muito mais específica que o pragmatismo filosófico: definir um plano teórico que discipline como deva ser o processo de proferir decisões judiciais – decisões que tenham impacto na realidade social e relevância prática, ou, na melhor expressão do pragmatismo, "que funcionem".

Por fim, o **antifundacionalismo** – indicado na deliberação decisória do Conselho Nacional de Justiça como um dos "alicerces" do pragmatismo jurídico – corresponde à tese que nega a correspondência da verdade com os fatos, ou, mais detidamente, à premissa de que é falível a ideia de que certezas podem ser baseadas em verificação epistemológica da realidade. Logo, não há "fundações epistemológicas" a sustentar verdades absolutas ou princípios imutáveis (inclusive princípios morais), e a busca da verdade deve depender de critérios outros para seu alcance, em especial o uso da retórica e a preponderância discursiva sobre a aferição objetiva de algo como **verdadeiro**. Como assertivamente explicam Herdy e Matida (2021),

> Se não há fundações nas quais possamos ancorar nossas justificações, a prova então deve ser encarada como mero instrumento retórico? Nesse caso, o objetivo da prova no processo é apenas a persuasão (ou o apelo às emoções subjetivas) de jurados e juízes? Se não existem âncoras, faz sentido discutir critérios de valoração racional das provas ou da determinação de standards probatórios? Para um pragmatista antifundacionalista, a justificação epistêmica é uma questão de construção da mente hu-

mana sem acoplamento ao mundo real. Isso implica que as razões que justificam a determinação dos fatos em um processo dependem exclusivamente do que o magistrado pensa a respeito delas, e não do qual boas objetivamente elas são.

6.2 Consequencialismo e utilitarismo

No tópico anterior explorou-se – ainda que muito brevemente – a descrição conceitual do **consequencialismo** como uma das teorias morais estudadas no campo da Ética Normativa.

De acordo com a perspectiva adotada nesta obra, uma segunda vertente da teoria moral consequencialista denomina-se **utilitarismo**, que prega que o bom resultado – pretensão última do consequencialismo –, na verdade, se alcança quando o sujeito, também a partir de dados de sua experiência empírica, ao realizar uma ação humana concreta, é capaz de fazer "sobrepor o prazer à dor". O bom resultado é aquele capaz de conferir mais prazer do que dor àquele que realiza a ação concreta, vale dizer, é aquele que, nas palavras de Jeremy Bentham, "maximiza a felicidade". Assim, para a perspectiva utilitarista, algo será considerado bom/correto do ponto de vista moral se seguir o princípio utilitarista de maximização do prazer e minimização da dor. Em linhas gerais, Bentham sustenta que, para uma perspectiva utilitarista, partindo do plano individual para o coletivo, o que realmente importa em termos morais para o utilitarismo é "maximizar a felicidade da comunidade em geral", vale dizer, **assegurar a maior felicidade para o maior número.** Em outras palavras: na perspectiva utilitarista, a definição do valor moral de uma dada ação humana concretamente realizada vincula-se à ideia de que tal ação deve buscar viabilizar **o bem-estar do maior número possível de pessoas.**

Nigel Warburton (2021) explica que o chamado "Princípio da Maior Felicidade", sustentado por Jeremy Bentham e que se trata do núcleo central de sua teoria moral utilitarista, significa a ideia de que a coisa certa a se fazer frente a uma situação que imponha a tarefa de realizar uma escolha diante de duas ou mais opções possíveis é "aquilo que produz maior felicidade", não apenas do ponto de vista individual do sujeito moral agente, mas principalmente em relação à elevação da felicidade do grupo ou comunidade como um todo. Em termos objetivos, para Bentham felicidade significa prazer e satisfação, bem como ausência de dor. Destarte, "o prazer é a única coisa boa em si mesma"; logo, "tudo o que queremos é porque acreditamos que nos dará prazer ou nos ajudará a evitar a dor" (WARBURTON, 2021). Calcular a felicidade se torna imprescindível a uma avalição racional de quais escolhas devemos fazer para que cada uma de nossas ações seja considerada moralmente correta e aceitável.

Michael Sandel, em seu já clássico *Justiça: o que é Fazer a Coisa Certa*, ilustra bem os pontos centrais do utilitarismo de Bentham a partir da defesa deste a respeito de uma dada política pública a envolver a melhoria "do tratamento dado aos pobres". Com efeito, explica Sandel, Jeremy Bentham (1838-1843) defendia a criação de uma "casa de abrigo" para "acolher" pessoas em situação de rua, moradores de rua. A ideia por trás dessa proposta de política pública era de que moradores de rua incomodam aqueles que passam pelas ruas, seja por despertar um sentimento negativo de pena, seja por despertar um sentimento negativo de repugnância. Por despertar sentimentos negativos, essa situação reduz a sensação de prazer e aumenta a sensação de mal-estar, tornando mais difícil o alcance do bem-estar geral. Além disso, aponta Sandel (2012), para Bentham "alguns mendigos seriam mais felizes mendigando do que trabalhando em um abrigo, mas observa também que para cada mendigo feliz mendigando existem muitos infelizes"; em razão disso, portanto, "a soma do sofrimento do público em geral é maior que a infelicidade que os mendigos levados para o abrigo possam sentir". Resolver problemas que afetam o bem-estar geral: esse é o objetivo das propostas utilitaristas em geral. Importante pontuar que aqui dois problemas mais relevantes se destacam quanto à teoria moral utilitarista: em primeiro lugar, o desprezo do utilitarismo para com os direitos individuais e a dignidade humana, e em segundo lugar o fato de tratar todas as preferências humanas, independentemente de sua natureza e valor, de acordo com uma mesma "escala" ou "tabela" de aferição de prazer ou dor (a rigor, para o utilitarismo de matriz benthaminiana, o que importa considerar é a duração e a intensidade que esse prazer proporciona ao sujeito) em uma relação de custo-benefício quanto à felicidade individual e geral, procurando assim reduzir e simplificar um complexo quadro de escolhas individuais e consequências que simplesmente não comporta tal redução e simplificação.

É justamente com a pretensão de buscar resolver as contradições do utilitarismo benthaminiano que surge em cena John Stuart Mill (1806-1873), para quem, em brevíssima síntese, as pessoas são livres para fazer o que quiserem e, inclusive, sobrepor o prazer à dor como forma de garantir o seu próprio bem-estar, desde que, no exercício de sua liberalidade, não causem qualquer prejuízo ou façam qualquer mal a outro ser humano. Assegurando-se a liberdade de todos nesses termos, ou seja, resguardada a plena liberdade autorizando-se o Estado a intervir em um caso concreto apenas quando a ação gere dano a terceiro, com o passar do tempo, segundo Mill, restaria elevado o bem-estar geral e, via de consequência, satisfeito o Princípio da Maior Felicidade (STUART MILL, 2005). Por outro lado, sustenta Mill ser possível distinguir, na prática, entre prazeres mais elevados de prazeres menos elevados – ao sustentar esse ponto, assinala que

> [é] totalmente compatível com o princípio da utilidade reconhecer o facto de que alguns **tipos** de prazer são mais desejáveis e valiosos do que outros. Seria absurdo supor que, enquanto na avaliação de todas as outras coisas se considera tanto a qualidade como a quantidade, a avaliação dos prazeres dependesse apenas da quantidade (STUART MILL, 2005 – grifo nosso).

O que Mill sustenta é uma inovação essencial e evolutiva quanto ao utilitarismo de Bentham, consistente em defender que, além da duração e da intensidade, há que se considerar também a **qualidade dos prazeres**. Algumas formas de prazer são, em virtude de sua própria natureza ontológica, intrinsecamente superiores a outros tipos.

> Há prazeres que têm mais valor do que outros devido à sua natureza. Mill defende que os tipos de prazer que têm mais valor são os prazeres do pensamento, sentimento e imaginação: prazeres ligados à apreciação da beleza, do amor, da liberdade, do conhecimento, da criação artística mais sublime. Qualquer prazer destes terá mais valor e fará as pessoas mais felizes do que a maior quantidade imaginável de prazeres inferiores, aqueles ligados às necessidades físicas, como beber, comer, relações sexuais, prazeres ligados às satisfações físicas mais imediatas (VAZ, 2006).

E, portanto, para maximizarmos o nosso próprio bem-estar, devemos dar forte preferência aos prazeres identificados como superiores em gradação valorativa dos prazeres, recusando-nos a trocá-los por outros inferiores.

Contudo, também a proposta de Mill para o fundamento de uma teoria moral utilitarista explicita dois problemas mais diretos: o primeiro deles é que, ao sustentar suas posições a partir do Liberalismo e da individualidade, Mill pensa que outros fatores também são importantes para o bem-estar (individual ou geral) além da consequência das ações, o que segundo seus críticos acabaria por retirar a própria base do utilitarismo e de sua classificação como uma vertente moral autenticamente consequencialista; o segundo deles é que, se individualmente o sujeito racional é livre para fazer o que quiser desde que não prejudique ninguém, coletivamente há o risco concreto de que a maximização do bem-estar geral acabe por depender da definição do "melhor prazer" ou acerca de quais são os "prazeres mais elevados qualitativamente", ou do que é melhor para o corpo social quanto ao seu bem-estar – ou seja, corre-se o risco de que seja delegado à "maioria da ocasião" decidir os destinos do corpo social em busca do bem-estar geral. E o Século XX apresenta um extenso rol de exemplos explícitos em que a imposição da "decisão da maioria" causou algumas das maiores tragédias da história recente da humanidade.

Por fim, uma última palavra a respeito de algo pertinente: a diferença entre utilitarismo de atos e utilitarismo de regras. De acordo com o **utilitarismo de atos**, a ação é moralmente correta ou não segundo o valor das consequências dessa ação concretamente realizada – importa considerar as consequências de cada ato particular, naquele contexto específico em que foi realizado. De acordo com o **utilitarismo de regras**, a ação é moralmente correta ou não segundo o valor das consequências consideradas pelo atendimento de uma regra particular, que a rigor se trata de um tipo padrão abstrato do qual a ação concreta é somente um exemplo – logo, o agir é moralmente positivo quando está de acordo com essa regra particular de conduta (MAUTNER, 2011).

274 Filosofia do Direito

6.3 Racionalismo e empirismo

A diferença entre os conceitos de **racionalidade** e **empirismo** diz respeito diretamente à definição dos critérios para o estabelecimento da verdade a partir da radical transformação humana que fez surgir um novo tempo histórico – a Era Moderna. Não se pretende aqui explorar aspectos filosóficos dessa distinção conceitual, mas colocá-la em termos práticos com o foco voltado para temática importante a quem consome conteúdo como este: produção de provas em âmbito processual, critérios de valoração das provas e justificação argumentativa das decisões por parte dos magistrados/julgadores.

É da preocupação em entender o impacto dessa temática na formação de uma teoria da decisão judicial que a exposição deste tópico será conduzida. A ideia em si aqui é tentar apresentar como se relaciona conceitualmente o problema da definição da **verdade** – importante propósito de qualquer jurisdição – com a função judicial de avaliar as provas produzidas em uma relação jurídico-processual para a busca da solução de um caso concreto a envolver violação de bens jurídicos e/ou conflito de interesses.

Pode-se dizer que um primeiro passo para a discussão sobre verdade é contemplar que há uma conexão entre **conhecimento** (racional, empírico), **coisa** (objeto, ente, realidade, mundo exterior) e **linguagem**. É justamente a partir desse dado que se busca definir a possibilidade de se encontrar a verdade, de se distinguir o que é verdadeiro do que é falso, se há, de fato, verdades ou se tudo depende do ponto de vista de quem afirma (sendo, portanto, relativa a cada um de nós), se há métodos/teorias para em tese alcançar a verdade, ou ainda se a verdade, caso existente, está na representação do objeto para o homem, na sensação que esse objeto produz no homem, na forma como esse objeto se revela para o homem como sendo o que é, ou no processo linguístico que constitui e define esse objeto de conhecimento.

Ao se falar em **teorias da verdade** (MAUTNER, 2011), em geral se abordam três teorias a respeito. A teoria da verdade talvez mais antiga remonta a Aristóteles, e é denominada "teoria da correspondência", sendo emblemática para sua descrição uma passagem da **Metafísica** de Aristóteles: "dizer do que é que é, ou do que não é que não é, é verdadeiro" (MAUTNER, 2011). Ou seja, quando o discurso proferido corresponde à coisa referida ou descrita, é, portanto, verdadeiro. Uma segunda teoria da verdade se denomina "teoria da coerência" (Leibniz e Hegel, por exemplo), a afirmar que a verdade de uma proposição depende de ela conseguir fazer parte de um sistema abrangente no qual é consistente (não contraditória) com todas as outras proposições existentes nesse sistema (MAUTNER, 2011). Na explicação de Murcho (2016): "teoria da verdade como coerência dará ênfase à coerência das nossas crenças, declarando-as verdadeiras quando formam um todo coerente. Um todo é coerente, numa concepção minimalista deste conceito, se e só se as suas partes podem ser todas verdadeiras". Há ainda uma terceira teoria conhecida como "teoria pragmática ou do consenso" (já referida *supra*) a sustentar que uma proposição, crença ou afirmação é verdadeira se funcionar, vale dizer, quando depende de um acordo ou de um pacto de confiança entre os interlocutores que definem um conjunto de convenções universais sobre o que é conhecimento verdadeiro.

A busca pela verdade como propósito de uma teoria da decisão judicial foi o que aparentemente motivou o CNJ a alterar a Resolução CNJ nº 75/2009 para incluir em seu Anexo VI ("Noções Gerais de Direito e Formação Humanística") os temas do racionalismo e do empirismo. Todavia, uma reflexão

276 Filosofia do Direito

acerca da busca da verdade em face do exercício da função jurisdicional deve ser realizada a partir de uma compreensão (aqui, **extremamente sucinta e panorâmica**) acerca da Teoria do Conhecimento.

Com efeito, partindo-se de Immanuel Kant, uma das grandes preocupações filosóficas com a compreensão do mundo e, sobretudo, do homem, dizia respeito ao **conhecimento**. Vale dizer: as formas de conhecimento, como se conhece, em que medida se conhece, quais as possibilidades e os limites da razão para conhecer. A partir da **possibilidade de conhecer** (conhecimento/epistemologia), especialmente em sua obra *Crítica da Razão Pura*, de 1785, Kant distingue duas formas de conhecimento: o empírico ou *a posteriori*, e o puro ou *a priori*. O conhecimento empírico ou *a posteriori* é fulcrado nos dados fornecidos pelas experiências sensíveis, sendo então tudo aquilo que decorre do que experimentamos pelos sentidos (experiência sensorial). O conhecimento puro ou *a priori*, ao contrário do empírico, não depende de nenhuma experiência sensível, e se caracteriza por ser tudo aquilo que o sujeito dispõe para conhecer e que não dependa de uma experiência sensorial do mundo – nas palavras de Kant (2013), aquilo em "que se verifica absoluta independência de toda e qualquer experiência".

Sob o prisma da epistemologia, então, resta assim possível tratar de racionalismo e empirismo.

Com efeito, **racionalismo** designa um certo tipo de teoria do conhecimento em que se sustenta que o conhecimento deriva diretamente da razão, da racionalidade, e não baseado na percepção sensorial humana – vale dizer, conhecimento autêntico é apenas o *a priori*. Apenas a razão pode se estabelecer como critério para o alcance da verdade, jamais a experiência por si mesma. Interessante apontar que "Hegel foi o primeiro a caracterizar como racionalismo a corrente que vai de Descartes a Spinoza e Leibniz, opondo-o ao empirismo de origem lockiana" (ABBAGNANO, 2007). Crença rigorosa nos procedimentos da razão como o único caminho capaz de verificar a verdade, seja quanto à análise da natureza, seja quanto aos valores morais compartilhados – esse o mote central do racionalismo.

De outra parte, **empirismo** é uma proposta teórica de acordo com a qual todo conhecimento possível de alcance pelo ser humano baseia-se ou deriva exclusivamente da experiência sensorial-sensível (MAUTNER, 2011). Desse modo, os adeptos do empirismo sustentam que todo conhecimento deve partir e derivar da experiência, daquilo que experimentamos por meio de nossas percepções sensoriais e que nos permitem conhecer o mundo e a realidade (HULSHOF, 2008). Em razão dessa premissa, o empirismo coloca-se como proposta teórica crítica ao racionalismo, por questionar a capacidade da razão humana em permitir alcançar um conhecimento completo e universal do mundo natural e do universo que nos cercam.

6.4 Análise econômica do direito: conceitos fundamentais, racionalidade econômica, eficiência processual, e métodos adequados de resolução de conflitos e acesso à Justiça. Demandas frívolas e de valor esperado negativo

Outra temática relevante trazida com a Resolução CNJ nº 423/2021 é a "análise econômica do direito", a tratar da preocupação que envolve o processo de tomada de decisão judicial a partir do reconhecimento de três pontos fundamentais: a escassez de recursos, a incerteza quanto ao resultado final e à alocação dos recursos, e a escolha racional (MACKAAY; ROUSSEAU, 2020). A premissa é que a riqueza e o tempo são limitados, assim como a disponibilidade humana para solução de conflitos judiciais; portanto, exige-se de quem atua perante o Sistema de Justiça não somente uma **visão de futuro**, mas a percepção de que a escassez de recursos deve ser sopesada em qualquer processo de tomada de decisão judicial. Mais uma vez referindo-se ao voto do eminente Presidente do CNJ quando da deliberação colegiada que terminou por aprovar a Resolução CNJ n° 423/2021, vale destacar o seguinte:

> Com efeito, o quadro contemporâneo demonstra ser imperiosa uma investigação crítica dos institutos jurídicos sob a perspectiva da Análise Econômica do Direito, com vistas a uma problematização sobre (i) os elementos econômicos que informam a litigância e as suas estruturas constitucionais e processuais; (ii) o funcionamento do Sistema de Justiça e o comportamento das partes, dos procuradores e das cortes em face das estruturas normativas processuais; e (iii) os impactos políticos e econômicos da atividade jurisdicional.

Em obra especificamente dirigida a essa temática, e que será tomada como referência para desenvolvimento deste tópico, Luiz Fux (como já referido em tópico anterior, Ministro do STF e Presidente do CNJ) e Bruno Bodart (2021) asseveram, de modo pertinente, que "toda determinação imposta pelas fontes do Direito influencia a forma como os indivíduos se comportam na busca pelos seus interesses".

O principal marco teórico a respeito da temática segue sendo Richard Posner (1939), em especial com suas obras – traduzidas para o português – *Análise Econômica do Direito* (1972) e *Direito, Pragmatismo e Democracia* (2003). Com Posner, estabelece-se no debate público jurídico norte-americano a discussão sobre se o reconhecimento de direitos aos sujeitos pode ser considerado e deduzido a partir de considerações de eficiência econômica ou se, a rigor, para definir os critérios de eficácia se afigura necessário estabelecer determinados direitos fundamentais do ser humano (MACKAAY; ROUSSEAU, 2020).

Ponto de partida que se apresenta obrigatório é a **teoria da escolha racional**. Aplicada à análise econômica do direito, ela presume que todo ser humano é capaz de exercer preferências e realizar escolhas logicamente ordenadas (BODART; FUX, 2021). Regular o modo como as preferências serão exercidas em função do alcance dos interesses legítimos dos indivíduos, na perspectiva da análise econômica do direito, é parte indissociável da jurisdição, e por conta disso a relação entre direito e economia deve sempre ser tomada em conta por juristas e integrantes do Sistema de Justiça. Fux e Bodart (2021), em reforço a essa constatação, asseveram que "[o] benefício oferecido pela Economia para o exame de problemas jurídicos consiste precisamente no caráter científico da sua abordagem, suprindo uma carência estrutural e metodológica que estudiosos do Direito não lograram satisfazer internamente".

Em função disso, a questão do **acesso à justiça** deve ser pensada, a partir da análise econômica do direito, não apenas como a possibilidade de se levar uma dada demanda à apreciação do Poder Judiciário, mas de ter assegurada uma resposta efetiva, fundamentada e em tempo razoável (BODART; FUX, 2021). Destarte, em conclusão, recorrendo-se "à economia, à ciência política e à psicologia, pretende-se discutir a estrutura e os modelos mais eficientes de regência de demanda judicial, da defesa, da autocomposição, dos recursos, das despesas processuais, das provas e das funções decisórias" (CNJ, 2021).

Entre os **métodos adequados de resolução de conflitos** à disposição do Sistema de Justiça brasileiro atualmente, destacam-se a conciliação prévia, a transação penal, a arbitragem, a mediação e o acordo de não persecução (cível e penal).

Por fim, importante ainda tratar sobre a noção do que sejam **demandas frívolas** e **demandas de valor esperado negativo**. Como indicam Fux e Bodart (2021), a decisão de um certo sujeito de ajuizar ou não uma demanda depende, quando se adota a perspectiva da análise econômica do direito, do resultado que se pretende alcançar por meio de um processo judicial, conhecendo-se de antemão tudo o que resta envolvido nessa decisão – quais as chances de um resultado positivo ao final, os custos envolvidos com a decisão de litigar em juízo, a relação de custo e benefício envolvida, o tempo despendido e a questão emocional ligada à decisão de litigar, dentre outros. Em face de todas essas variáveis, de acordo com a teoria da escolha racional, é razoável concluir que esse sujeito optará por não ajuizar a demanda quando constatar, após exercer este juízo de racionalidade, que seus custos individuais serão maiores do que o produto final da demanda procedente. Nessas hipóteses, tem-se então o que se denomina **demanda de valor esperado negativo** (BODART; FUX, 2021). Giro outro, **demandas frívolas** são as pretensões deduzidas em juízo com baixa probabilidade de êxito e que visam alcançar resultados – sobretudo em vista de uma factível composição com a parte contrária – que não correspondem diretamente à força de convicção do direito material invocado.

6.5 Precedentes, estabilidade da jurisprudência e segurança jurídica. A coisa julgada em um sistema de precedentes

Parece não restar dúvida de que a edição do CPC (Lei Federal n° 13.105/2015) se caracteriza como um marco de transformação do direito brasileiro. A despeito de todos os outros fatores que fazem do atual CPC um diploma legislativo histórico, um deles se destaca por sua importância única: a positivação da ideia do direito brasileiro se constituir em um **sistema de precedentes**, encerrado na premissa – apresentada já na Exposição de Motivos do CPC – de que se faz necessária a estruturação mais eficiente e rigorosa do processo de uniformização da jurisprudência dos Tribunais Superiores para que, então, seja possível edificar o sistema normativo do direito brasileiro cuja base, exatamente, é o respeito aos **precedentes** dos Tribunais Superiores.

Está-se aqui diante do problema central da prestação jurisdicional: a questão da natureza autoritativa do direito, ou, em outros termos, "da vinculação do exercício do poder à ordem jurídica" (MITIDIERO, 2018). Baseado em especial na noção conceitual de precedente obrigatório ou vinculante, considerando que a autoridade de uma dada decisão judicial não se encontra exata e unicamente em sua parte dispositiva, mas sobretudo em seus fundamentos determinantes, imprescindível identificar a contribuição de um sistema de precedentes obrigatórios para a construção de um sistema jurídico capaz de sinalizar previsibilidade, de expressar segurança jurídica e de orientar (coercitivamente) padrões de comportamento dotados de razões para agir suficientes para substituir as razões individuais de cada sujeito normativo.

Talvez o ponto mais importante para se destacar neste tópico seja o reconhecimento de que o campo de discricionariedade funcional do julgador (ou, em outras palavras, de sua independência judicial) é mais que um elemento componente de sua relevância institucional: constitui-se circunstância inafastável da ação humana individual institucional desempenhada por cada integrante da magistratura no exercício funcional de suas prerrogativas e poderes em vista do alcance de suas finalidades institucionais e normativas estabelecidas na Constituição da República e na legislação correlata. Contudo, por óbvio, sem que isso possa se traduzir como uma completa liberdade subjetiva do julgador para decidir conforme sua livre interpretação das normas e em total desprezo às posições estabelecidas anteriormente por órgãos judiciais hierarquica-

282 Filosofia do Direito

mente superiores na estrutura institucional. Como precisamente explica Marinoni, não se pode confundir independência e autonomia para decidir com desprezo à existência de dever de respeito às decisões proferidas por tribunais superiores, ou, mais especificamente, que

> [é] evidente que, quando se fala, no sentido antes exposto, em hierarquia, não se pretende negar a independência e a autonomia dos juízes", mas somente salientar que "por uma razão lógica derivada da função e do lugar de inserção conferidos aos tribunais pela Constituição Federal, a hierarquia justifica uma inquestionável necessidade de respeito às decisões judiciais (MARINONI, 2011).

Em razão disso pretende-se neste tópico apresentar de maneira muito panorâmica as distinções entre **precedente, jurisprudência, súmula vinculante, repercussão geral** e **efeitos vinculantes da decisão judicial.**

Em primeiro lugar, jurisprudência significa a orientação firmada de uma dada Corte a respeito de uma específica questão de direito apreciada e decidida dentro de casos conflituosos submetidos à sua apreciação por meio de demandas judiciais. Corresponde, conceitualmente, à atividade exercida pelos tribunais – superiores, supremos, de vértice ou locais/regionais – a produzir significativo número de decisões em um dado sentido para a solução dos respectivos casos conflitivos que conseguem se habilitar para sua apreciação, de modo a formar um padrão decisório de observância não vinculativa para a solução de situações conflitivas futuras.

Por seu turno, precedente judicial corresponde às **razões argumentativas** utilizadas por STF e pelo STJ (Corte constitucional e Corte de vértice, respectivamente – e de forma exclusiva) para definir o julgamento de um determinado caso concreto, quando essas razões são capazes de dar conta integralmente de todas as questões de direito envolvidas no caso e fornecer respostas adequadas a cada uma delas, e, ainda, quando tais razões se mostram suficientes do ponto de vista hermenêutico-argumentativo para guiar racionalmente juízes e demais tribunais na interpretação da norma jurídica (constitucional ou infraconstitucional) e na sua correspondente aplicação. Daniel Mitidiero (2018) define precedentes como "razões generalizáveis que podem ser identificadas a partir das decisões judiciais". Uma concepção analítica acerca do conceito de precedentes deve conter, no mínimo, a ideia de que eles são orientações argumentativas definidas de maneira global pelo STF ou pelo STJ a respeito de questões de direito indispensáveis para o julgamento de um caso concreto apto a receber sua apreciação de mérito. São, destarte, decisões judiciais que se firmam não pela repetição de suas partes dispositivas (como na jurisprudência), mas pelo rigor argumentativo de suas razões que as tornam objetivamente seguras e hermeneuticamente aptas a serem seguidas por todos os demais funcionários da estrutura burocrática do Estado que têm por função o exercício da prestação jurisdicional. Como são produzidos exclusivamente pelo STF e pelo STJ na organização judiciária brasileira, são sempre vinculantes – vale dizer, de observância obrigatória. "Ser fiel ao precedente significa respeitar as **razões necessárias e suficientes** empregadas pelo Supremo Tribunal Federal e pelo Superior Tribunal de Justiça para solução de determinada **questão** de um caso" (MITIDIERO, 2018 – grifos nossos).

Já as súmulas vinculantes, introduzidas no texto constitucional pela Emenda Constitucional (EC) n° 45/2004 (que incluiu o art. 103-A da CF/1988), são produzidas exclusivamente pelo STF, de ofício ou provocação, mediante decisão de dois terços de seus integrantes, após reiteradas decisões sobre matéria constitucional, a deter força normativa cogente com efei-

284 Filosofia do Direito

to vinculante sobre todos os demais órgãos do Poder Judiciário e da Administração Pública direta e indireta de quaisquer das esferas federativas, sendo certo ainda que, em razão do referido comando constitucional, a súmula de efeitos vinculantes emitida pelo STF terá por objeto a validade, a interpretação e a eficácia de normas jurídicas determinadas sobre as quais haja controvérsia interpretativa entre órgãos judiciários entre si ou entre esses e a administração em nível de contrariedade que ameace acarretar grave insegurança jurídica e relevante multiplicação de processos sobre idêntica questão (CF/1988, art. 103-A, *caput* e § 1º).

Repercussão geral, a rigor, trata-se de medida incluída na Constituição da República pela EC nº 45/2004 (mais precisamente no § 3º do art. 103), a partir do que se passou a exigir que nas hipóteses de interposição de recurso extraordinário o recorrente deverá demonstrar a repercussão geral das questões constitucionais discutidas no caso, de modo que o Tribunal possa examinar a admissão do recurso. Com a inclusão do referido § 3º ao art. 103 da CF/1988, instituiu-se então a exigência de repercussão geral para o conhecimento e julgamento dos recursos extraordinários interpostos ao STF, exatamente quando a decisão recorrida contrariar dispositivo constitucional, declarar a inconstitucionalidade de tratado ou lei federal, julgar válida lei ou ato do governo local contestado em face da Constituição, ou julgar válida lei local contestada em face de lei federal. A repercussão geral se coloca como função de filtragem recursal a permitir o conhecimento da causa e posicionamento do STF, de modo a ser mais um tipo de controle do volume de demandas realmente aptas a ter análise por parte da Suprema Corte brasileira. A regulamentação normativa da repercussão geral como modo de filtragem recursal no direito brasileiro está prevista no art. 1.035 do CPC.

Por derradeiro, uma última e muito pontual palavra sobre os "efeitos vinculantes da decisão judicial e a coisa julgada em um sistema de precedentes", tema também destacado na Resolução CNJ n° 423/2021 e que acabou por se consolidar definitivamente na pesquisa jurídica brasileira com o advento do CPC/2015, conforme já mencionado em momento anterior.

A despeito de todo o debate processual civil acerca da eficácia preclusiva da coisa julgada e a imutabilidade dos efeitos diretos da sentença, importante refletir sobre o estabelecimento da coisa julgada e a consequente manutenção dos efeitos da sentença a partir da fixação de um determinado precedente e, mais relevante, sobre a capacidade que um Tribunal Superior possui de superar seu próprio precedente em razão do reconhecimento da mudança do contexto social em que se desenvolvem as relações de uma comunidade política, bem como de uma possível nova compreensão do teor dos valores morais compartilhados por essa comunidade. Em verdade, a preservação da relação jurídica processual em que se firmou a decisão judicial e a busca da estabilidade e da segurança jurídica não podem justificar a consolidação imutável da coisa julgada e, com isso, inviabilizar na prática que precedentes obrigatórios, uma vez admitida sua desconexão com o novo tempo histórico, possam ser superados e substituídos por outros precedentes (MARINONI, 2011).

Apontamentos finais

A proposta aqui desenvolvida pautou-se em discorrer da forma mais didática possível a respeito de temáticas de Filosofia do Direito e Teoria do Direito, selecionadas também por serem de utilidade prática no cotidiano daqueles que trabalham no sistema de justiça brasileiro e por serem objeto de questões de provas de concursos públicos da área jurídica. Além da abordagem didática, buscou-se também construir uma apresentação objetiva e direta que pudesse tornar acessíveis e céleres consultas acerca de questões profissionais ou de preparação mais específica para provas.

Todavia, foi também uma grande preocupação aqui que o texto não fosse superficial a ponto de, por um lado, não esclarecer e explicar os pontos fundamentais das temáticas abordadas, e, por outro, não apresentar a extrema complexidade que envolve as temáticas mais relevantes da Filosofia do Direito e da Teoria do Direito. O considerável número de remissivas contendo indicações de obras e as transcrições de citações de textos atendem justamente ao propósito de tornar este trabalho conceitualmente mais reforçado e explicativo.

Importante esclarecer que, por tratar-se de uma sinopse, inúmeros temas de elevada complexidade deixaram de ser tratados neste trabalho, mas que merecem ao menos uma menção não apenas para o registro em si, mas para indicar aos leitores uma série de temas que interessam diretamente à Filosofia do Direito e à Teoria do Direito e que, eventualmente, possam receber atenção do leitor para uma leitura mais detida e uma reflexão mais elaborada a respeito deles.

O primeiro desses temas diz respeito aos aspectos interno e externo das normas jurídicas, e sua relevância se conecta com as razões que levam os indivíduos a obedecer ao comando contido em uma determinada norma jurídica primária.

A isso se conecta também o problema da autoridade e quais razões legítimas autorizam a autoridade a expedir uma norma jurídica portadora de um dado conteúdo, e como isso se justifica (ou se legitima) em uma democracia contemporânea caracterizada pela complexidade, pluralidade cultural e diversidade de interesses convivendo em um ambiente de riquezas e recursos finito. A título de exemplo, as concepções de razões primárias e secundárias e de autoridade como serviço de Joseph Raz são extremamente interessantes para se entender o papel da autoridade e como se justifica sua legitimidade, além de relacionar o tema da autoridade com a separação entre os campos do direito e da moral.

Outro tema de grande interesse vincula a integridade do direito com sua concepção de ordem normativa institucionalmente constituída.

O problema da correta compreensão da razoabilidade e técnica de ponderação para a solução de casos difíceis que demandem a utilização de princípios e valores de natureza constitucional é mais um tema que, além de atual, reveste-se de grande importância para o debate jurídico brasileiro.

Falhas estruturais de sistemas democráticos, a relação entre direito e linguagem em termos de resultados interpretativos, a indeterminação das normas jurídicas e sua relação com a questão filosófica da objetividade dos valores, a argumentação jurídica, a dimensão da filosofia da linguagem na interpretação jurídica contemporânea, o cognitivismo moral e o direito, a aceitabilidade do direito como produto de convenção social e sua composição com o reconhecimento empírico de desacordos teóricos dentro do direito, a definição do direito por meio da concepção do valor justiça, o senso de justiça, o problema da discricionariedade judicial, dentre uma infinidade de outros. Assuntos, como visto, sem dúvida não faltam.

O vetor decisivo para a construção deste trabalho foi apresentá-lo de maneira semelhante à exposição de um curso de aulas: explicativo, didático, objetivo e abrangente. A apresentação das referências bibliográficas, feita a seguir, atende ao propósito de enumerar obras e autores indispensáveis para a correta compreensão dos problemas jusfilosóficos – o contato mínimo que se deve ter para uma percepção mais nítida de tais problemas. Não sou um acadêmico voltado exclusivamente a pesquisa e estudo da Filosofia do Direito e da Teoria do Direito. Sou, antes de mais nada, um membro do Ministério Público que procura estudar com rigor tais temáticas, que leciona a respeito de muitas delas, e que se preocupa com a qualidade do ensino jurídico brasileiro a respeito, preocupado sobremaneira com o modo como as futuras gerações de profissionais do direito no Brasil lidarão com os cada vez mais intrincados e complexos problemas jusfilosóficos que surgem cotidianamente nos trabalhos forenses país afora. Que esta obra seja um ponto de partida para este autor e para os leitores: para que possamos qualificar argumentativamente o produto da prestação jurisdicional a envolver o trabalho das instituições brasileiras que compõem nosso sistema de justiça. Que este compromisso de razão prática nos vincule e nos inspire no contínuo aperfeiçoamento argumentativo do produto empírico do sistema de justiça brasileiro.

Referências

ABBAGNANO, Nicola. *Dicionário de filosofia*. Tradução: Alfredo Bosi. São Paulo: Martins Fontes, 2007.

ADEODATO, João Maurício. *Filosofia do direito: uma crítica à verdade na ética e na ciência*. 6. ed. São Paulo: Saraiva Educação, 2019.

ALEXY, Robert. *O conceito e a validade do direito*. Tradução: Gercélia Batista de Oliveira Mendes. São Paulo: Editora WMF Martins Fontes, 2009.

ALEXY, Robert. *Teoria discursiva do direito*. Tradução: Alexandre Travessoni Gomes Trivossino. Rio de Janeiro: Forense Universitária, 2015.

ALEXY, Robert. *Teoria dos direitos fundamentais*. Tradução: Virgílio Afonso da Silva. São Paulo: Malheiros Editores, 2008.

ASSUNÇÃO, Leandro. Uma estratégia especificacionista para os direitos fundamentais: a crítica de Josep Juan Moreso à aritmética da ponderação de Robert Alexy. In: SERBENA, Cesar Antonio (org.). *Colloquia Philosophica*: diálogos com Josep J. Moreso. Curitiba: UFPR, 2019.

ASSUNÇÃO, Leandro. Vontade geral Rousseauniana e democracia: uma interlocução (ainda) necessária. *Argumenta: Revista do Programa de Mestrado em Ciência Jurídica da Universidade Estadual do Norte do Paraná* – UENP, n° 19 (julho/dezembro) – Jacarezinho, 2013. Disponível em: http://seer.uenp.edu.br/index.php/argumenta/issue/view/19. Acesso em: 27 nov. 2019.

292 Filosofia do Direito

ATIENZA, Manuel. *As razões do direito*. 3. ed. Tradução: Maria Cristina Guimarães Cupertino. São Paulo: Landy, 2003.

ATIENZA, Manuel. *O sentido do direito*. 8. ed. Tradução: Manuel Poirier Braz. Lisboa: Escolar Editora, 2014.

BARCELOS, Ana Paula; BARROSO, Luís Roberto. O começo da história: a nova interpretação constitucional e o papel dos princípios no direito brasileiro. *In*: SILVA, Vírgilio Afonso da. *Interpretação constitucional*. São Paulo: Malheiros, 2007.

BARROSO, Luís Roberto. *Interpretação e aplicação da constituição*. 6. ed. São Paulo: Saraiva, 2008.

BARROSO, Luís Roberto. Neoconstitucionalismo e constitucionalização do direito: o triunfo tardio do direito constitucional no Brasil. *In*: *Revista de Direito Administrativo*, n. 240. Rio de Janeiro, p. 1-42, 2005.

BLACKBURN, Simon. *Being good*. Oxford: Oxford University Press, 2001.

BOBBIO, Norberto. *Direito e estado no pensamento de Emanuel Kant*. Tradução: Alfredo Fait. São Paulo: Editora Mandarim, 2000.

BOBBIO, Norberto. *El problema del positivismo jurídico*. 6. ed. Tradução: Ernesto G. Valdés. México D.F.: Fontamara, 1999.

BOBBIO, Norberto. *O positivismo jurídico*. Tradução: Márcio Pugliesi, Edson Bini, Carlos E. Rodrigues. São Paulo: Ícone, 1995a.

BOBBIO, Norberto. *Teoria do ordenamento jurídico*. 6. ed. Tradução: Maria Celeste Cordeiro Leite dos Santos. Brasília: Editora UnB, 1995b.

BODART, Bruno; FUX, Luiz. *Processo civil e análise econômica*. 2. ed. Rio de Janeiro: Forense, 2021.

BONAVIDES, Paulo. *Curso de direito constitucional*. São Paulo: Malheiros, 2011.

BULYGIN, Eugenio. *El positivismo jurídico*. México D.F.: Fontamara, 2006.

CASAGRANDE, Cássio. *Por que a Suprema Corte precisou interpretar a palavra "intérprete"*. Disponível em: https://www.jota.info/paywall?redirect_to=//www.jota.info/opiniao-e-analise/colunas/o-mundo-fora-dos-autos/por-que-a-suprema--corte-precisou-interpretar-a-palavra-interprete-03122018 . Publicado em: 03 dez. 2018. Acesso em: 17 dez. 2019.

COELHO, André. *Filosofia moral*: ética e moral. Disponível em: http://aquitemfilosofiasim.blogspot.com/2007/11/filosofia-moral-tica-e-moral.html. Publicado em: 10 nov. 2007. Acesso em: 05 maio 2018.

COELHO, Fábio Ulhoa. *Para entender Kelsen*. 4. ed. São Paulo: Saraiva, 2001.

CONSELHO NACIONAL DE JUSTIÇA. *Autos de Ato Normativo n° 0006767-49.2021.2.00.0000*. Consulta pública do processo e votos disponíveis em: https://www.cnj.jus.br/lista-de-processos-da-sessao/?sessao=722. Publicado em: 24 set. 2021. Acesso em: 10 nov. 2021.

COPI, Irving. *Introdução à lógica*. 2. ed. Tradução: Álvaro Cabral. São Paulo: Mestre Jou, 1978.

DIMIOULIS, Dimitri. *Manual de introdução ao estudo do direito*. 7. ed. São Paulo: Revista dos Tribunais, 2016.

DIMIOULIS, Dimitri. *Positivismo jurídico*: introdução a uma teoria do direito e defesa do pragmatismo jurídico-político. São Paulo: Ed. Método, 2006.

DWORKIN, Ronald. *Justiça para ouriços*. Tradução: Pedro Elói Duarte. Coimbra: Almedina, 2012.

294 Filosofia do Direito

DWORKIN, Ronald. *Levando os direitos a sério*. 3. ed. Tradução: Nelson Boeira. São Paulo: Editora WMF Martins Fontes, 2011.

DWORKIN. Ronald. *O Império do direito*. Tradução: Jeferson Luis Camargo. São Paulo: Martins Fontes, 2014.

DWORKIN. Ronald. *Uma questão de princípio*. Tradução: Luís Carlos Borges. São Paulo: Martins Fontes, 2005.

FAGGION, Andréa Luisa Bucchile. Democracia liberal vs. neo-feudalismo libertário. *Caderno "Estado da Arte"*. Disponível em: https://estadodaarte.estadao.com.br/democracia-liberal--vs-neo-feudalismo-libertario/. Publicado em: 11 dez. 2018. Acesso em: 27 nov. 2019.

FAGGION, Andréa Luisa Bucchile. O problema da legitimidade da autoridade política, ou sobre o que diferencia o estado da máfia. *In: Revista Philósophos*, v. 22, n. 2, p. 37-79, jul./dez. 2017.

FERRAZ JUNIOR, Tercio Sampaio. *Estudos de filosofia do direito*: reflexões sobre o poder, a liberdade, a justiça e o direito. 3. ed. São Paulo: Atlas, 2009.

FERRAZ JUNIOR, Tercio Sampaio. *Introdução ao estudo do direito*: técnica, decisão, dominação. 4. ed. São Paulo: Atlas, 2013.

FINNIS, John. *Lei natural e direitos naturais*. São Leopoldo: Ed. Unisinos, 2007.

FRANÇA, R. Limongi. *Hermenêutica jurídica*. 2. ed. São Paulo: Saraiva, 1988.

GARCIA AMADO, Juan Antonio. Sobre a ideia de pretensão de correção do direito de Robert Alexy: considerações críticas. *In: Revista Brasileira de Estudos Políticos*. Belo Horizonte, n° 104, 2012.

Referências 295

GARGARELLA, Roberto. *As teorias da justiça depois de Rawls*: um breve manual de filosofia política. Tradução: Alonso Reis Freire. São Paulo: WMF Martins Fontes, 2008.

GONZAGA, Álvaro de Azevedo. *Enciclopédia jurídica da PUC-SP* – Verbete: Direito Natural e Jusnaturalismo. Disponível em: https://enciclopediajuridica.pucsp.br/verbete/63/edicao-1/direito-natural-e-jusnaturalismo. Publicado em: abr. 2017. Acesso em: 29 out. 2019.

GOYARD-FABRE, Simone. *O que é democracia?*: a genealogia filosófica de uma grande aventura humana. Tradução: Cláudia Berliner. São Paulo: Martins Fontes, 2003.

GUASTINI, Riccardo. *Das fontes às normas*. Tradução: Edson Bini. São Paulo: Quartier Latin, 2005.

GUASTINI, Riccardo. *Interpretar y argumentar*. Tradução: Silvina Álvarez Medina. Madrid: Centro de Estudios Políticos y Constitucionales, 2014.

HABERMAS, Jürgen. *Para o uso pragmático, ético e moral da razão prática*. Tradução: Márcio Suzuki. *Estudos Avançados*, out. 1989. Disponível em: http://www.revistas.usp.br/eav/article/view/8528/10079 . Acesso em: 15 dez. 2019.

HART, H. L. A. *O conceito de direito*. Tradução: Antônio de Oliveira Sette-Câmara São Paulo: WMF Martins Fontes, 2012.

HART, H. L. A. O positivismo e a separação entre direito e moral. *In*: HART, H. L. A. *Ensaios sobre Teoria do Direito e Filosofia*. Tradução: José Garcez Ghirardi e Lenita Maria Rimoli Esteves. Rio de Janeiro: Elsevier, 2010.

HEGEL, Georg Wilhelm Friedrich. *Filosofia da história*. Brasília: UnB, 1995.

HEGEL, Georg Wilhelm Friedrich. *Princípios da filosofia do direito*. Tradução: Orlando Vitorino. São Paulo: Martins Fontes, 1997.

HERDY, Rachel; MATIDA, Janaina. CNJ pode dificultar formação de juízes na tradição racionalista da prova. Disponível em: https://www.conjur.com.br/2021-out-22/limite-penal-cnj-dificultar-formacao-juizes-tradicao-racionalista-prova. Publicado em: 22 out. 2021. Acesso em: 12 nov. 2021.

HESPANHA, António Manuel. *Cultura jurídica europeia*: síntese de um milênio. Lisboa: Almedina, 2012.

HIMMA, Kenneth E. *Derecho y moral*: el debate entre el positivismo incluyente y el excluyente. Tradução: Jorge Fabra, Carolina Guzmán Buelvas y Mattan Shrager. Bogotá: Universidad Externado de Colombia, 2011 (*e-book*).

HIMMA, Kenneth. Inclusive legal positivism. *In*: the *Oxford Handbook of Jurisprudence and Philosophy of Law*. Oxford: Oxford University Press, 2002. Disponível em: https://papers. ssrn.com/sol3/papers.cfm?abstract_id=928098. Acesso em: 31 out. 2019.

HOBBES, Thomas. *Leviatã, ou matéria, forma e poder de um estado eclesiástico e civil*. 2. ed. Tradução: Rosina D''Angina. São Paulo: Martin Claret, 2012.

HULSHOF, Monique. O critério da verdade e a ação moral no racionalismo e no empirismo. *In*: MACEDO JUNIOR, Ronaldo Porto (coord.). *Curso de Filosofia Política*. São Paulo: Atlas, 2008.

HUME, David. *Investigações sobre o entendimento humano e sobre os princípios da moral*. Tradução: José Oscar de Almeida Marques. São Paulo: Editora UNESP, 2004.

KANT, Immanuel. *Crítica da razão pura*. 2. ed. Tradução: Fernando Costa Mattos. Petrópolis: Vozes, 2013.

KANT, Immanuel. *Fundamentação da metafísica dos costumes*. Tradução: Paulo Quintela. Lisboa: Edições 70, 2011.

KANT, Immanuel. *Metafísica dos costumes*. Tradução: Edson Bini. Bauru: Edipro, 2003.

KANT, Immanuel. *Metafísica dos costumes*: parte 1 – princípios metafísicos da doutrina do direito. Tradução de Artur Morao. Lisboa: Edições 70, 2004.

KELSEN, Hans. *Teoria pura do direito*. 8. ed. Tradução: João Baptista Machado. São Paulo: WMF Martins, 2009.

KRAMER, Matthew H. et al. *El legado de H. L. A. Hart*: filosofía jurídica, política y moral. Tradução: Claudina Orunesu y Jorge L. Rodríguez. Madrid: Marcial Pons, 2012.

KYMLYCKA, Will. *Filosofia política contemporânea*: uma introdução. Tradução: Luís Carlos Borges. São Paulo: Martins Fontes, 2006.

LOPES, José Reinaldo de Lima. Entre a teoria da norma e a teoria da ação. *In*: STORCK, Alfredo Carlos; LISBOA, Wladimir B. (org.). *Norma, Moralidade e Interpretação*: temas de filosofia política e do direito. Porto Alegre: Linus Editores, 2009.

LUHMANN, Niklas. *Introdução à teoria dos sistemas*. 3. ed. Tradução: Ana Cristina Arantes Nasser. Petrópolis: Vozes, 2011.

LUHMANN, Niklas. *Social systems*. Stanford CA: Stanford University Press, 1995.

MACCORMICK, Neil. *H. L. A. HART*. Tradução: Carla Santana Martins. Rio de Janeiro: Elsevier, 2010.

MACCORMICK, Neil. *Practical reason in law and morality*. Oxford: Oxford University Press, 2008.

MACEDO JUNIOR, Ronaldo Porto (coord.). *Curso de filosofia política*. São Paulo: Atlas, 2008.

MACEDO JUNIOR, Ronaldo Porto. *Do xadrez à cortesia*: Dworkin e a teoria do direito contemporânea. São Paulo: Saraiva, 2013.

MACEDO JUNIOR, Ronaldo Porto; BARBIERI, Catarina Helena Cortada (org.). *Direito e interpretação*: racionalidades e instituições. São Paulo: Saraiva, 2011.

MACKAAY, Ejan; ROUSSEAU, Stéphane. *Análise econômica do direito*. 2. ed. Tradução: Rachel Sztajn. São Paulo: Atlas, 2020.

MARANHÃO, Juliano Souza de Albuquerque. *Positivismo jurídico lógico-inclusivo*. Madrid: Marcial Pons, 2012.

MARCONDES, Danilo; STRUCHINER, Noel. *Textos básicos de filosofia do direito*: de Platão a Frederick Schauer. Rio de Janeiro: Zahar, 2015.

MARINONI, Luiz Guilherme. *Precedentes obrigatórios*. 2. ed. São Paulo: Revista dos Tribunais, 2011.

MARINONI, Luiz Guilherme. *Processo constitucional e democracia*. São Paulo: Revista dos Tribunais, 2021.

MARINONI, Luiz Guilherme; MITIDIERO, Daniel; SARLET, Ingo W. *Curso de direito constitucional*. 8. ed. São Paulo: Saraiva Educação, 2019.

MARMOR, Andrei. *Direito e interpretação*. Tradução: Luís Carlos Borges. São Paulo: Martins Fontes, 2000.

MARMOR, Andrei. *Law and interpretation*. Oxford: Claredon Press, 1995.

MARMOR, Andrei. *Positive law and objective values*. Oxford: Oxford University Press, 2001.

MAUTNER, Thomas. *Dicionário de filosofia*. Tradução: Desidério Murcho, Sérgio Miranda e Vitor Guerreiro. Lisboa: Edições 70, 2011.

MAXIMILIANO, Carlos. *Hermenêutica e aplicação do direito*. 21. ed. São Paulo: Saraiva, 2017.

MENDES, Gilmar Ferreira; BRANCO, Paulo Gustavo Gonet. *Curso de direito constitucional*. 14. ed. São Paulo: Saraiva Educação, 2019.

MICHELON JUNIOR, Cláudio. *Aceitação e objetividade*: uma comparação entre as teses de Hart e do positivismo precedente sobre a linguagem e o conhecimento do direito. São Paulo: Revista dos Tribunais, 2004.

MITIDIERO, Daniel. *Precedentes*: da persuasão à vinculação. 3. ed. São Paulo: Thomson Reuters Brasil, 2018.

MORBACH, Gilberto. *Lon Fuller e a moralidade que torna o direito possível*. Disponível em: https://www.conjur.com.br/2019-fev-23/diario-classe-lon-fuller-moralidade-torna-direito-possivel. Publicado em: 23 fev. 2019. Acesso em: 21 dez. 2019.

MORESO, Josep J. Alexy y la aritmética de la ponderación. *Robert Alexy: derechos sociales y ponderación*. Madrid: Fundación Coloquio Jurídico Europeo, 2007.

MORESO, Josep J. *Lógica, argumentación e interpretación en el derecho*. Barcelona: Editora UOC, 2006.

MURCHO, Desidério. *Ética e moral*: uma distinção indistinta. Disponível em: http://ead2.fgv.br/ls5/centro_rec/docs/etica_moral_uma_distincao_indistinta.doc. Acesso em: 29 nov. 2019.

MURCHO, Desidério. *Todos os sonhos do mundo e outros ensaios*. Lisboa: Edições 70, 2016.

NINO, Carlos Santiago. *Ética y derechos humanos*: um ensayo de fundamentación. 2. ed. Buenos Aires: Editorial Astrea, 1989.

300 Filosofia do Direito

NINO, Carlos Santiago. *Introdução à análise do direito*. Tradução: Elza Maria Gasparotto. São Paulo: Editora WMF Martins Fontes, 2010.

NOZICK, Robert. *Anarquia, estado e utopia*. Tradução: Ruy Jungmann. Rio de Janeiro: Jorge Zahar Editor, 1991.

OMMATI, José Emílio Medauar; TORRANO, Bruno (coord.). *O positivismo jurídico no século XXI*. Rio de Janeiro: Lumen Juris, 2018.

PLATÃO. *A república*. 2. ed. Tradução: Anna Lia Amaral de Almeida Prado. São Paulo: Martins Fontes, 2014.

POHLMANN, Eduardo Augusto. *O problema da sorte moral*: responsabilidade, tragédia e contingência. Saarbrücken: Novas Edições Acadêmicas, 2014.

POSNER, Richard A. *The problematics of moral and legal theory*. Cambridge: Harvard University Press, 1999.

RACHELS, James; RACHELS, Stuart. *A coisa certa a fazer*: leituras básicas sobre filosofia moral. 6. ed. Tradução: Delamar José Volpato Dutra. Porto Alegre: AMGH, 2014.

RACHELS, James. RACHELS, Stuart. *Os elementos da filosofia moral*. 7. ed. Tradução: Delamar José Volpato Dutra. Porto Alegre: AMGH, 2013.

RAZ, Joseph. *A moralidade da liberdade*. Tradução: Henrique Blecher, Leonardo Rosa. Rio de Janeiro: Elsevier, 2011.

RAZ, Joseph. *Ethics in the public domain*: essays in the morality of law and politics. 2. ed. Oxford: Claredon Press, 2006.

RAZ, Joseph. *O conceito de sistema jurídico*: uma introdução à teoria dos sistemas jurídicos. Tradução: Maria Cecília Almeida. São Paulo: Editora WMF Martins Fontes, 2012.

RAZ, Joseph. *Razão prática e normas*. Tradução: José Garcez Ghirardi. Rio de Janeiro: Elsevier, 2010.

RAZ, Joseph. *The authority of law*: essays on law and morality. 2. ed. New York: Oxford University Press, 2009.

RAWLS, John. *História da filosofia moral*. Tradução: Ana Aguiar Cotrim. São Paulo: Martins Fontes, 2005.

RAWLS, John. *O liberalismo político*. 2. ed. Tradução: Dinah de Abreu Azevedo. São Paulo: Ática, 2000a.

RAWLS, John. *Uma teoria da justiça*. Tradução: Almiro Pisetta e Lenita M. R. Esteves. São Paulo: Martins Fontes, 2000b.

REALE, Miguel. *Lições preliminares de direito*. 23. ed. São Paulo: Saraiva, 1996.

RODRIGUES, Renê Chiquetti. *Uma investigação sobre a suposta superação do positivismo jurídico pelo neoconstitucionalismo*. Dissertação apresentada como requisito à obtenção do grau de Mestre em Direito. UFPR, 2017. Disponível em: https://acervodigital.ufpr.br/bitstream/handle/1884/53697/R%20-%20D%20-%20RENE%20CHIQUETTI%20RODRIGUES.pdf?sequence=1&isAllowed=y.

ROHLING, Marcos. *Lei natural e direito*: a crítica de Finnis ao positivismo jurídico. Disponível em: http://dx.doi.org/10.5007/1677-2954.2012v11n1p159. Acesso em: 20 out. 2017.

ROUSSEAU, Jean-Jacques. *Discurso sobre a origem e os fundamentos da desigualdade entre os homens*. 2. ed. Tradução: Maria Ermantina Galvão. São Paulo: Martins Fontes, 1999a.

ROUSSEAU, Jean-Jacques. *Do contrato social*. Tradução: Lourdes Santos Machado. São Paulo: Nova Cultural, 1999b.

RUSSELL, Bertrand. *História da filosofia ocidental*: livro 2 – a filosofia católica. Tradução: Hugo Langone. Rio de Janeiro: Nova Fronteira, 2015.

SANDEL, Michael. *Liberalism and the limits of justice.* Cambridge: Cambridge University Press, 1982.

SANDEL, Michael. *Justiça:* o que é fazer a coisa certa. 5. ed. Tradução: Heloísa Matías e Maria Alice Máximo. Rio de Janeiro: Civilização Brasileira, 2012.

SCHAUER, Frederick. *The force of law.* Cambridge: Harvard University Press, 2015.

SERBENA, Cesar Antonio *et al. Colloquia philosophica:* diálogos com Josep J. Moreso. Curitiba: UFPR, 2019.

SGARBI, Adrian. *Introdução à teoria do direito.* São Paulo: Marcial Pons, 2013.

SILVA, José Afonso da. *Aplicabilidade das normas constitucionais.* 3. ed. São Paulo: Malheiros, 1998.

STRAUSS, Leo. *Direito natural e história.* Tradução: Miguel Morgado. Lisboa: Edições 70, 2009.

STRAUSS, Leo. *Uma introdução à filosofia política.* Tradução: Élcio Verçosa Filho. São Paulo: É Realizações Editora, 2016.

STRECK, Lenio Luiz. *Hermenêutica jurídica e(m) crise:* uma exploração hermenêutica da construção do direito. 10. ed. Porto Alegre: Ed. Livraria do Advogado, 2011.

STRECK, Lenio Luiz. *Verdade e consenso:* constituição, hermenêutica e teorias discursivas. 5. ed. São Paulo: Saraiva, 2014.

STRUCHINER, Noel. Indeterminação e objetividade: quando o direito diz o que não queremos ouvir. *In:* MACEDO JUNIOR, Ronaldo Porto; BARBIERI, C. H. C. (org.). *Direito e Interpretação:* racionalidades e instituições. São Paulo: Saraiva, 2011.

STUART MILL, John. *Utilitarismo*. Tradução: Pedro Galvão. Porto: Porto Editora, 2005.

TAYLOR, Charles. *Hegel e a sociedade moderna*. Tradução: Luciana Prudenzi. São Paulo: Edições Loyola, 2005.

TERRA, Ricardo. *A política tensa*: ideia e realidade na filosofia da história de Kant. São Paulo: Editora Iluminuras, 1995.

TORRANO, Bruno. *Pós-positivismo*: a expressão mágica do ativismo judicial. Disponível em: https://emporiododireito.com.br/leitura/pos-positivismo-a-expressao-magica-do-ativismo-judicial. Publicado em: 25 jan. 2017. Acesso em: 16 dez. 2019.

TORRANO, Bruno. *Positivismo jurídico excludente*: um guia rápido. Disponível em: http://emporiododireito.com.br/positivismo-juridico-excludente-um-guia-rapido/. Publicado em: 27 jul. 2016. Acesso em: 16 dez. 2019.

TROPER. Michel. *A Filosofia do Direito*. Tradução: Ana Deiró. São Paulo: Martins, 2008.

TRUJILLO, Isabel. Iusnaturalismo tradicional, clásico, medieval e ilustrado. *In: Enciclopedia de Filosofía y Teoría del Derecho – Vol. 1* (Editor geral: Jorge Luis Fabra Zamora). México D.F.: Universidad Nacional Autónoma de México, 2015.

VAZ, Faustino. *A ética de John Stuart Mill*. Disponível em: https://criticanarede.com/eti_mill.html. Publicado em: 24 fev. 2006. Acesso em: 6 dez. 2021.

VERNENGO, Roberto José. *Curso de teoria geral del derecho*. 2. ed. Buenos Aires: Ed. IKH, 1976.

VILLEY, Michel. *A formação do pensamento jurídico moderno*. 2. ed. Tradução: Claudia Berliner. São Paulo: WMF Martins Fontes, 2009.

VON WRIGHT, Georg Henrik. *Norma y acción*: una investigación lógica. Tradução: Pedro Garcia Ferreró. Madrid: Ed. Tecnos, 1970.

WALUCHOW, Wilfrid J. *Inclusive legal positivism*. Oxford: Clarendon Press, 1994.

WARBURTON, Nigel. *Uma pequena história da filosofia*. Tradução: Pedro Elói Duarte. Lisboa: Edições 70, 2021.

WEBER, Max. *A ética protestante e o espírito do capitalismo*. 14. ed. Tradução: M. Irene de Q. F. Szmrecsányi. São Paulo: Pioneira, 1999.

WEBER, Max. *Ciência e política*: duas vocações. Tradução: Leonidas Hegenberg e Octany Silveira da Mota. São Paulo: Ed. Cultrix, 1968.

WILLIANS, Bernard. *Ethics and the limits of philosophy*. London: Fontana Press, 1993.

WILLIANS, Bernard. *Moral*: uma introdução à ética. Tradução: Remo Mannarino Filho. São Paulo: Martins Fontes, 2005.

WITTGENSTEIN, Ludwig. *Investigações filosóficas*. Tradução: José Carlos Bruni. Rio de Janeiro: Ed. Nova Cultural, 1999.